기자를 위한
실전 언론법

이 책은 한국언론진흥재단의 저술지원으로 출판되었습니다.

이 도서의 국립중앙도서관 출판예정도서목록(CIP)은 서지정보유통지원시스템 페이지(http://seoji.nl.go.kr)와
국가자료종합목록 구축시스템(http://kolis-net.nl.go.kr)에서 이용하실 수 있습니다.
CIP제어번호: CIP2020047282(양장), CIP2020047285(무선)

기자를 위한
실전 언론법

김상우 지음

한울
아카데미

기자가 통하던 시절이 있었다. 친구들이 이야기를 나누다 사소한 팩트에서 서로 엇갈리면 "한마디 해봐라"라며 필자의 옆구리를 찌르곤 했다. 기자가 더 정확하게 더 많이 알고 있을 터이니 판정을 내려달라는 것이다. 취객도 기자를 대접했다. 기자 초년병 시절 당직기자를 할 때면 하룻밤에 편집국으로 서너 통의 '팩트체크용' 전화가 걸려왔다. 주당들이 술자리에서 옥신각신하다 신문사에 사실을 확인하는 것이었다. 이때 기자의 한마디는 무게가 있었다. "신문·방송에 보도됐다"고 하면 싸움은 거기서 끝났다. 포털, 사회관계망서비스SNS가 없던 시절의 이야기다.

　지금은 사정이 딴판이다. 시청자·독자가 기자의 권위에 도전(?)한다. 보도로 피해를 입은 사람들의 목소리가 날로 높아지고 있다. "기사를 당장 인터넷에서 내려라", "정정보도를 하지 않으면 가만히 있지 않겠다", "언론중재위원회에 제소하겠다" 등등. 기자가 동네 북 신세가 됐다. '명예훼손', '정정·반론보도', '손해배상' 등의 단어가 기자들에게 낯설지 않다. 2019년 언론중재위원회가 처리한 조정사건은 3544건, 언론사·기자를 상대로 한 법원의 판결은 236건이다. 하루 평균 10건의 기사가 분쟁에 휘말리고 있다.

기사 때문에 피해를 입었다며 문제를 제기하는 사람들을 보면 정치인·관료·기업인·연예인·종교인·회사원·자영업자·학생 등 다양하다. 지위의 높고 낮음을 가리지 않는다. 개인뿐만 아니라 정부기관·지방자치단체·기업·종교단체·시민단체·언론사 등이 피해자 대열에 합류한다. 이들이 요구하는 것은 정정·반론·추후보도 이외에 금전적 손해배상, 기사삭제 등 다양하다.

보도에 불만이 있는 취재원이나 이해 당사자들은 3단계에 걸쳐 언론사와 기자를 압박한다. 먼저 전화를 걸어 시정을 요구한다. 문제가 해결되지 않으면 언론중재위원회를 찾는다. 여기서도 만족할 만한 결론에 이르지 못하면 법원으로 달려간다. 이들이 제기하는 소송 가운데는 비판적인 언론의 입을 막고, 다른 언론이 추가적으로 보도하는 것을 막기 위한 전략적 봉쇄소송SLAPP: Strategic Lawsuit Against Public Participation의 성격을 띤 것도 다수 있다. 민사 문제에 그치지 않고 형사 사건으로 번지는 경우도 있다.

자신이 보도한 기사가 법적 논란의 대상이 되면 기자와 보도PD는 피곤하다. 언론중재위원회, 법원이 보낸 등기우편물을 받는 순간부터 머리가 아프다. 큰 봉투 안에는 출석요구서와 신청서, 소장訴狀이 들어 있다. 변호사가 알아서 대응하지 않나? 대응 전략을 기자와 함께 고민하고, 기자가 확보한 자료를 법리에 맞게 서류 작업을 하는 것은 분명 변호사의 일이다. 그러나 취재와 보도과정에서 무슨 일이 있었는지 기억해 내고, 관련 자료를 확보하는 것은 당사자인 기자와 PD 이외에는 하기 힘든 일이다. 취재와 보도를 하기에도 시간이 부족한 판에 몸이 두 개라도 모자란다. 이 과정에서 출입처나 같은 언론사의 동료 기자, 데스크의 눈치를 봐야 한다. 그나마 결과가 원하는 방향으로 나오면 다행이지만 그렇지 않으면 기자의 스트레스 지수는 한층 올라간다.

언론환경은 기자가 직업의식과 윤리만으로 법률적 문제에 대응하기 어려운 상황이 됐다. 이 책은 기자·PD가 취재와 보도 일선에서 하루에도 몇 번씩 맞닥뜨리는 걱정과 고민을 덜어주기 위한 것이다. 내용을 알아두면 어깨를 펴고 일할 수 있다. 실수가 줄고, 문제가 발생해도 덜 당황할 것이다. 자기검열self censorship이 심해져 취재와 보도가 힘들어지는 것 아니냐고 반문하는 기자가 있을 수 있다. 기자의 패기와 도전의식을 꺾을 것이라는 우려다. 일정 부분 맞는 말이다. 문제를 외면하면 당장은 편할 수 있다. 그러나 법적 갈등으로 이어진다면 많은 비용과 노력이 들어간다. 잘못된 보도가 인격권 등을 침해하는 것으로 귀결되면 보도의 신뢰가 떨어진다.

서점에 가면 언론법 서적이 서가에 촘촘히 꽂혀 있다. 그러나 기자들이 선뜻 다가가지 못한다. 책이 '언론'이 아닌 '법'에 초점을 맞추고 있기 때문이다. 딱딱하고, 어렵고, 게다가 분량이 많다 보니 몇 쪽 읽다가 덮어버리기 일쑤다. 다 읽고 나서도 "그래서 어쨌단 말이냐?"는 반응을 보인다. 책의 내용이 언론현장과 동떨어져 있기 때문이다. 이 책의 특징은 특별히 주어가 없는 문장의 주어가 '기자'라는 점이다. 기자의 입장에서 문제를 인식한다는 뜻이다. 기자·PD의 눈높이에 맞춰 복잡한 이론을 최대한 줄이고, 어려운 용어는 알기 쉽게 풀어 썼다.

신문·방송·인터넷의 취재기자, 촬영기자, 편집기자, 보도 담당 PD들이 언론분쟁과 관련해 궁금증이 있을 때 부담 없이 이 책을 펼칠 수 있다면 저자에게 큰 기쁨이 될 것이다.

이 책은 협업의 산물이다. 상암동에서 함께 일하는 선·후배와 언론중재위원회·방송통신심의위원회 지인들이 마치 자신의 일처럼 원고를 읽고, 수정하고, 조언하는 수고를 아끼지 않은 덕분에 책이 빛을 보게 됐다. 한울엠플러스 김종수 사장님, 조수임 팀장님, 윤순현 차장님께도 감사의 말씀을 드린다.

2020년 11월

김 상 우

1부
언론분쟁 현황

하루 평균 10건, 늘어나는 언론분쟁

2019년 한 해 동안 전국 법원이 선고한 언론소송 판결은 236건이다. 언론보도로 인한 명예훼손·초상권·사생활의 비밀 등 인격권 침해와 관련한 사건의 민사재판 선고 건수로, 형사재판을 제외한 수치다. 2017년 183건, 2018년 224건에서 증가세가 계속되고 있다(언론중재위원회, 2020a: 9~45 참조).

2019년의 재판 결과를 보면 원고(피해자)의 승소율은 46.4%, 피고(언론사·기자)의 승소율은 53.6%이다. 침해 유형별로 보면 명예훼손과 관련된 사건이 195건(82.6%)으로 가장 많고, 명예훼손·모욕 12건(5.1%), 명예훼손·신용 4건(3.0%) 등을 합치면 명예와 관련된 사건이 233건이다. '언론소송 = 명예훼손 소송'이라고 해도 틀리지 않는다. 소송을 제기한 원고의 신분을 보면 일반인(74건), 고위공직자(41건), 공적 인물(29건), 기업(30건), 언론사(16건), 일반단체(13건) 순이다.

법원 이외에 언론분쟁을 해결하는 기관이 언론중재위원회다. 위원회가 2019년 처리한 조정사건은 3544건이다. 2015년부터 5년 연속 3000건

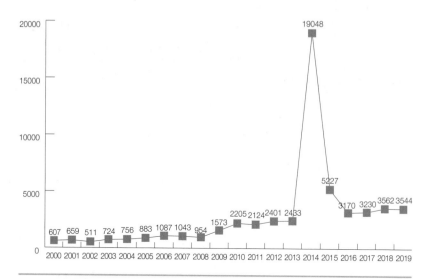

언론중재위원회 연도별 조정 건수

* 2014년, 2015년의 조정신청 건수가 급증한 것은 세월호 침몰 사고와 관련해 기독교복
 음침례회(구원파) 등이 2014년 1만 6117건, 2015년 1908건을 조정신청한 결과이다.

을 넘어섰다(언론중재위원회, 2020b: 13~31 참조). 2006년에 1000건(1087
건), 2010년에 2000건(2205건)을 돌파한 것을 감안하면 증가 속도가 매우
빠르다. 조정 사건의 70% 정도가 합의·직권조정결정 등의 방법으로 해결
됐다.

  2019년에 처리한 3544건을 침해 유형별로 살펴보면, 명예훼손으로 인
한 조정신청이 3478건(98.1%)으로 대부분을 차지한다. 초상권 침해가 28
건(0.8%), 재산상 손해가 15건(0.4%), 성명권 침해 7건(0.2%), 사생활 침
해와 음성권 침해가 각각 5건(0.1%)이다.

  청구 유형별로는 정정보도청구 1623건(45.8%), 손해배상청구 1263건
(35.6%), 반론보도청구 506건(14.3%), 추후보도청구 152건(4.3%) 순이다.
2018년 대비 손해배상청구 비율이 5.4%포인트 올라갔고, 반론보도청구
비율도 2.5%포인트 상승했다.

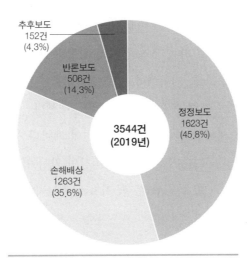

청구 유형별 조정 신청 건수

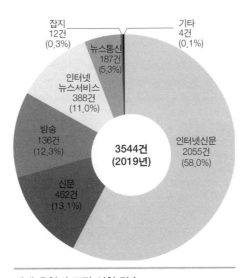

매체 유형별 조정 신청 건수

　　매체유형별로는 인터넷신문을 대상으로 조정을 신청한 것이 2055건
으로 전체의 58.0%를 차지한다. 인터넷신문에는 언론사가 운영하는 인
터넷 매체가 포함된다. 그다음으로 신문 462건(13.1%), 방송 436건(12.3%)

순이다. 인터넷을 기반으로 하는 매체(인터넷신문, 뉴스통신, 인터넷뉴스 서비스, IPTV)를 대상으로 하는 조정 신청의 비중은 2017년 76.3%, 2018년 77.4%, 2019년 74.2%를 기록했다. 방송은 12.3%를 차지해 전년도보다 3%포인트 상승했으며, 신문은 0.4%포인트 감소했다.

법원과 언론중재위원회가 처리하는 사건이 해마다 3600건 안팎에 이른다. 평일과 휴일을 가리지 않고 매일 10건의 기사가 법률적 다툼의 대상이 되고 있다. 보도를 둘러싼 분쟁, 기자라면 누구도 예외라고 말하기 어려운 상황이다.

"2억 원 지급하라"… 손해배상액도 증가

언론분쟁을 해결하는 수단 가운데 하나가 금전적으로 손해를 배상하는 것이다. 언론사와 기자 입장에서는 금전적 부담이 적잖게 신경이 쓰이는 것이 현실이다.

언론중재위원회가 2019년 처리한 조정 사건(3544건) 중에서 손해배상 청구가 1263건으로 35.6%를 차지한다. 이 가운데 실제 금전 배상으로 이어진 것은 53건이다. 청구 최고액은 100억 원, 조정 최고액은 1억 원이다(조정 최고액 1억 원은 피신청인이 조정 심리에 2회 불출석함에 따라 신청인이 청구한 손해배상액 1억 원을 피신청인이 지급하는 것으로 합의 간주된 것이다). 조정액 평균은 482만 원으로 2017년의 137만 원, 2018년의 196만 원에서 증가했다.

법원 재판에서는 2019년 선고한 손해배상청구 사건 272건* 가운데,

---

* 2019년 언론 관련 판결은 236건이다. 그러나 한 사건에서 여러 매체가 피고가 되고, 여러 청구가 병합된 경우도 있어 청구권별로는 모두 543건이다.

손해배상청구액이 100억?

손해배상제도는 언론보도로 인격권을 침해당하거나 재산상 손해를 입은 피해자에게 금전으로 손해를 전보하는 것이 '본질적' 목적이다. 이런 관점에서 볼 때 언론중재위원회의 손해배상제도가 제 역할을 하지 못하고 있다.

신청인들이 정정보도나 반론보도 등을 쉽게 받아내기 위해 '도구적'으로 이용하기 때문이다. 다시 말하면 조정에서 양보하는 모양새를 갖추기 위해 손해배상을 요구했다가 거둬들이는 카드로 사용한다는 뜻이다.

법원에 손해배상을 청구할 때는 청구액수에 따라 원고가 인지대를 납부해야 한다. 전자소송을 할 때 청구액이 1억 원이면 8만 5500원을, 10억 원이면 364만 9500원을 내야 한다. 송달료도 별도로 부담해야 한다.

그러나 중재위원회에 손해배상을 청구할 때는 아무런 금전적 부담이 없다. 언론중재위원회가 2017년부터 2019년까지 접수한 사건의 최고 손해배상청구액이 3년 연속 100억 원을 기록한 것은 이와 무관하지 않다. 언론사나 기자 입장에서는 조정을 시작하기도 전에 엄청난 액수에 기가 죽는다. 참고로 법원이 2019년 판결한 사건 가운데 손해배상 최고 청구액은 13억 원이다.

언론중재위원회의 손해배상제도가 본질적 목적에 충실하게 이용되도록 하기 위해서는 과도한 청구액을 제한함으로써 손해배상청구액과 조정액의 격차를 좁혀야 한다. 고액 청구가 남발되지 않도록 중재위원회가 상담 단계에서 신청인을 안내하고, 신청인에게 비용을 부과하는 것을 검토해야 한다(김상우·이재진, 2015: 203~207 참조).

원고가 승소한 것이 93건(34.2%)이다. 1억 원을 넘는 고액청구 사건이 119건, 최고 청구액은 13억 원이었다. 법원이 손해배상을 명한 평균 액수는 1464만 원이며, 500만 원 이하가 50건(53.8%), 500만 원 초과 1000만 원 이하가 21건(22.6%)이다. 인용 최고액은 2억 원으로 의료전문 매체가 특정한 내용을 누락해 심각한 약물 부작용이 있는 것처럼 보도했다는 이유로 손해배상 책임이 인정된 사건이다.

법원이 인정한 손해배상 평균액은 2017년 853만 원, 2018년 1420만 원, 2019년에는 1464만 원으로 증가했다. 단순 비교하면 2019년 언론중재위원회의 평균 조정액이 482만 원, 법원의 평균 인용액이 1464만 원이다. 중재위원회의 조정에 비해 재판을 했을 때 언론사·기자의 부담이 커진다는 것을 알 수 있다.

03

"기사 삭제해 달라"… 줄 잇는 청구

인터넷에 게시된 기사를 삭제하는 것은 기자가 보도한 '기록'을 없애는 것이다. 특정한 표현 자체를 존재하지 못하도록 봉쇄하여 표현의 자유를 제한하는 결과를 가져온다. 명예가 중대하고 현저하게 침해받고 있을 때 제한적으로, 그리고 신중하게 기사삭제를 결정해야 한다는 것이 법원의 입장이다(서울서부지법 2020. 8. 12. 선고 2019가합35315 판결 등).

언론중재법은 언론보도로 인한 피해자에게 정정보도청구권, 반론보도청구권, 추후보도청구권, 손해배상청구권을 인정하고 있다. 기사삭제청구권은 인정하지 않는다. 언론중재위원회의 조정에서 기사삭제와 관련된 통계가 없는 것이 당연하다. 그러나 신청인이 조정을 신청하면서 기사삭제를 요구하는 사례가 적지 않다. 또 조정 과정에서 당사자 간에 기사 열람·검색을 차단하는 것에 합의하는 방식으로 사실상 기사삭제와 동일한 결론에 이르는 경우가 많다. 예를 들어 정정보도청구와 손해배상을 청구한 경우라도 기사 열람·검색 차단이나 기사 수정에 합의하는 것이다. 이처럼 '기사삭제'는 공식적으로는 존재하지 않지만 현실에서는 존재한다.

기사삭제 요구는 '잊힐 권리'에 대한 사회적 인식이 높아지는 것과 흐름을 같이한다. 언론사 입장에서는 심리적·금전적 부담 없이 갈등을 해결할 수 있고, 피해자의 고통을 덜어준다는 명분이 있어 피해자의 요구를 수용하는 사례가 늘고 있다.

한편 법원에 기사삭제를 청구한 사건은 2016년 36건, 2017년 40건, 2018년 40건, 2019년 38건으로 큰 차이가 없다. 주목할 점은 원고가 승소한 사건이 2016년 5건, 2017년 6건, 2018년 10건, 2019년 15건으로 증가하고 있다는 것이다.

명예를 위법하게 침해당한 사람은 손해배상(민법 751조) 또는 명예회복을 위한 적당한 처분(민법 제764조)의 하나로 정정보도·반론보도·추후보도 등을 청구할 수 있다. 이 외에도 언론중재법 제30조 3항, 또는 민법 제214조를 근거로 법원에 기사삭제를 청구할 수 있다. 대법원은 "인격권으로서 명예권에 기초하여 가해자에 대해 현재 이루어지고 있는 침해행위를 배제하거나 장래에 생길 침해를 예방하기 위해 침해행위의 금지를 구할 수 있다"고 판시했다(대법원 2013.3.28. 선고 2010다60950 판결 등). 기사삭제를 청구할 때 피해자는 언론사에 대해 뉴스사이트 서버에 보관되어 있는 기사를 삭제하고, 포털 사이트의 검색 결과에 해당 기사의 제목과 주요 부분이 표출되지 않도록 언론사가 해당 포털 사이트에 요청할 것을 요구하는 것이 보통이다.

이와 관련 대법원은 "인격권 침해를 이유로 한 방해배제청구권으로서 기사삭제청구의 당부를 판단할 때는 그 표현내용이 진실이 아니거나 공공의 이해에 관한 사항이 아닌 기사로 인해 현재 원고의 명예가 중대하고 현저하게 침해받고 있는 상태에 있는지를 언론의 자유와 인격권이라는 두 가치를 비교형량하면서 판단하면 된다"고 판시했다(대법원 2013.3.

28. 선고 2010다60950 판결). 대법원은 "피고가 그 기사가 진실이라고 믿은 데 상당한 이유가 있었다는 등의 사정은 형사상 명예훼손죄나 민사상 손해배상책임을 부정하는 사유는 될 수 있어도 기사삭제를 구하는 방해배제청구권을 저지하는 사유는 될 수 없다"고 설명한다.

2부
언론분쟁 쟁점

언론보도를 둘러싸고 다양한 형태의 분쟁이 벌어지고 있다. 대표적인 것이 기사 때문에 명예훼손을 당했다고 주장하며 피해자가 민사소송을 제기하거나 형사고소를 하는 것이다. 언론사와 기자는 재판을 받기 위해 법원을 오가야 하고, 경찰·검찰에서 조사를 받아야 한다. 피해자는 언론중재위원회에 조정·중재를 신청하기도 한다. 때로는 개인적인 채널을 통해 언론사·기자와 접촉해 분쟁 해결에 나선다.

언론분쟁에서 언론사는 '가해자' 또는 '피고'의 위치에 있다. 언론에는 방송·신문·잡지 등 정기간행물, 뉴스통신, 인터넷신문, 포털, IPTV 등이 모두 포함된다. 인터넷을 기반으로 하는 매체를 상대로 피해를 호소하는 사례가 점차 많아지고 있다.

보도로 인한 침해법익은 '명예'가 압도적으로 많다. 2019년 언론중재위원회가 처리한 조정사건 3544건 가운데 3478건(98.1%), 법원이 판결한 236건 가운데 195건(82.6%)이 명예훼손 사건이다. 초상권 침해, 사생활 침해와 관련된 사건이 증가 추세에 있다. 저작권 침해 사건은 재산상 손

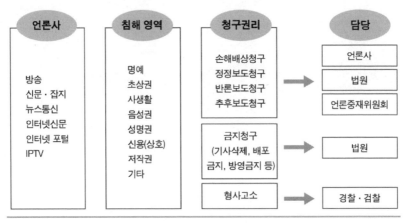

언론분쟁 해결 절차

해와 맞물려 있다는 점에서 언론사가 주의해야 한다.

피해자들의 청구권리를 보면 손해배상청구, 정정보도청구, 반론보도청구, 추후보도청구가 대표적이다. 이 외에 금지청구(방영금지, 배포금지, 기사삭제 등)도 있다.

2부에서는 언론분쟁의 쟁점을 사례와 법원 판결 중심으로 살펴본다. 판결은 언론의 자유와 인격권이라는 두 법익이 충돌할 때 법원이 어떤 기준을 적용하는지를 보여준다는 점에서 가이드라인 역할을 한다. 언론중재위원회가 조정을 하거나 방송통신심의위원회가 심의를 할 때도 판례가 기준이 된다.

명예훼손의 출발점은 '피해자 특정'

- 자신의 쌍둥이 딸들에게 시험문제를 유출했다는 의혹을 받고 있는 서울 숙명여고 전 교무부장 ㄱ 씨(53)가 구속됐다(A신문).
- 쌍둥이 딸에게 시험 문제와 답안을 유출한 혐의(업무방해)를 받고 있는 숙명여고 전 교무부장 A 씨가 6일 경찰에 구속됐다(B일보).
- 서울 숙명여고 문제유출 의혹을 받은 전임 교무부장 A(53) 씨가 6일 구속됐다(C일보).
- 자신이 근무하는 학교에 다니는 두 딸에게 시험 문제를 유출한 혐의를 받는 서울 숙명여고 전직 교무부장 A(51) 씨가 업무방해 혐의로 6일 구속됐다(D일보).
- 쌍둥이 딸에게 시험문제를 유출했다는 의혹을 받았던 숙명여고 전 교무부장 A 씨가 업무방해 혐의로 6일 구속됐다(E일보).

2018년 11월 7일 조간신문이 보도한 기사의 첫 문장이다. 기자가 구속된 사람의 실명을 가리기 위해 A 씨, ㄱ 씨로 표시했다. 숙명여고 전 교무부장이라는 직함과 나이는 공개했다. A 씨, ㄱ 씨의 신원이 가려졌다고 할 수 있을까?

* 대법원은 2020년 3월 12일 피고인의 상고를 기각해 원심대로 징역 3년을 선고했다. 언론은 이 사실을 보도하면서 구속 당시 A 씨, ㄱ 씨로 표시한 것과 달리 대부분 '현모 씨(53)'로 표시했다.

기사에 인물을 등장시킬 때는 실명實名을 밝히는 것이 원칙이다. 기사의 주인공은 물론이고 피해자, 인터뷰에 응한 사람(인터뷰이) 모두에게 적용된다. 미담美談 기사든 비판기사든 마찬가지다. 한국신문협회·한국신문방송편집인협회·한국기자협회가 공동으로 채택한 '신문윤리실천요강' 제5조(취재원의 명시와 보호)는 "보도기사는 취재원을 원칙적으로 익명이나 가명으로 표현해서는 안 된다"고 규정하고 있다.

실명보도가 왜 필요한가? 첫째, 기사의 육하원칙六何原則에서 '누가'는 제일 중요한 요소이다. '누가'가 없는 기사는 팥소 없는 찐빵이다. 시청자나 독자는 누구에 관한 이야기인지를 알고 싶어 한다. '누구'를 드러낸 기사와 가려진 기사가 갖는 소구력의 차이는 뚜렷하다. 독자나 시청자는 '누구'인지를 보고 기사를 계속 읽거나 볼지를 판단하는 경우가 많다. 둘째, 사실관계를 분명히 할 때 기사는 진실에 한발 더 다가선다. 실명을 드러내는 기사를 써야 한다면 기자는 익명으로 보도할 때보다 더 책임감을 갖고 정밀하게 취재할 것이다. 이렇게 함으로써 기사의 완성도가 높아지고 궁극적으로 언론의 신뢰도 향상으로 이어진다. 셋째, 고발성 기사의 경우 비난의 대상을 확실하게 하면 분노를 사회와 공유할 수 있다. 기자가 시청자·독자와 호흡을 함께하는 것이다. 관련 제보가 이어지게 되고, 제보가 잇따르면 후속 기사가 탄력을 받게 된다. 넷째, 실명을 밝히면 선의의 피해자가 생기는 것을 막는 효과도 있다. 익명으로 보도하면 당사자를 보호할 수 있다는 것이 장점이다. 그러나 주변 사람이나 단체가 도매금으로 넘어갈 수 있다. 가령 'S 대학이 문제 있다'는 내용의 기사가 보도되면 이니셜 S로 시작하는 여러 대학이 의혹을 받게 된다.

1990년대 중반까지만 해도 국내 언론에서는 실명보도가 철저히 지켜졌다. 주연은 물론이고 조연, 단역까지 모두 실명으로 나갔다. 1991년 1월 5일 자《중앙일보》19면(사회면) 기사를 예를 들어보자. "빚 받으러 간

사채업자 피살"이라는 제목의 기사에서 숨진 사람, 그 부인은 물론이고 시신을 발견한 경찰관의 이름과 나이까지 모두 공개되었다. 목욕탕 전기 감전사 기사에서도 숨진 사람의 이름·나이·직업·주소에 목욕탕 상호, 주인의 이름·나이가 상세히 나와 있다. 요즘 신문 기사에서 신상을 이렇게 자세히 보도하는 것은 상상하기 힘들다.

하지만 실명보도의 부작용이 적지 않다. 독자·시청자가 기사 내용을 더 쉽고 더 오래 기억한다. 알게 되는 사람의 범위도 많아진다. 자신과 친밀하거나 주변 사람들만 아는 것은 옛날이야기다. 사회관계망서비스 SNS의 영향으로 빠른 속도로 퍼진다. 체면을 중요시하는 우리 사회에서는 불미스런 일에 관련됐다는 사실이 알려지면 사회생활을 하는 데 지장을 받게 된다. 당사자의 이름을 밝히는 문제를 놓고 기자·PD들은 고민한다. 자칫 소송에 휘말릴 수 있기 때문이다.

이니셜로 표시해도 피해자 특정에 해당한다

언론보도에 의한 명예훼손이 인정되기 위해서는 피해자가 특정되어야 하고, 피해자의 사회적 평가를 저하시킬 만한 구체적인 사실의 적시가 있어야 한다(대법원 2016.4.15. 선고 2015다252969 판결).

> 명예훼손 성립: 피해자 특정 + 구체적 사실의 적시
> 〈피해자 주장·입증〉

명예훼손과 관련된 소송에서 언론사가 내세우는 방어논리는 대체로 다음 세 가지다.

첫째, 피해자가 특정되지 않았다.

둘째, 사회적 평가를 떨어뜨릴 만한 구체적인 사실의 적시가 없다.

셋째, 보도 내용이 진실하거나 진실이라고 믿을 만한 상당한 이유가 있기 때문에 위법성이 없다.

명예훼손의 출발점은 '피해자 특정'이다. 보도가 특정인이나 특정단체에 관한 것이어야 한다. 기사의 내용이 누구에 관한 것인지 알 수 없다면 피해를 입었다고 주장하는 사람이 문제를 제기하더라도 언론사나 기자가 걱정할 것이 없다. 당사자를 특정할 수 있는 전형적인 요소는 이름·나이·주소·직업 등의 인적사항이다. 신체적 특징, 특유한 말투, 개성적인 표현에 의해서도 누구인지 알 수 있다.

기자들이 피해자를 드러내지 않기 위해 흔히 사용하는 방법 중 하나가 이름을 직접 거론하지 않고 '김모 씨'처럼 성姓만 쓴지, 'K 씨'처럼 영어 첫 글자로 표시하는 것이다. 실명을 쓰지 않거나 이니셜을 사용하면 피해자 특정의 책임에서 완전하게 벗어날 수 있을까? 대답은 '그렇지 않다'이다. 대법원은 "명예훼손에 의한 불법행위가 성립하려면 피해자가 특정되어야 하지만, 특정을 할 때 반드시 사람의 성명 등 인적 사항을 명시하지 않더라도 표현의 내용을 주위 사정과 종합하여 볼 때 그 표시가 피해자를 지목하는 것을 알아차릴 수 있을 정도이면 피해자가 특정되었다고 할 것이다"라고 판시했다(대법원 2002. 5. 10. 선고 2000다50213 판결 등).

■ 서울 강남의 한 클럽에서 춤을 추던 20대 일본 여성의 신체를 만진 혐의로 현직 해군 법무관이 경찰에 붙잡혔다. 30살 ○모 씨는 강제추행 혐의로 현행범 체포된 뒤 헌병대에 넘겨져 조사를 받고 있다. ○ 씨는 서울 유명 사립대 법대를 졸업하고 사법연수원을 수료한 뒤 법무관으로 임관했다.

방송이 보도한, 세 문장으로 구성된 짧은 기사다. ○ 법무관은 이 기사로 자신의 명예가 훼손됐다며 인터넷 기사를 삭제하고 1억 원을 손해배상하라며 소송을 냈다. 쟁점은 기사의 ○ 씨가 원고를 가리키는지 여부였다. 재판부는 "기사가 '현직 법무관', '30살', '○모 씨'라고 명시해 직업과 성姓, 나이를 특정하고 있고, '서울 유명 사립대 법대를 졸업'하고 '사법연수원을 수료'하였다는 경력까지 특정하고 있다. 사법연수원 출신 현직 해군법무관의 규모에 비추어 그중에서도 30세이고 ○ 씨인 사람은 극히 소수일 것으로 보이는 점 등을 고려하면 원고를 알고 있는 주변 사람들로서는 이 기사가 원고에 관한 것임을 인식할 수 있을 정도가 되었다고 보인다"고 판시했다(서울서부지법 2018.2.7. 선고 2017가합36574 판결). 다만 재판부는 기사의 내용이 허위사실을 적시한 것으로 볼 수 없고, 보도 목적의 공익성이 인정되며 내용이 공공성을 갖추고 있다는 등의 이유로 원고의 청구를 기각했다.

피해자 특정과 관련해 주목할 것은 피해자와 관련 없는 일반인을 기준으로 하는 것이 아니라는 점이다. 피해자와 같은 업계에 있는 사람이나 직장동료, 친구, 친척 등이 해당 기사를 보고 누구인지 알 수 있었다면 피해자가 특정된 것으로 본다. 피해자가 특정됐는지를 간단히 말하기는 쉽지 않다. 여러 가지 상황을 종합적으로 고려해야 한다.

법원은 보도에 의한 피해자 특정을 인정하는 방향으로 판결하는 추세를 보인다. 다음은 피해자 특정을 인정한 사례다.

■ "기업 임원, 술 접대에 부서 여직원 억지 동원"이라는 제목으로 여성 직원이 회사에서 성희롱 피해를 당했고 이 때문에 퇴사했다고 방송이 보도한 사안: 법원은 "기사에서 원고를 '○○자동차 그룹' 소속으로 '2018년 초 퇴사한 대리급 여성 직원'이라고 표현하여 직장과 성별, 퇴

'국회 성추문'의 장본인은?

2011년 7월 일간지가 국회에서의 성추문 기사를 보도했다. 내용은 "최근 수도권 여당 C 의원실에서 유부남 보좌관이 미혼 여비서를 성폭행했다는 소문도 돌고 있다. 여비서는 그만뒀고, 보좌관은 '상호 합의하에 관계를 가졌다'고 해명한 것으로 알려졌다"는 것이다. 유부남 보좌관은 이 보도가 허위라며 명예훼손으로 인한 손해배상과 정정보도청구 소송을 제기했다.

재판의 첫째 쟁점은 '유부남 보좌관'이 누구인지 알 수 있느냐였다. 1심 법원은 피해자가 특정되지 않았다고 판단하고 청구를 기각했다. ① 당사자들의 이름을 영문으로 익명화했고, ② 수도권 의원이 100여 명에 이르고 그중 여당 의원이 상당수여서 '수도권 여당 의원'이 누구를 가리키는지 알기 어려우며, ③ 소문을 듣고 기사를 쓴 기자도 당사자를 알지 못한 상황이었다는 것이 근거였다(서울중앙지법 2014.8.13. 선고 2013가합91837 판결).

그러나 2심 법원은 피해자가 특정된 것으로 판단하고, 원고 일부승소 판결을 했다. ① 원고와 여비서의 직업과 소속이 명시됐고, ② 국회 근무자나 그 주변 사람, 특히 수도권 여당 국회의원실 직원들과 당사자와 같은 층에서 근무한 사람들은 보도 시점에 국회의원실에서 그만둔 유일한 여비서가 누구인지 알고 있으며, ③'유부남 보좌관'이 누구인지도 쉽게 알 수 있다는 이유에서였다(서울고법 2015.6.19. 선고 2014나45296 판결).

언론사가 불복해 상고했으나, 대법원은 원심 법원의 판단에 잘못이 없다며 상고를 기각했다(대법원 2018.4.12. 선고 2015다45857 판결).

사시기 및 퇴사 당시 직급을 특정했다. 또 가해자인 같은 부서 상관 여성임원 B 씨를 '○○자동차 그룹 공채 출신 여성 임원으로 2017년 말 이사대우에서 이사로 승진하여 본사에서 재직 중'이라고 표현하였는바, 이 그룹에서 여성 임원은 32명 내외에 불과하고 2017년 말 이사로 승진한 자는 극소수일 것으로 보여 가해자가 특정된다. 가해자가 특정됨에 따라 피해자인 같은 부서의 2018년 초에 퇴사한 대리급 여성 직원도 특정될 것으로 보여 뉴스에서 이름을 명시하지 않았더라도 원고를 아는 사람이라면 뉴스가 원고를 지목하는 것임을 쉽게 알아차릴 수 있다"고 판시했다(서울중앙지법 2019. 10. 16. 선고 2018가합5527 판결).

■ 레스토랑 운영자가 아르바이트생들을 성희롱하고 모욕적 발언을 했다는 취지의 기사에 대해 운영자가 명예훼손을 이유로 손해배상청구 소송을 제기한 사안: 법원은 "기사에서 원고를 'ㄱ 실장', 식당을 'ㄴ 레스토랑'이라고만 지칭하고, 기사와 함께 게재한 식당의 전면사진은 모자이크로 처리했다. 그러나 알바노조가 국가인권위원회 앞에서 피켓과 현수막을 들고 시위하는 사진에는 이 식당의 상호와 영업장 소재지가 기재돼 있어 원고의 신상에 관한 정보를 적시하여 원고를 특정하였다고 볼 수 있다"고 판시했다(서울중앙지법 2019. 4. 17. 선고 2018가합570427 판결).

■ 대학원생이 지도교수에게서 성추행을 당했다는 취지의 방송보도에 대해 지도교수가 명예훼손에 따른 정정·반론보도와 손해배상청구 소송을 낸 사안: 법원은 "① 보도에서 원고를 'D의 지도교수'라고 지칭하면서 D의 실명·얼굴을 공개한 점, ② 대학교 학위수여식에 참석한 D의 모습이 보도되어 어느 대학교인지 확인되는 점, ③ 다른 언론사가 동일한 내용을 기사화하면서 당사자를 '○○대학교 A 교수', '○○대 체육교육과 대학원생 이×혜(가명)' 등으로 지칭해 원고의 성, 소속 단과대학을 특정한 것을 종합하면 해당 보도가 원고에 관한 것임을 알아차릴 수 있는 정도에 해당한다"고 판시했다(서울서부지법 2018. 12. 5. 선고 2018가합32463 판결).

다음은 피해자 특정을 부정한 사례다.

- 유명 피겨스케이팅 코치가 미성년자인 수강생들을 강습 도중 폭행했다는 보도에 대해 수강생들이 인격권과 초상권을 침해당했다며 손해배상청구 소송을 낸 사안: 법원은 "뉴스의 영상에 나오는 학생들은 상반신이 불투명하게 처리되어 있어 누구인지 식별할 수 없고, 달리 원고들이 뉴스를 통해 폭행을 당한 학생으로 특정된다는 점을 인정할 만한 증거가 없다"고 판시했다(서울서부지법 2020.7.7. 선고 2019가단241700 판결).

- 주한미군 소속 군무원이 외부 계약직 민간인 여성과 불륜관계에 있다는 취지의 보도에 대해 군무원이 명예훼손에 의한 손해배상을 청구한 사안: 법원은 "기사가 원고의 실명을 명시하지 않은 채 이니셜로 지칭하고, 원고에 관해 알 수 있는 정보로 '주한미군 고위인사, 주한미군 정보 관련 업무를 맡고 있는 A 씨, 50대 후반 유부남인 A 씨는 한국에서 근무한 지 10년이 넘는 미군으로 미국인 부인과 함께 한국에 머물고 있다'는 정보를 적시했다. 그러나 이 정보만으로는 원고의 지인이나 주변인 등이 기사 내용 속의 인물이 원고라는 것을 알기 어려울 것으로 보인다"고 판시했다(서울서부지법 2018.12.18. 선고 2017가단233620 판결).

- 인터넷 신문이 "백악관 홈피에 오바마 협박글 올린 30대 구속기소"라는 제목의 기사를 게재하면서 '30대 남성인 이모(33·무직) 씨는 대학을 졸업한 뒤 취업에 실패해 집에서 인터넷을 하며 시간을 보내는 전형적인 은둔형 외톨이'라고 표현한 사안: 법원은 "기사에서 적시한 성

개를 보면 주인을 알 수 있다?

민간 자격증 홍수시대다. 국내에 등록된 민간 자격증이 3만 개에 이르고 바리스타, 요가지도사 등 종류도 다양하다. 이 중 상당수는 전문지식이 없어도 돈만 내면 딸 수 있다. 기자는 이러한 현실을 3분여에 걸쳐 보도했다.

방송 보도가 나간 뒤 전혀 예상하지 못한 일이 벌어졌다. 반려동물 치료 강사 자격증의 문제점을 지적하는 내용과 관련해 해당 협회의 회장이 손해배상청구 소송을 제기한 것이다. 방송에서는 협회의 이름, 로고, 교재 제목, 강좌 제목 등을 모자이크 처리했다. 문제는 개의 얼굴 사진이 2초 정도 노출된 것이었다. 원고는 "본인이 소유하고 있는, 많은 도그쇼에서 상을 받은 유명한 강아지다. 애견가들이 사진을 보면 주인이 누구인지 알 수 있다. 개 주인의 명예가 훼손됐다"고 주장했다.

법원은 "짧게 나오는 강아지 사진만으로 이 협회가 기사에서 문제되는 해당 단체로 바로 특정된다고 보기 어렵다"며 원고 패소 판결했다. 개 소유주나 도그쇼 심사위원 등 전문가가 아니면 사진만 보고 흰색 말티즈가 누구의 것인지, 어느 협회 소속인지 알기 어렵다는 것이다(서울남부지법 2019.4.10. 선고 2018가합36908 판결).

씨 및 나이의 분포 규모에 비추어 대학 졸업자 중 나이가 33세로서 취업에 실패한 이씨 성을 가진 사람은 적지 않을 것으로 보이는 점에서 기사에서 피해자가 특정되지 않았다고 보기 어렵다"고 판시하고 청구를 기각했다(서울중앙지법 2019.5.2. 선고 2018가단44327 판결).

* 이 사건은 원고가 항소해 2심 계류 중이다(서울중앙지법 2019나26174).

적당히 모자이크로? TV보도는 더 조심해야

텔레비전 보도와 관련된 명예훼손 사건에서는 영상 속의 인물이 누구인지 알 수 있느냐가 주요 쟁점이 된다. 결론부터 말하면 방송 보도는 인쇄 매체의 기사에 비해 피해자가 특정된 것으로 인정될 가능성이 높다. 문자나 말에 영상과 음성이 합쳐져 정보의 양이 많아지기 때문이다.

영상과 음성, 특히 영상을 어느 정도까지 공개하느냐를 두고 기자·PD는 갈등한다. 방송 매체의 특성상 시청자의 시선을 모으기 위해 사실성과 현장성을 강조해야 한다. 사실성과 현장성은 영상을 바탕으로 한다. 시청자는 텔레비전 뉴스의 영상이 사건을 직접적으로, 객관적으로 반영한다고 믿는다. 기자나 PD가 시청자의 기대에 부응하기 위해서는 취재하거나 입수한 영상을 최대한 보도에 사용하는 것이 마땅하다.

한편에서는 취재원, 보도 대상자와의 법적인 갈등을 피해야 한다는 현실적인 요구가 만만찮다. 당사자임을 알 수 있는 주변 정보를 표시하지 않아야 한다. 문제가 될 수 있는 장면을 편집 과정에서 걸러내거나 모자이크를 하고, 목소리도 변조해야 한다. 그런데 이렇게 하면 방송 보도로서의 효과가 반감되고, 시청자의 기대 수준에 미치지 못하게 된다. 또 인터뷰 내용, 인터뷰 대상자(인터뷰이), 나아가 프로그램에 대한 신뢰를 떨어뜨린다(신병률, 2008: 240).

이런 사정 때문에 기자들은 적당히 모자이크를 하는 선에서 타협하는 수가 많다. 그러나 불완전한 조치가 자칫 소송으로 이어질 수 있다. 앞에 소개한 대법원 판결을 다시 음미해 보자. "성명 등 인적 사항을 명시하지 않더라도, 그 표현의 내용을 주위 사정과 종합하여 볼 때 그 표시가 피해자를 지목하는 것을 알아차릴 수 있을 정도이면 피해자가 특정되었다고 본다". 취재원이나 취재 대상의 익명성을 보장하기 위해 모자이크나 포커스 아웃 등의 기법을 사용할 경우에는 인터뷰한 사람과 가까운 사람들도 알아보지 못하도록 확실하게 해야 한다.

다음은 방송보도와 관련해 피해자가 특정된 사례다.

- 연예인을 협박한 피의자를 방송이 보도하면서 사건과 무관한 자료 영상을 내보낸 데 대해 자료영상 속의 주인공(모델)이 정정보도 및 손해배상청구 소송을 한 사안: 법원은 "자료영상은 과거 패션모델 오디션 프로그램 영상으로 무대구조가 나타났고 등장인물인 원고를 모자이크로 처리했으나 얼굴 윤곽, 의상의 종류와 색, 걷는 자세, 머리 스타일을 구분할 수 있다. 오디션 프로그램의 특성을 감안하면 원고의 주변 사람들이나 프로그램 제작진, 시청자들은 방송에 삽입된 영상 속 등장인물이 원고임을 충분히 알 수 있었다고 봄이 상당하다"고 판시했다(대법원 2016.4.15. 선고 2015다252969 판결).

- 다이어트용 식품에서 비소가 검출돼 경찰이 수사에 나섰다는 내용을 방송이 보도하면서 공장과 제품을 노출한 사안: 법원은 "공장의 외관을 일부분(건물 외벽의 광고판)만 모자이크 처리한 채 그대로 방송했고, 제품의 일부분을 모자이크로 처리했으나 겉포장 박스와 내용물이 들어 있는 비닐포장의 전체적인 디자인과 색상이 그대로 노출됐으며, 이 보도 이후 유사한 내용의 기사가 상당수 게재됐다. 원고 회사와 같은 업계에 있는 사람이나 주변인 또는 이 제품을 접해본 사람이라면 방송보도가 원고 회사가 제조·판매하는 제품에 관한 것임을 어렵지 않게 인식할 수 있었을 것이라고 봄이 상당하다"고 판시했다(서울남부지법 2017.12.21. 선고 2017가합163 판결).

지나친 모자이크는 경계하자

모자이크 처리를 하지 않아도 되는 것을 해서 눈에 거슬리는 경우가 자주 있다. 피해자가 특정되는 것을 방지하는 데 신경 쓴 나머지 어울리지 않은 대목에서 과용過用하는 것이다.

첫째, 사실과 직접적으로 연관된 영상이라도 굳이 모자이크 처리를 할 필요가 없는 경우다. 뒷모습이나 익스트림 롱 숏으로 촬영된 인물·대상일 때가 그렇다. 시청자가 내용을 구체적으로 확인하기 힘든 경우 모자이크 처리를 하는 것은 의미가 없다.

둘째, 보도 내용과 관련 없는 영상을 모자이크 처리해 사실성을 부여하려 하는 경우도 있다. 인터뷰나 관련 영상이 확보되지 않은 상태에서 내용과 전혀 상관없는 영상을 보여주면서 모자이크 처리를 하는 것이다. 이는 사실을 감추면서 마치 사실인 척한다는 점에서 시청자를 오도하는 것이다. 모자이크 처리된 흐릿한 영상 너머에 사실과 진실이 존재한다고 믿는 시청자를 속이는 것이다. 텔레비전 뉴스의 영상은 현실에서 출발해야 하고 현실에 충실해야 한다. 가짜 현실을 모자이크 처리하여 사실인 척하는 것은 현실과 허구가 전도轉倒된 관계다. 모자이크 영상의 과잉은 투명성과 사실성을 전제로 하는 텔레비전 영상을 인위적으로 왜곡해 시청자의 눈을 피로하게 만든다(김상우, 2014: 22).

■ 방송이 보험사기 관련 기사를 보도하면서 한방병원의 간판 일부, 입구, 내부 모습을 영상으로 내보낸 사안: 법원은 "병원 상호의 일부분과 진료과목이 화면에 노출되었고, 담당 경찰관이 경찰서를 배경으로 인터뷰에 응한 점을 종합하면 입원 중인 환자나 그 지인들이 해당 병원임을 바로 알 수 있다. 또 이 경찰서 관내에 진료과를 운영하는 한방병원이 드물어 지역 주민이라면 보도에 등장한 병원이 이 사건의 병원이며, 병원의 원장이 원고로 특정됐다고 볼 수 있다"고 판시했다(서울남부지법 2015.9.3. 선고 2015가합102966 판결).

집단표시에 의한 명예훼손

보도의 대상이 누구인지 드러나지 않도록 하는 방법으로 대상을 뭉뚱그려 표현하는 것이 있다. 특정인을 못 박지 않고 '여성 아나운서', '검찰', '경찰' 등 그 사람이 소속된 집단의 이름으로 막연하게 표시하는 것을 집단표시에 의한 보도라고 한다.

어떤 경우 기자들이 집단표시를 사용할까? 우선 정부, 지방자치단체, 기업 등과 관련된 기사에서 굳이 한 사람에게 초점을 맞출 필요성이 없을 때다. 검찰·경찰의 경우 부·팀 단위로 움직이기 때문에 특정인의 행위를 가려내는 것도 쉽지 않다. 취재원·제보자를 보호하기 위한 방편으로도 유용하다. 행위의 주체를 드러내는 순간 취재원이나 제보자가 노출될 개연성이 높아진다. 집단을 내세우면 기사가 더 힘 있게 보이는 측면도 있다. 권력기관이나 사회적·정치적 영향력이 큰 집단일수록 그렇다.

이런 이유 이외에 기자들이 명예훼손의 위험에서 벗어나기 위해 집단표시를 사용한다. 명예훼손은 특정한 사람이나 인격을 보유하는 단체의 명예를 훼손할 때 성립하는데, 집단표시로 대상자를 흐릿하게 가리는 것이다.

일반적으로 조직의 구성원이 많으면 피해자가 특정되지 않은 것으로 본다. 대법원은 "집단표시에 의한 명예훼손은 명예훼손의 내용이 그 집단에 속한 특정인에 대한 것이라고는 해석되기 힘들고, 집단표시에 의한 비난이 개별구성원에 이르러서는 비난의 정도가 희석되어 구성원 개개인의 사회적 평가에 영향을 미칠 정도에 이르지 않는 것으로 평가되는 경우에는 구성원 개개인에 대한 명예훼손이 성립되지 않는다"고 판시한 바 있다(대법원 2014. 4. 24. 선고 2013다74837 판결, 대법원 2006. 5. 12. 선고 2004다35199 판결 등).

집단표시를 한다고 기자가 피해자 특정의 문제에서 완전히 자유로운 것은 아니다. 대법원은 "구성원 개개인에 대한 것으로 여겨질 정도로 구성원 수가 적거나 당시의 주위 정황 등으로 보아 집단 내 개별구성원을 지칭하는 것으로 여겨질 수 있는 때는 집단 내 개별구성원이 피해자로 특정된다고 보아야 한다"고 덧붙였다.

집단표시에 의한 명예훼손 여부를 판단할 때 1차적 기준은 '구성원 숫자', 즉 집단의 크기다. 구성원이 몇 명이면 개인에 대한 명예훼손이 되지 않을까? 대체로 100명을 넘으면 구성원 개개인에 대한 명예훼손이 성립할 가능성이 거의 없다. 반면 10명 이내의 경우에는 문제가 될 가능성이 매우 높다.

미국에서는 집단의 구성원이 25명이 넘으면 기본적으로 명예훼손이 인정되지 않는다. 또 25명 이하인 집단의 불특정한 한두 사람을 지칭할 경우 그 한두 사람을 제외한 다른 사람은 소송을 제기할 수 없다. 그러나 25명 이하 집단의 과반수를 지칭해 명예훼손을 한다면 구성원 누구라도 소송을 제기할 수 있다(염규호, 1994: 31).

구성원 숫자가 절대적인 기준은 아니다. 100명을 훨씬 넘는 경우에도 피해자가 특정됐다고 판시한 사건도 간혹 있다. 중요한 것은 보도 당시의 주위 정황 등으로 보아 집단 내 개별구성원을 지칭하는 것으로 볼 수 있느냐다. 법원은 구성원의 수(집단의 크기) 이외에 그 집단을 다른 집단이나 단체와 구별하게 하는 구성원들 사이의 공통 요소, 보도 내용 등을 종합적으로 판단한다(서울지법 2000. 10. 18. 선고 99가합95970 판결). 한위수(1998: 62)는 집단의 성격(구성의 확실성과 조직의 정도)이 어떠한지, 사회적으로 저명한 집단인지, 또 당사자가 집단에서 맡은 역할이 무엇인지 등 '의심의 강도intensity of suspicion'를 아울러 고려해야 한다는 의견을 제시했다.

다음은 명예훼손의 피해자가 특정된 것으로 법원이 인정한 사례다.

■ '2017년 당시 MBC 경영진이 6월 항쟁을 다루는 다큐멘터리를 제작 중인 PD에게 제작 중단을 지시했다'는 취지의 기사에 대해 해당 임원이 명예훼손에 따른 반론보도청구 소송을 제기한 사안: 법원은 "기사에서 '과거 경영진'이라는 표현은 다큐멘터리 제작을 중단하라는 지시가 있던 날 제작 업무를 관장하는 편성제작본부에서 다큐멘터리 제작 및 중단 여부를 결정, 지시할 수 있는 권한을 가진 일부 MBC 임원을 지칭하는 것으로 볼 수 있고, 당시 원고는 편성제작본부장으로 재임하였으므로 '경영진'에 포함되어 특정되었다고 볼 수 있다"고 판시했다 (서울남부지법 2019. 5. 30. 선고 2018가합1330 판결).

■ '서초경찰서 경찰관'이 수술실에 난입하는 등 무리하게 압수수색해 수술 중인 환자가 위험한 상태로 방치됐다고 방송이 보도한 데 대해 수사를 담당한 경찰관들이 소송을 제기한 사안: 법원은 "서초경찰서에는 300명가량의 소속 경찰관이 근무하고 있고 10개과로 구성되어 있으며 그중 지능범죄수사과는 수사지원팀, 지능팀, 사이버팀, 유치관리팀, 호송출장소팀으로 구성되어 있는 등 그 구성원 수가 제한적이며 범위가 명확하다. 특히 원고가 속한 팀(압수수색에 참여한 경찰관은 팀장을 비롯한 5명으로 보인다)에서 수사를 담당하고 있다는 점은 주변인들이나 관심 있는 이들이라면 기사를 보고 충분히 원고임을 알 수 있다"고 판시했다(서울중앙지법 2017. 12. 22. 선고 2017나34171 판결).

■ 대전 법조비리 사건과 관련해 '대전지역 검사들'이 불법로비와 부정청탁 대가로 변호사에게서 금품을 수수하고 사건을 부당하게 처리했다

는 보도에 대해 현직 검사들이 소송을 제기한 사안: 법원은 "사건 당시 '대전지역 검사들'은 대전지검 25명, 대전고검 6명 등 모두 31명으로 구성원 숫자가 적고, 한 달여에 걸친 집중적인 보도 등 당시의 주위 정황으로 보아 집단 내 개별 구성원을 지칭하는 것으로 여겨질 수 있다"고 판시했다(대법원 2003. 9. 2. 선고 2002다63558 판결).

■ 서울 청계천 재개발사업과 관련해 '서울시장 비서관의 한 사람', '시장 측근'이 금품을 받은 것으로 보도한 사안: 법원은 "서울시장의 비서관은 총 4명이고, 그중 원고를 만난 사람이 누구인지는 서울시청의 공무원이나 청계천 재개발 관련업자들로서는 알 수 있다. 그렇지 않다 하더라도 모두 4명에 지나지 않는 비서관들 모두에 대한 사회적 평가를 저하시킨 것으로도 볼 수 있다"고 판시했다(서울고법 2007. 1. 24 선고 2006나56918 판결).

피해자가 특정되지 않은 것으로 인정된 사례는 다음과 같다.

■ '세월호 침몰 사고 당시 해양경찰과 구조담당자들이 민간잠수부를 지원하지 않고, 민간잠수부의 구조작업을 막고 있다'는 내용의 글을 기고하고 방송과 인터뷰해 명예훼손 혐의로 기소된 사안: 법원은 "당시 해양경찰, 현장구조대원 등 세월호 침몰사고 구조담당자의 수를 가늠할 수 없을 뿐만 아니라 그 범위가 지나치게 넓고 경계가 불분명하며 명예훼손의 내용이 세월호 침몰사고 구조담당자 특정인에 대한 것이라고 보기 어렵다"고 판시했다(대법원 2018. 11. 29. 선고 2016도14678 판결).

■ 의사가 환자나 간호조무사를 성폭행하거나 불법촬영을 하는 등 범죄

당사자 특정이 인정된 사례	당사자 특정이 인정되지 않은 사례
☞ 서울시장의 비서관 한 사람(4명)	☞ 파업 중인 MBC 노조원(140명)
☞ 기무사 현역 장성들(8명)	☞ 육군 헌병(170명)
☞ 검찰특별수사본부 검사(12명)	☞ 여성 아나운서(295명)
☞ 아파트 동대표(19명)	☞ 법성포 굴비업체(400개)
☞ 충북지방경찰청 기동수사대(21명)	☞ 노사모 회원(2870명)
☞ 계룡대 해군 법무장교(25명)	☞ 우리나라 의사(13만 명)
☞ 대전 지역 검사들(31명)	☞ 정신과 의사들(3162명)
☞ 독도경비대(37명)	☞ 한의사(1만 7000명)
☞ 국방부 검찰단(39명)	☞ 5·18 민주유공자(7056명)
☞ 조선인 일본군 위안부(46명)	☞ 국정원 수사관
☞ 서울대 사회대 86학번 여학생(49명)	☞ 독립운동가
☞ 서울 서초경찰서 경찰관(300명)	
☞ 인천 연수경찰서(409명)	

를 저지르고도 대부분 의사면허를 유지하고 있다고 보도한 데 대해 대한의사협회가 손해배상을 청구한 사안: 법원은 "방송 내용은 의사들 중 일부가 강력 범죄를 저지르고도 환자를 진료하고 있다는 것일 뿐, 의사 전체를 일률적으로 비판하지는 않았다. 전국의 의사 수는 13만 명이 넘어 매우 많은 수준이므로, '의사들'이라는 표현을 사용했다고 하여 의사협회나 그 임원들을 지칭하는 것으로 볼 수 없다"고 판시하고 청구를 기각했다(서울남부지법 2019. 7. 23. 선고 2018가단263841 판결).

■ 영광굴비업체들이 전통적인 가공방법으로 굴비를 가공하지 않으며, 영광굴비와 참조기가 별 차이가 없음에도 참조기보다 7.5배 높은 가격에 판매해 폭리를 취하고 있다고 방송이 보도한 사안: 법원은 "보도

에서 영광군에 있는 굴비업체, 법성포에 있는 굴비가공·판매업체, 영
광굴비업체 등으로 표현한 것은 그 집단의 경계가 불분명하고 조직화
되어 있다고 보기도 어려워, 이 사건 보도에서처럼 집단명칭으로 비난
을 한 것은 개별 업체들에 대한 관계에서 비난의 정도가 희석되어 개
개인에 대한 사회적 평가를 저하시킬 정도에 이른다고 보기 어렵다"고
판시했다(서울고법 2014. 11. 14. 선고 2014나9481 판결).

* 법성포의 영광굴비 가공·판매업체는 400곳이 넘는다.

■ A 씨가 국가정보원에서 조사 받으면서 감금·폭행·협박을 당해 간첩
활동을 했다고 거짓진술을 했다는 보도에 대해 국정원 직원들이 소송
을 제기한 사안: 법원은 "국가정보원 수사관이라는 집단의 크기, 그 집
단 내에서 원고들이 차지하고 있는 지위 등이 전혀 밝혀지지 않았고,
국가정보원 수사관들의 업무가 매우 비밀스럽게 이루어진다는 점까
지 더하여 보면 단순히 이 사건 영상물에서 '국가정보원 수사관'이라
는 집단이 표시되었다고 하여 그 표현이 국가정보원 구성원인 원고들
개개인을 지칭하는 것이라고 보기도 어렵다"고 판시했다(서울중앙지법
2014. 9. 17. 선고 2013가합547101 판결).

'피해자 특정'과 '개별적 연관성'

피해자 특정과 유사하면서도 다른, 개별적 연관성의 문제를 살펴보자.
개별적 연관성이란 개인·기관·단체·회사 등이 사실적 주장에 관한 언론
보도에 관해 정정이나 반론·추후보도를 요구할 수 있는 자격을 말한다.
정정이나 반론 등을 요구하는 당사자(개인 또는 단체)가 분쟁과 관련이 없
을 때는 개별적 연관성이 인정되지 않는다.

언론중재법 제14조 1항, 제16조 1항에 따르면 사실적 주장에 관한 언론보도가 진실하지 않아 피해를 입은 자는 언론사를 상대로 정정보도나 반론보도를 청구할 수 있다. 여기서 주목해야 할 것이 '피해를 입은 자'이다. 대법원은 "'사실적 주장에 관한 언론보도가 진실하지 않아 피해를 입은 자'라고 함은 보도내용에서 지명되거나 그 보도내용과 개별적인 연관성이 있음이 명백히 인정되는 자로서, 보도내용이 진실하지 아니함으로 인해 자기의 인격적 법익이 침해되었음을 이유로 그 보도내용에 대한 정정보도(반론보도)를 제기할 이익이 있는 자를 가리킨다"고 판시했다(대법원 2011. 9. 2. 선고 2009다52649 판결 등). 법원은 보도에 이름·주소 등이 직접적으로 표시되지 않더라도 연령, 성별, 학력, 성씨, 신체적 특성 등 여러 가지 정황으로 관련자를 연상할 수 있으면 '개별적 연관성'이 있는 것으로 본다.

한편 언론중재법 제14조 3항, 제16조 3항은 국가, 지방자치단체, 기관 또는 단체의 장이 당해 업무에 대해 정정보도(반론보도)를 청구할 수 있다고 규정하고 있다. 국가나 지방자치단체 같은 공법인은 국민의 기본권을 보호 내지 실현해야 할 '책임'과 '의무'를 지는 주체로서, 원칙적으로 기본권의 수범자일 뿐 기본권의 소지자로 볼 수 없지만 사경제 주체로서 활동하는 경우나 조직법상 국가로부터 독립한 고유 업무를 수행하는 경우, 그리고 다른 공권력 주체와의 관계에서 지배복종관계가 성립되어 일반 사인처럼 그 지배하에 있는 경우 등에는 기본권 주체가 될 수 있다(헌법재판소 2013. 9. 26. 선고 2012헌마271 결정 등).

■ 덕수궁 대한문 앞에서 불법 텐트를 세우고 시위 중인 시위 참가자가 경찰관의 멱살을 잡고 몸싸움을 벌이고 있다는 내용의 기사를 신문이 보도한 데 대해 집회를 주최한 단체의 대표가 정정보도청구 소송을 낸

사안: 법원은 "원고는 집회를 신고·주최하여 텐트 등의 물품을 반입한 범대위의 대표자로서, 기사에 원고의 성명이나 초상이 특정되어 있지 않다고 하더라도 집회 물품의 불법성은 곧 그 집회를 주최한 범대위나 그 대표자의 인격적 법익과도 직결되어 있으므로 보도내용과 개별적인 연관성이 있음이 명백하다"고 판시했다(서울중앙지법 2013.7.24. 선고 2013가합8293 판결).

- '문재인 대통령 부부가 전임 대통령 부부들에 비해 해외순방을 자주 하고, 관광지를 자주 찾았다'는 취지의 신문 칼럼에 대해 대통령비서실이 정정보도청구 소송을 낸 사안: 법원은 "보도가 대통령 부부를 보도의 직접적 대상으로 삼고 있음이 명백하고, 대통령비서실이 대통령을 직접 보좌하는 역할을 수행하는 행정기관임을 고려하더라도 그런 사정만으로 이 보도와 어떤 개별적인 연관성을 가진다고 할 수 없다"며 원고 패소 판결했다(서울중앙지법 2020.7.15. 선고 2019가합4484 판결). 재판부는 "보도와의 명백한 개별적인 연관성이 없음에도 보도대상자들의 업무를 보좌한다는 이유만으로 보도에서 직접 다루어지지 않고 있는 조직이나 개인까지도 보도로 인해 피해를 입는 자로 넓게 인정한다면, 힘 있고 돈 있는 집단을 이끄는 사람들은 전면에 나서지 않고도 그들에게 비판적이라고 생각하는 언론기관이나 언론인을 상대로 각종 법률적 다툼을 벌임으로써 언론의 자유나 표현의 자유를 부당하게 위축시킬 수 있어 원고의 주장을 받아들일 수 없다"고 밝혔다.
  * 이 사건은 원고가 항소해 2심 계류 중이다(서울고법 2020나2024968).

- 세월호 사고 다음 날 박근혜 대통령이 진도체육관을 방문했을 때 세월호에서 극적으로 구조된 6살 어린이가 대통령의 이미지 정치를 위해

동원된 것이 아니냐는 의혹을 신문이 보도한 데 대해 대통령비서실과 대통령을 수행한 비서실 직원 4명이 소송을 제기한 사안: 법원은 "기사의 전체적인 취지와 내용상 보도의 대상이 되는 것은 원고들이 아니라 대통령이며, 대통령비서실 소속 공무원은 443명인데 기사에는 대통령이 진도체육관을 방문할 때 수행한 사람들이 누구인지 특정할 수 있는 내용이 전혀 없는 점 등에 비추어 보면 원고들은 기사 내용과 개별적인 연관성이 있음이 명백히 인정된다고 보기 어렵다"고 판시했다 (서울중앙지법 2014. 12. 24. 선고 2014가합25189 판결).

■ 수원시장이 발표한 개발계획이 자신의 이익을 부풀리는 데 이용됐다고 신문이 보도한 사안: 법원은 "수원시가 개발계획을 발표함에 있어 공청회 등의 절차를 전혀 거치지 않았다는 사실적 주장을 담고 있고, 수원시는 보도 내용과 개별적 연관성이 명백히 인정되므로 공청회 등의 절차를 거쳤는지에 관한 반론 또는 반박을 제기할 이익을 가진다"고 판시했다(수원지법 2017. 2. 10. 선고 2016카합10353 판결).

① '피해자 특정'의 문제는 기자·언론사가 불리하다

이니셜을 사용하거나 집단표시를 하더라도 피해자 주변의 사람들이 알아볼 정도이면 피해자가 특정된 것으로 인정된다. 법원은 사건과 무관한 제3자의 입장에서가 아니라 주변 사람이나 동료의 입장에서 판단한다. 피해자를 애매모호하게 표시해 명예훼손의 책임에서 벗어나기란 쉽지 않다.

② 익명 보도 확실하게 하자

영상을 블러blur(흐릿하게 보이도록 함) 처리나 모자이크 처리를 하면서 엉성하게 하는 경우가 있다. 영상을 모자이크 처리하면서 음성을 변조하지 않아 문제가 되는 수도 있다. 신원을 가리려면 완벽하게 가려야 한다.

③ 방송영상 촬영 단계에서 고민하자

생생한 화면을 모자이크나 블러 처리를 하면 메시지의 전달력이 떨어진다. 모자이크를 하지 않아도 되도록 취재단계에서 고민할 필요가 있다. 신체의 일부분에 앵글을 맞춰 촬영하거나 실루엣으로 처리하는 것이 한 방법이다. 풀 샷에서 포커스 아웃하는 방법으로 시청자가 알아보지 못하게 할 수도 있다.

언론보도의 가늠자 '공인'

"공인으로서는 결코 해서는 안 될 음주음전을 했다". 유명한 프로야구 선수가 음주운전 사고를 낸 뒤 한 말이다. 프로야구 선수뿐만 아니라 물의를 일으킨 영화배우, 지방의회 의원도 공인을 자처한다. 이들은 한결같이 공인으로서 책임감을 느낀다고 말한다.

최근 공인을 둘러싸고 논란이 있었다. 코로나19 확산을 막기 위해 외교부가 특별 여행주의보를 발령한 가운데 강경화 외교부 장관의 남편 이일병 연세대 명예교수가 요트를 사러 미국으로 떠난 것이 계기였다. 일부에서는 "장관의 배우자이면서 명예교수이기 때문에 공인이라고 볼 수 있다. 공인 의식을 가져야 한다"고 목소리를 높였다. 다른 한편에서는 "이 교수는 공인의 배우자일 뿐이고 공인에게 요구되는 언행을 이 교수에게 똑같이 요구할 수 없다"며 반박한다.

명예훼손, 초상권 침해, 사생활 침해 등의 사건에서 피해자가 '공인'이냐가 중요하다. 일반 시민이 음주운전을 하면 기사가 안 돼도, 공인이 음주운전을 하다 적발되면 크게 보도된다. 문제는 공인을 가려내는 것이 쉽지 않다는 점이다. 공인인증서公認認證書는 있지만 '공인公人 증명서'는 없다. 누가 공인인가?

공인이 보도에서 차지하는 비중은 높다. 뉴스가치news value가 크다. 뉴스의 주인공이 공인이면 시청자·독자가 보이는 관심이나 주목도가 올라간다. 공인이 우리 사회에 미치는 영향력이 크고 시민들이 공인에게 거는 기대수준이 높기 때문이다.

피해자 특정의 문제에서 언론의 입지가 넓지 못하다는 것은 앞 장에서 설명했다. 그러나 피해자가 '공인'이면 이야기가 달라진다. 언론사나 기자에게 불리하지 않다. 오히려 유리하다. 언론소송에서 언론사·기자는 '공인이론'과 '상당성 법리' 두 축을 중심으로 피해자의 공세에 맞선다. 두 이론은 표현의 자유가 위축되는 것을 방지하고, 언론이 허위보도를 했더라도 명예훼손으로 인한 책임에서 벗어날 수 있도록 안전판 역할을 한다.

정치인이나 유명 인사가 언론중재위원회에 조정을 신청하거나 법원에 소송을 제기할 경우 언론사·기자는 보도에서 언급한 사람이 공인에 해당하는지 먼저 따져봐야 한다. 공인에 대한 명예훼손이나 사생활 침해의 경우에는 일반인과 달리 엄격한 요건을 충족한 경우에 한해 인격권 침해로 인한 책임이 인정되기 때문이다(박용상, 2013: 442).

공인에 대한 비판은 자유롭다

공인이론의 핵심은 공인에 대한 언론의 비판이 자유로워야 하며, 공인 보도에 적용되는 기준과 사인私人 보도에 적용되는 기준이 달라야 한다는 것이다. 대법원이 "표현의 자유나 명예보호 사이의 한계를 정할 때 표현으로 명예가 훼손되는 피해자의 지위나 표현의 내용 등에 따라 심사기준에 차이를 두어야 한다(대법원 2018.11.29. 선고 2016도14678 판결 등)"고 판시한 것이 공인이론과 바로 연결된다.

공인이론을 확립하는 데 결정적인 역할을 한 판결이 있다. 공인이 피해자인 언론소송에서 언론사가 두 판결을 인용하지 않고는 방어하기 어려울 정도다.

먼저 2002년 '공적 인물·공적 사안' 법리를 적용한 대법원 판결이다. 대법원은 "보도로 인한 명예훼손이 문제되는 경우에 그 보도로 인한 피해자가 공적인 존재인지 사적인 존재인지, 그 보도가 공적인 관심사인지를 따져보아야 한다"고 판시했다(대법원 2002. 1. 22. 선고 2000다37254 판결). 사적인 영역에 속하는 사안일 경우 언론의 자유보다 인격권이 우선할 수 있으나 공공적·사회적 의미를 지닌 사안에서는 언론의 자유에 대한 제한이 완화되어야 한다는 것이다. '완화'와 관련해서는 "(공적 존재의 공적 관심 사안에 대한) 의혹의 제기나 주관적인 평가가 진실에 부합하는지 혹은 진실하다고 믿을 만한 상당한 이유가 있는지를 따짐에 있어서는 그런 의혹의 제기나 주관적 평가를 내릴 수도 있는 구체적인 정황의 제시로 입증의 부담을 완화해 주어야 한다"고 밝혔다.

이듬해 대법원은 진일보한 판결을 내놓았다. "공직자의 도덕성·청렴성이나 그 업무처리가 정당하게 이루어지고 있는지 여부는 항상 국민의 감시와 비판의 대상이 되어야 한다는 점을 감안하면, 이런 감시와 비판 기능은 그것이 악의적이거나 현저히 상당성을 잃은 공격이 아닌 한 쉽게 제한되어서는 안 된다(대법원 2003. 7. 8. 선고 2002다64384 판결, 2003. 7. 22. 선고 2002다62494 판결)". 판결의 취지는 터무니없이 비판을 하거나, 악의적으로 모함하는 것이 아닌 한 보도가 허용되어야 한다는 것이다.

어떤 것이 '악의적이거나 현저히 상당성을 잃은 공격'이 되는지 대법원은 구체적인 판단기준을 제시하지는 않았다. 개별 사건을 맡은 재판부는 발언의 내용이나 표현 방식, 의혹 사항의 내용이나 공익성의 정도, 공직자의 사회적 평가를 저하하는 정도, 사실 확인을 위한 노력의 정도, 그 밖의 여러 사정을 종합해 판단한다(대법원 2007. 12. 27. 선고 2007다

29379 판결).

대법원 판결은 공인뿐만 아니라 정부나 국가기관 등에 대한 보도에까지 확대되어 적용되고 있다. 서울고법은 "정책결정이나 업무수행과 관련된 사항은 항상 국민의 감시와 비판의 대상이 되어야 하는 것이고, 정부·국가기관의 정책결정 또는 업무수행과 관련된 사항을 주된 내용으로 하는 언론보도로 인해 정부·국가기관의 사회적 평가가 다소 저하될 수 있다고 하더라도, 그 보도의 내용이 정부·국가기관에 대한 악의적이거나 심히 경솔한 공격으로써 현저히 상당성을 잃은 것으로 평가되지 않는 한, 그 보도로 인해 곧바로 정부·국가기관에 대한 명예훼손이 된다고 할 수 없다"고 판시한 바 있다(서울고법 2016.7.22. 선고 2015나2070097 판결).

양재규(2017: 49~54 참조)는 두 사건을 예로 들며 "공인이론이 자연인을 넘어 공적公的 단체에까지 적용되면서 확장되고 있다"고 강조한다. 첫째, 성남시가 언론의 비판적 보도에 대해 명예훼손을 주장하며 손해배상을 청구한 사건이다. 이 사건에서 법원은 "지방자치단체로서 허위보도를 시정할 수 있는 유효·적절한 수단을 가지고 있을 뿐만 아니라 법령에 의해 부여받은 공적 과제와 기능 수행에 관해 감시받아야 할 위치에 있기 때문에 언론의 비판적 보도에 대해 그것이 악의적이거나 현저히 상당성을 잃은 공격이 아닌 한 수인해야 한다"고 판시했다(서울중앙지법 2015.4.22. 선고 2014가합586479 판결). 둘째, 언론사를 계열사로 둔 기업이 다른 신문사를 상대로 낸 손해배상청구 소송이다. 대법원은 "원고 회사가 언론사에 준하는 지위에 있어 스스로 비판적 보도에 대해 반박할 수 있다. 이러한 원고 회사에 대한 비판적 보도는 악의적이거나 현저히 상당성을 잃은 공격이 아닌 한 제한되어서는 안 된다"고 판시하며 원고 패소 취지로 원심을 파기했다(대법원 2015.5.28. 선고 2012다29618 판결).

언론에 파수견 역할 기대

공인과 관련한 법원의 판결은 언론에 숨 쉴 수 있는 공간을 내준 것으로 평가된다. 법원이 이처럼 언론에 호의를 베푸는 이유는 무엇일까? 언론이 본연의 임무인 파수견watchdog 역할을 충실히 하라는 뜻이 담겨 있다.

대법원도 "정부·국가기관의 정책결정이나 업무 수행에 대한 국민의 감시와 비판은 이를 주요 임무로 하는 언론보도의 자유가 충분히 보장될 때 비로소 정상적으로 수행될 수 있다"는 것을 강조한다(대법원 2002. 1. 22. 선고 2000다37254 판결). 언론이 단순히 정보를 전달하거나 여론을 형성하는 역할에 머물러서는 안 되고 권력을 감시하고 사회 비리를 고발하는 데까지 적극적으로 나서야 한다는 주문이다.

이는 영국 정치가 에드먼드 버크Edmond Burke가 언론을 입법부·사법부·행정부에 이은 '제4부第'라고 지칭하며 저널리즘의 비판적 감시 기능을 강조한 것과 같은 맥락이다. 버크에 따르면 정부가 유능하고 효율적이고 정직한지를 감시하는 것이 언론의 주된 임무다. 그는 공직자나 정치인 또 사회적 영향력을 가진 사람들이 권력을 남용하지는 않는지, 국민에 대한 책임을 잘 수행하고 있는지, 사회 전체의 이익을 위해 활동하는지 등을 시민을 대신해 감독하는 것이 언론의 역할이라고 강조했다. 이와 관련, 언론이 정치적 이념에 대해 문제제기를 할 때는 일반의 경우처럼 언론에 엄격히 증명할 것을 요구해서는 안 된다는 것이 대법원의 입장이다. 대법원은 "공적 존재가 가진 국가적·사회적 영향력이 클수록 그 존재가 가진 정치적 이념은 국가의 운명에까지 영향을 미치게 된다. 그러므로 그 존재가 가진 정치적 이념은 더욱 철저히 공개되고 검증되어야 하며, 이에 대한 의문이나 의혹은 그 개연성이 있는 한 광범위하게 문제제기가 허용되어야 하고 공개토론을 받아야 한다"고 판시했다(대법원

2018. 10. 30. 선고 2014다61654 판결). 정확한 논증이나 공적인 판단이 내려지기 전이라고 해서 그에 대한 의혹의 제기가 공인의 명예보호라는 이름으로 봉쇄되어서는 안 되고, 찬반토론을 통한 경쟁 과정에서 도태되도록 하는 것이 민주주의라는 설명이다.

누가 공인인가?

명예훼손, 초상권 침해, 사생활 침해 등의 사건에서 피해자가 공인인지 사인인지를 구분하는 것이 중요하다. 보도 내용이 공익과 관련된 것인지 판단할 때 1차적 기준이 되기 때문이다. 원고가 공인이고, 보도한 사안이 공적 관심사에 해당할 경우 법원은 상당성 요구의 수준을 많이 낮춰준다. 언론사에 책임을 적게 지운다는 뜻이다(공익성은 08장에서, 상당성은 10장에서 자세하게 다룬다).

사전적으로 공인은 '공적인 일에 종사하는 사람'을 뜻한다. '공적公的'은 '국가나 사회에 관계되는, 또는 그런 것'으로 풀이된다. 기자들은 과거 공무원이나 공직자를 공인으로 이해했으나 요즘은 유명 인사와 인지도가 높은 사람에게까지 확대해 사용하고 있다. 하지만 누가 공인에 해당하는지, 공인에 대한 보도의 자유와 한계가 어디까지인지 정확하게 모른다.

우선 공인을 규정한 법률 조항이 없다. 대법원과 언론중재위원회도 공인에 대해 정의를 내리지 않고 있다. 개별 사건에서 공인에 해당하는지를 가릴 뿐이다. 하급심 재판부가 공인(공적 인물)을 정의한 것을 보면 서울중앙지법이 "공적 인물이란 재능·명성·생활양식 때문에 또는 일반인이 그 행위·인격에 관해 관심을 가지는 직업 때문에 공적 인사가 된 사람. 공직자, 정치인, 운동선수, 연예인 등 자의로 명사가 된 사람뿐만 아니라 범인과 그 가족, 피의자 등 타의로 유명인이 된 사람도 포함된다.

법원이 공인으로 인정한 사례

- 대통령, 국무총리, 4급 이상 고위 공무원
- 청와대 수석비서관, 행정관
- 국회의원, 국회의원 후보자, 지방의회 의원, 정당 당직자
- 전·현직 대통령의 아들, 대통령 조카사위
- 공공기관장, 정부 연구기관의 장
- 세무서 법인세과 계장
- 국립대 총장·교수
- 대표적인 시민단체에 소속된 교수
- 변호사, 검사
- 재벌그룹 회장, 부회장
- 일간지 대표, 방송사 국장, 앵커를 지낸 보도국 차장
- 유명 방송인, 공영방송 PD, 라디오 시사프로그램 진행자, TV프로그램을 진행하는 변호사
- 한류 스타 남편으로 지상파방송 출연 경력이 있고, 기사에 실명이 여러 차례 거론된 적이 있는 사람
- 유명 작가, 영화배우
- 프로야구 선수
- 자동차회사 노동조합
- 전국보건의료산업노조 전 위원장
- 정치·이념적 의견표명으로 장기간 지속적으로 언론사를 포함해 사회 전체의 관심 대상이 되어온 사람
- 사단법인 협회 회장으로 언론에 칼럼을 게재하는 등 대외활동을 활발히 한 자

일정한 공적 논쟁에 스스로 참여하거나 개입하여 비판적인 보도와 논평의 대상이 되는 사람도 공적 인물에 포함된다"고 판시한 바 있다(서울중앙지법 2014. 10. 28. 선고 2014가단123116 판결). 이에 앞서 서울지법은 "공무원이라고 모두 공인의 지위에 있다고 할 수는 없다. 공무원으로서 국

법원이 공인으로 인정하지 않은 사례

- 방송사 최대주주
- 전직 구의회 부의장
- 은퇴한 탤런트
- 환경운동가
- 평범한 정신과 의사
- 장관 후보자의 아들
- 다문화합창단 대표 겸 특정 정치인의 팬클럽 대표
- 지역사회에서 인지도 있는 택시노조 활동가
- 유명 가수의 결혼 상대로서 미스코리아 대회에 참가한 적이 있는 사람
- 유명 기업인과 결혼 예정인 여성
- 교회 장로
- 법원공무원노조 사무국 직원
- 법원 사무관(5급)
- 집단소송 사건과 관련해 언론과 몇 차례 인터뷰하고 기사화된 변호사

가의 정책방향을 정하는 지위에 있는 사람, 선거직에 종사하여 그 활동이 일정 지역사회나 국가적인 관심사에 해당하는 등의 사유가 있어 그 활동상황을 사회에 알릴 필요가 있다는 점이 인정된 사람이어야 공인의 지위에 있다고 할 것이다"라고 판시했다(서울지법 2000. 8. 23. 선고 99가합 30768 판결).

학자들 사이에서도 공인에 대해 일치된 견해가 존재하지 않는다. 공인, 공무원, 공직자, 공적 인물, 공적 존재를 명확하게 구분하지 않고 혼용하고 있다. 누가 공인에 포함되는지, 공인을 몇 개의 범주로 나눌 것인지에 대해서도 의견이 일치하지 않는다. 이는 공인이 누구인지 판단하기 어렵다는 뜻이기도 하다. 과거 기준으로는 공인이라고 하기 어려운 개인

이 사회관계망서비스SNS나 유튜브 등의 논쟁을 거쳐 유명인이 되거나 사회적 관심의 대상이 되는 경우가 다반사여서 공인의 범주를 정하는 것이 가능하지 않다는 주장도 있다(김기중, 2017: 70).

그러나 언론이 제대로 된 감시와 비판 역할을 하기 위해서는 공인에 대한 판단 기준을 명확하게 해야 할 필요성이 있다(이재진, 2018: 17). 예측 가능성이 있어야 한다. 기자들이 자칫 명예훼손 등 인격권 침해를 우려해 공인에 대한 보도 또는 대단히 공익적 사안에 대한 보도를 하지 못하는 상황, 즉 위축효과chilling effect가 발생하지 않도록 하는 것이 중요하다.

현실적 악의 원칙

공인을 이야기할 때 빼놓을 수 없는 것이 미국의 '현실적 악의 원칙actual malice rule'이다. 공직자가 언론에 의해 명예훼손적인 표현으로 피해를 입었다 하더라도 기자나 편집책임자가 보도의 내용이 허위임을 알고 있었거나 진실을 확인하기 위해 충분히 주의를 기울이지 않았다는 점을 공직자가 입증하지 못하면 피해를 구제받을 수 없다는 내용이다. 이 원칙은 명예훼손 사건에서 언론의 면책免責 범위를 크게 확장한 것으로 평가받는다. 미국 연방 대법원은 1964년 설리번 사건에서 현실적 악의 원칙을 천명했다.

우리 법원은 현실적 악의 원칙을 수용하는 것을 명시적으로 거부하고 있다. 대법원은 "피해자가 공적 인물이더라도 그 보도가 현실적인 악의에 의한 것이라는 점을 공적 인물이 입증해야 하는 것은 아니다"라고 판시했다(대법원 1998.5.8. 선고 97다34563 판결, 대법원 2003.9.2. 선고 2002다63558 판결 등).

설리번 사건

미국 앨라배마주 몽고메리시의
시경국장이며 시의원이던 설리
번L. B. Sullivan이 1960년 3월 29
일 《뉴욕타임스》에 실린 "그들의
주장에 귀를 기울이라Heed their
Rising Voices"라는 제목의 의견광
고를 문제 삼았다.

광고는 미국 남부에서의 흑인 탄
압에 항의하고 민권운동에 대한
지지를 호소하는 내용이었다. 탄
압을 '테러의 물결'에 비유하면서 경찰의 학내 식당 폐쇄 등 흑인들에 대한 탄압
조치를 포함한 여러 가지 예를 열거했다. 광고는 흑인 학생운동 지원과 투표권
을 위한 투쟁, 당시 몽고메리시에서 위증죄로 재판에 회부되어 있던 킹 목사를
위한 법정비용 지원을 위한 모금운동을 호소하면서 끝을 맺었다.

설리번은 광고 문구에 자신의 이름이 나와 있지 않지만 '경찰'은 자신을 지칭하
는 것이며 이는 자신의 명예를 훼손한 것이라고 주장하며 소송을 제기했다. 앨
라배마주 대법원은 설리번의 주장이 타당하다고 판단해 뉴욕타임스사에 50만
달러의 손해배상 명령을 내렸다. 뉴욕타임스는 연방대법원에 위헌 심리를 요청
했고, 연방대법원은 이를 수용해 뉴욕타임스의 손을 들어줬다.

이 사건 이전에는 명예훼손 소송에서 진실을 입증해야 하는 책임이 언론에 있었
으나 피해자의 책임으로 바뀜으로써 언론의 자유가 크게 확대된 것으로 평가받
는다.

대법원의 이 같은 입장은 현실적 악의 원칙을 그대로 도입할 경우 공
인이 명예훼손적 표현으로부터 구제받는 것을 불가능하게 함으로써 공
인에 대한 무책임한 보도를 부추겨 오히려 사회적으로 바람직하지 못한

결과를 초래할 가능성이 높기 때문으로 풀이된다(한위수, 2004: 27).

검사가 피의자의 전과를 제대로 조회하지 않아 이중기소를 했다는 방송사의 보도에 대해 검사가 소송을 제기한 사건(대법원 2004.2.27. 선고 2001다53387 판결), 대통령 정무수석의 부인이 국회청문회에서 위증한 것은 물론 다른 사람에게까지 위증을 교사했다는 신문 보도에 대해 정무수석이 손해배상청구 소송을 제기한 사건(서울지법 2000.12.27. 선고 2000가합16898 판결)에서 법원은 같은 입장을 유지했다.

언론 매체가 사실을 적시해 개인의 명예를 훼손한 경우 공익성·진실성·상당성을 입증할 책임이 언론사에 있음을 재확인한 것이다.

공인의 초상권

공인에 대한 초상권 침해 논란은 명예훼손과 짝을 이루는 경우가 많다. 기사 때문에 명예가 떨어졌고, 사진·영상이 함께 보도돼 초상권을 침해 당했다고 주장한다.

피촬영자가 공인이면 원칙적으로 본인의 동의를 받지 않고도 언론사가 초상을 사용할 수 있다. 법원은 초상권 침해가 성립된 경우라도 피해자가 공인인 경우 위법하다고 보기 어렵다는 입장이다. 공인은 자신에 대한 일반 공중公衆의 관심을 고려할 때 자신의 사진·성명 등이 공표되는 것을 어느 정도 받아들여야 한다는 뜻이다.

■ 한국광물자원공사가 부실하게 해외사업을 해 엄청난 부실을 기록했으나 당시 사장은 책임을 지기는커녕 유관 민간기업의 임원으로 재직 중이라고 방송이 보도한 사안: 법원은 "보도에 원고의 얼굴이 담긴 사진을 모자이크 처리 없이 사용하거나 실명을 그대로 사용한 사실은 인

정되나, 방송사가 공익적 목적으로 보도했으며 원고는 한국광물자원공사 사장으로 재직한 공인으로 자신이 결정한 사안에 대해 의혹이 있으면 어느 정도는 문제제기를 허용하고 공개토론을 감수할 필요가 있기 때문에 초상권·성명권이 위법하게 침해되었다고 보기 어렵다"고 판시했다(서울서부지법 2019. 6. 5. 선고 2018가합35417 판결).

- 국가정보원과 공모해 시사프로그램의 작가들을 교체하고, 그 대가로 승진했다는 의혹을 제기한 보도에 대해 방송사 고위간부가 초상권 침해 등을 이유로 손해배상을 구하는 소송을 제기한 사안: 법원은 "보도에 원고의 얼굴이 담긴 사진을 모자이크 처리하지 않고 사용한 사실은 인정되나, 이 보도로 인해 원고의 초상권이 위법하게 침해되었다고 보기 어렵다"고 판시했다. 원고가 지상파 방송사에 오랫동안 근무한 언론인으로서 공인으로 볼 수 있고, 방송사에 근무하면서 자신이 결정한 사안에 대해 의혹이 있으면 어느 정도 문제 제기를 허용하고 공개토론을 감수할 필요가 있다는 것이다(서울고법 2018. 10. 19. 선고 2018나2038346 판결).

- 국회의원이 국회 본회의장에서 동료의원들에게 상임위원회 배정에 불만을 표시하는 장면을 방송이 보도한 사안: 재판부는 "원고는 국회의원으로서 그 행위·인격에 대하여 공중의 관심을 가지게 하는 위치에 있는 공적 인물이고 해당 영상은 국회의원의 직무와 관련되고 당시 언론보도 등을 통해 공적인 관심의 대상이 되었던 것이므로, 이는 공적 영역이라 할 것이지 원고의 사생활에 해당한다고 볼 수 없다. 또 원고의 초상과 대화가 공표되었다 하더라도 방송 및 동영상의 보도내용, 보도경위 및 보도방법 등에 비추어 이는 공적인 관심사에 대해 공익상

공인의 얼굴

조국 전 법무부 장관의 부인 정경심 동양대 교수가 2019년 10월 23일 공개석상
에 모습을 드러냈다. 구속 전 피의자 심문(영장실질심사)에 출석하기에 앞서 서
울중앙지법에 설치된 포토라인에 선 것이다. 일간지가 모두 사진을 게재했다.
몇몇 신문은 정 교수 얼굴을 블러blur 처리한 사진을 게재했다. 통신사인 연합뉴
스는 정 교수 얼굴을 가린 모습(아래 왼쪽 사진)을 회원 언론사들에 전송했다.
《서울신문》은 사진설명에서 "정 교수는 공인으로 보기 어렵다고 판단해 얼굴을
모자이크 처리했다"고 밝혔다. 반면《중앙일보》를 비롯한 다수 언론은 얼굴을
가리지 않은 모습(아래 오른쪽 사진)을 공개했다. 뒷모습을 찍은 사진을 쓴 신문
도 있었다. 국민의 알 권리와 인격권 보호 가운데 어느 것에 무게를 두느냐에 따
라 판단이 갈린 것이다.

판단의 기준은 정 교수가 '공인'에 해당되느냐 여부였다. 한국기자협회와 국가
인권위원회가 공동으로 제정한 인권보도준칙은 '공인'이 아닌 개인의 얼굴·성명
등을 공개하기 위해서는 당사자의 동의를 받아야 한다고 규정하고 있다.

연합뉴스(2019.10.23).   중앙일보(2019.10.24).

필요에 따라 이루어진 것으로 중요한 부분이 진실에 부합하고 상당한
방법에 의하였다고 볼 수 있으므로 위법성이 없다"고 판시하고 원고
패소 판결했다(서울중앙지법 2006.10.13. 선고 2006가합71378 판결).

■ 북한 주민의 남한 내 재산분할 소송에 북한 당국이 관여한 것으로 추정된다는 내용을 방송이 보도하면서 소송을 대리한 변호사의 모습을 방영한 사안: 법원은 "원고의 동의 없이 부정적 보도내용과 함께 초상을 사용한 것은 초상권 침해에 해당하나, 원고가 널리 알려진 공적 인물에 해당하고, 보도내용이 공공의 이해에 관한 것으로 허위가 있다고 볼 수 없으므로 위법성이 조각된다"고 판시하고 원고 패소 판결했다 (서울중앙지법 2011.7.6. 선고 2010가합106837 판결).

공인의 프라이버시

공인 보도와 관련한 분쟁은 명예훼손·초상권 침해가 대부분이지만 프라이버시 침해사건도 간혹 있다. 프라이버시는 개인의 사생활이나 사적인 일과 관련해 개인의 의사와 상관없이 공개되거나 간섭받지 않을 자유를 뜻한다.

고위 공직자의 사생활은 어디까지일까?

추미애 법무부 장관이 2020년 10월 "아파트 현관 앞에 기자가 카메라를 들고 나타났다. 기자가 출근을 방해한다. 상황이 끝날 때까지 집에서 일을 봐야겠다"며 자택 앞에서 취재 중이던 기자의 얼굴 사진을 찍어 페이스북에 게시해 논란이 일었다. 추 장관은 "아파트 앞은 사생활 공간인데 기자가 이를 무시하고 취재한다"고 주장했다.

헌법 제17조는 "모든 국민은 사생활의 비밀과 자유를 침해받지 아니한다"고 규정하고 있다. 사람은 자신의 사생활의 비밀에 관한 사항을 함부로 타인에게 공개당하지 않을 법적 이익을 가지므로 부당하게 공개하는 것은 불법행위를 구성한다(대법원 1998.9.4. 선고 96다11327 판결). 다만 공인의 경우 공중의 정당한 관심사와 관련된 내용이라면 사생활 보호보

공인의 사생활

재벌그룹 부회장인 A와 약혼녀인 B의 사생활·초상권 침해가 문제된 사건이 있었다. 언론사가 동의를 받지 않고 양가 상견례, 데이트 장면 등을 상세히 묘사하고, 무단으로 촬영한 사진을 함께 실었다. 또 B의 동의를 받지 않고 얼굴을 무단으로 촬영해 사진을 게재했다.

서울고법은 "언론사가 원고들의 사생활의 비밀과 자유를 침해했고, B의 초상권을 침해했으므로 특별한 사정이 없는 한 이들이 입은 정신적 손해를 배상할 의무가 있다"고 판시했다. 하지만 "세부적인 사생활 장면이 나타나는 사진을 제외한 나머지 보도(상견례 사실, 결혼 계획에 관한 일반적 사항, 신혼집 현황에 관한 사항 등)는 공중의 정당한 관심의 대상이 된 원고들의 사생활 영역에 관한 사항을 상당한 방법으로 공표한 것이라고 볼 수 있으므로 이로 인해 원고들의 사생활의 비밀과 자유가 침해되더라도 그 위법성이 조각된다"고 덧붙였다(서울고법 2012.3.9. 선고 2011나89080 판결).

대법원은 언론사의 상고를 기각하면서 사생활의 비밀을 침해하는 경우 위법성이 없어지는 요건을 다음과 같이 설명했다. ① 사생활과 관련된 사항이 공중의 이해와 관련되어 공중의 정당한 관심의 대상일 것, ② 공개하는 것이 공공의 이익을 위한 것일 것, ③ 표현내용·방법 등이 부당하지 않을 것 등이다(대법원 2013.6.27. 선고 2012다31628 판결).

다 공중의 알 권리가 우선한다. 공인은 프라이버시가 일반인에 비해 제한되고, 자신의 사생활이 공개되는 것을 어느 정도 감수해야 한다.

사생활 침해는 명예훼손과 달리 진실인지, 기자가 진실이라고 믿었는지는 문제되지 않는다. 다시 말해 보도내용이 진실하거나 기자가 진실이라고 믿은 데 상당한 이유가 있다는 것이 증명되더라도 위법성이 없어지지 않는다. 단, 피해자가 동의한 경우에는 언론이 사생활을 공개하더라도 프라이버시 침해를 이유로 한 불법행위 책임이 발생하지 않는다.

공인의 사생활은 공중의 정당한 관심사일 수 있다. 따라서 공인은 일반인과 달리 사생활도 일정 부분 양보해야 한다. 공중의 정당한 관심사와 보호되어야 할 프라이버시의 경계는 어디인가?

유명 스타의 결혼 예정 사실은 공중의 정당한 관심의 대상으로, 일반인들이 관심을 가질 만한 것이다(서울중앙지법 2005.7.6. 선고 2004가합 82527 판결). 그렇다고 언론이 공인의 사생활을 제한 없이 드러낼 수 있는 것은 아니다. 유명 방송인의 섹스 동영상을 보도한 사건의 판결문에서 법원은 다음과 같이 밝혔다. 첫째, 국민의 정보욕구 또는 알 권리를 충족시키기 위해 정치인이나 유명 연예인과 같은 공인에 있어 그 정보가 일반 사인에 비해 폭넓게 공개되어야 한다. 둘째, 공적인 인사에게도 포기할 수 없는 사생활 영역이 존재한다. 가족관계와 같은 영역에서는 일정한 요건하에 공개가 가능할 수 있으나 남녀 간의 성적 교섭과 같은 인간 자유의 최종적이고 불가침한 영역은 절대적으로 보호되어야 한다(서울고법 2013.1.25. 선고 2012나53224 판결). 판결의 취지를 요약하면 '내밀한 영역'과 같이 보호영역이 명확할 뿐만 아니라 보호의 필요성이 큰 경우에는 당사자가 공인이라도 사생활을 우선적으로 보호해야 한다는 것이다.

■ '언론사 대표이사가 법률상 배우자가 있는 상태에서 6개월간 동거했고, 여성과 결별하는 과정에서 일방적으로 연락을 끊었다'는 내용을 인터넷 신문이 보도한 사안: 법원은 "기사에 적시된 사실은 보도 당시로부터 8년 전 원고와 여성 사이에 일어난 개인적인 남녀관계에 관한 일로써 공공의 이해와 관련되어 공중의 정당한 관심이 되는 사항에 해당한다고 하기 어렵다. 또 원고가 공적 인물에 해당하더라도 원고의 비밀영역에 속하여 강하게 보호된다고 보아야 하고, 이를 공개하는 것이 적법하려면 극히 예외적으로 공개의 이익이 더 커야 한다"고 판시

이익형량 利益衡量

표현의 자유 보장과 인격권 보호라는 서로 다른 두 방향의 이익이 충돌할 경우 어떻게 해결해야 할까?

민주주의 국가에서는 여론의 자유로운 형성과 전달에 의해 다수 의견을 집약시켜 민주적 정치질서를 유지시켜 나가기 때문에 표현의 자유는 최대한 보장되어야 한다. 특히 공적 관심사에 대한 표현의 자유는 중요하다. 그러나 명예·사생활·초상권 등 개인적 법익도 보호되어야 한다.

대법원은 "두 법익이 충돌할 때는 구체적인 사안에서 표현의 자유로 얻어지는 가치와, 인격권의 보호로 의해 달성되는 가치를 비교 형량 衡量해 그 규제의 폭과 방법을 정해야 한다"고 판시했다(대법원 2018.10.30. 선고 2014다61654 판결). 양쪽 이익의 무게를 달아 법원이 때로는 언론사와 기자의 편에 서기도 하고, 때로는 피해자의 손을 들어준다는 뜻이다.

이익을 형량할 때 고려할 요소는 무엇일까? 첫째, 침해행위의 영역에 속하는 고려 요소로 침해행위로 달성하려는 이익의 내용 및 중대성, 침해행위의 필요성과 효과성, 침해행위의 보충성과 긴급성, 침해방법의 상당성이 있다. 둘째, 피해이익의 영역에 속하는 고려 요소로 피해법익의 내용과 중대성 및 침해행위로 인해 피해자가 입는 피해의 정도, 피해이익의 보호가치 등이 있다(대법원 2013.6.27. 선고 2012다31628 판결).

했다(서울고법 2019.11.22. 선고 2019나2003743 판결).

■ 정당의 최고위원, 상임고문, 3선 국회의원을 지낸 정치인이 동료 정치인들에게 거액의 정치자금을 댄 사실이 드러난 상황에서 이 정치인이 아파트 거실에서 측근들과 회의하는 장면의 사진을 신문이 보도한 사안: 법원은 "원고가 측근들과 함께 회의를 하고 있는 모습은 비록 장소가 자택 거실이라고 하더라도 사생활에 해당한다고 보기 어려울 뿐만

아니라, 설령 이것이 원고의 사생활에 해당한다고 하더라도 원고가 정치자금 지원에 대한 의혹을 받는 상태에서 그 측근들과 회의를 하는 모습은 공중의 정당한 관심의 대상이라고 할 것이므로 그 보도에 위법성이 없다고 할 것이고, 따라서 사진을 포함한 기사가 원고의 초상권이나 프라이버시권을 침해했다고 할 수 없다"고 판시했다(서울지법 2002.12.6. 선고 2002가합 13985 판결).

■ 서울지방변호사회 감사 후보자인 변호사가 마트에서 70대 손님에게 폭언·폭행했다는 등의 내용을 방송이 보도한 사안: 법원은 "방송 내용이 특히 두텁게 보호되어야 할 내밀한 사적 영역에 해당한다고 보기 어렵다"고 판시하고 원고 패소 판결했다. 재판부는 ① 보도에 적시된 원고의 사생활과 관련된 사항은 공공의 이해와 관련되어 공중의 정당한 관심의 대상이 되는 사항에 해당하고, ② 방송에 드러난 원고의 언행 등으로 인하여 원고의 사생활이 침해된다고 하더라도 원고가 입는 피해의 정도나 그 보도가치 등이 공공의 이익보다 우월하다고 단정할 수 없으며, ③ 혐의 사실이 단순하고 이미 기소되어 법원에서 1심 형사재판이 진행 중이라는 것을 판단의 근거로 들었다(서울중앙지법 2017.4.7. 선고 2015가단5023195 판결).

① 공인을 비판할 때는 한 번 더 확인하자

공인과 관련된 보도를 했을 때 사회적 파장은 크다. 언론사의 책임이 인정되는 것은 대부분 허위보도를 했을 때다. 보도 내용이 정확하면 명예훼손으로 법적 책임을 질 가능성은 낮다.

② 공인의 가족·연인은 공인?

공인이나 유명인의 배우자·자녀·연인은 원칙적으로 공인으로 보기 어렵다. 이들의 사생활을 공개할 때는 공인의 자격·역할·직무와 직접적으로 관계되는 사안으로 한정하는 것이 옳다.

③ 한 번 공인이면 영원히 공인?

정치인, 탤런트, 운동선수 등 한때 공인이던 사람이 세월이 흐른 시점에서 여전히 공인인 것은 아니다. 보도 시점에서 판단해야 한다.

06

범죄보도와 신상공개

'익산 약촌오거리 살인사건'의 살인범으로 기소된 최모 씨는 10년을 억울하게 옥살이했다. 살인사건이 발생한 것은 2000년 8월, 택시기사 유모 씨(당시 42세)가 흉기에 찔려 숨졌다. 검찰은 인근 다방의 커피 배달원인 당시 16세의 최 씨를 살인혐의로 기소했다. 최 씨는 항소심에서 징역 10년이 확정됐고, 2010년 만기 출소했다. 최 씨는 2013년 "경찰의 강압수사 때문에 허위 자백했다"며 재심을 청구해 2016년 11월 무죄 판결을 받았다. 이 사건은 영화 〈재심〉의 모티브가 됐다.

경찰·검찰 수사에 이어 법원 1심, 2심 재판에서 줄곧 살인범으로 몰린 사람이 16년 만에 누명을 벗었다. 이 사건은 언론의 범죄보도를 되돌아보게 한다. 강제력이 있는 수사기관과 증거를 놓고 판단하는 법원도 치명적인 실수를 하는 상황에서 사건을 보도하는 언론은 보다 신중해야 한다.

범죄보도의 기본은 무죄추정의 원칙, 익명보도의 원칙이다. 죄를 미워하되 사람은 미워하지 말아야 한다. 기자들은 대형 사건이 터질 때마다 용의자·피의자·피고인의 신상을 어느 선까지 공개할 것인지, 혐의를 얼마나 구체적이고 확정적으로 보도할 것인지를 놓고 고민한다. 다른 언론사가 어떻게 보도하는지 눈치를 살핀다.

기자들은 적절한 선을 찾느라 고심한다. 적절한 선은 어디일까?

범죄는 사회를 비춰주는 거울이다. 삶의 애환, 인생역정, 사랑과 증오, 사회의 구조적 문제점이 고스란히 사건에 녹아 있다. 권선징악勸善懲惡을 주제로 하는 범죄 기사는 사회적으로 일탈된 행위를 경계하고 도덕성을 강화하는 기능, 범죄를 예방하는 기능을 수행한다.

범죄보도가 뉴스에서 차지하는 비중은 매우 높다. 신문·방송에서 범죄 기사가 빠지는 날이 없다고 해도 틀리지 않는다. 살인·강도·강간·폭행· 사기 등 여러 건의 범죄기사가 뉴스를 장식하는 것이 보통이다. 이들 사건 과 관련된 수사, 체포, 압수수색, 구속, 재판, 판결 등과 관련된 기사가 없 는 보도란 생각하기 힘들다. 범죄 관련 기사가 신문 지면을 많이 차지하는 것은 범죄가 공공적이고 합법적인 주제이면서도, 독자들의 흥미에 맞고, 기자들이 쉽게 기사거리를 찾아낼 수 있기 때문이다(박용규, 2001: 156).

경찰·검찰을 담당하는 기자와 경찰관·수사관·검사는 매일 숨바꼭질 한다. 한쪽은 기사의 단서를 포착하기 위해 촉각을 곤두세우고, 다른 쪽 은 한 치의 빈틈을 보이지 않기 위해 애쓴다. 필자가 초년병 기자 시절, 새벽에 경찰서 형사과에 들르면 당직 형사는 "오늘 조용합니다"라며 고 장 난 레코드처럼 매일 같은 말을 되풀이했다. 베테랑 형사와 초보 기자 의 승부는 대부분 기자의 완패로 끝난다. 제보를 받아 확인하기 위해 취 재하는 경우를 제외하고는 그렇다. 기자실과 화장실 이외의 사무실에 들 어가는 것부터 호락호락하지 않다.

수사기관이 기자들의 접근을 차단하는 것은, 자칫 설익은 내용이 보도 될 경우 관련자들이 잠적하거나 증거를 없애거나 말을 맞춰 수사가 힘들 어지기 때문이다. 보도가 되면 상급 관서가 관심을 갖게 되고, 결과를 수 시로 보고해야 하는 등 할 일이 많아진다. 그러나 공식적으로 내세우는 명분은 인권보호다.

수사기관은 기소 이전에는 공인이 아닌 일반인 피의자의 피의사실과 실명·얼굴·주소·직업 등 신상정보를 공개하지 않는 것을 원칙으로 한다. 헌법상 무죄추정의 원칙, 형사소송법상 비밀엄수 의무, 형법상 피의사실공표죄 등이 근거다. 피의사실공표죄에 따르면 검찰의 기소 단계에서, 무죄추정의 원칙에 따르면 재판에서 유죄가 확정된 뒤 범죄보도를 해야 한다.

범죄보도에서 피의자의 신원을 공개하면 법원의 최종 판결이 있기 전에 그를 진범으로 예단하는 여론이 생기거나 범인으로 낙인찍는 효과를 가져와 무죄추정의 원칙에 반한다. 그뿐만 아니라 공정한 재판을 받기 어렵게 되거나, 공동생활에서 돌이킬 수 없는 직업적·인격적 침해를 입을 수 있다(강동욱, 2012: 31~33 참조).

익명보도의 원칙

신상공개와 관련해 법원의 입장은 분명하다. 익명보도를 해야 한다는 원칙이다. 범죄보도를 할 때 공인이 아닌 일반인이 범인이나 범죄 혐의자일 때 이들의 신원을 밝혀서는 안 된다는 것이다. 대법원은 "보도의 형식 여하를 불문하고 혐의에 불과한 사실에 대해 유죄를 암시하거나 독자들로 하여금 유죄의 인상을 줄 우려가 있는 용어나 표현을 사용해서는 안 되며 특히 공적 인물이 아닌 사인私人의 경우 가급적 익명을 사용하는 등 피의자의 신원이 노출되지 않도록 주의해야 한다"고 판시했다(대법원 1999. 1. 26. 선고 97다10215 판결 등).

왜 익명보도를 해야 할까? 일반인에 대해서는 범죄혐의의 부담이 없는 가운데 인간으로서의 존엄과 행복추구권을 구가하며 자유롭게 생활할 수 있는 기반을 마련해 주어야 하고, 범죄 피의자나 피고인에게 대해서는 무죄추정의 원칙이 적용된다는 측면에서 필요하다. 또 범죄가 확정된 것이 아니어서 장래에 범죄혐의가 사실이 아닌 것으로 판명될 수 있는 만큼 범죄보도에는 자체 오류의 가능성을 안고 있다는 측면에서 그 필요성이 인정된다(서울지법 2000. 8. 23. 선고 99가합30768 판결).

신상공개는 기사의 공익성(공공성)과 연결된다. 대법원은 "범죄행태를 비판적으로 조명하고, 사회적 규범이 어떠한 내용이고 그것을 위반하는 경우 그에 대한 법적 제재가 어떻게 어떠한 내용으로 실현되는가를 알리고, 나아가 범죄의 사회문화적 여건을 밝히고 그에 대한 사회적 대책을 강구하는 등 여론형성에 필요한 정보를 제공하는 역할을 하므로, 대중매체의 범죄사건 보도는 공공성이 있는 것으로 취급할 수 있다"고 판시했다(대법원 2007. 7. 12. 선고 2006다65620 판결).

기자가 주의해야 할 부분은 이다음부터다. 대법원은 "대중 매체의 범죄사건 보도는 공공성이 있는 것으로 취급할 수 있으나, 범죄 자체를 보도하기 위하여 반드시 범인이나 범죄혐의자의 신원을 명시할 필요는 없고, 범인이나 범죄혐의자에 관한 보도가 반드시 범죄 자체에 관한 보도와 같은 공공성을 가진다고 볼 수 없다"고 판시했다. 범죄를 보도하는 것은 공익성이 인정되지만, 범죄자를 보도하는 것은 공익성이 인정되지 않는다는 설명이다.

헌법재판소도 대법원과 같은 입장에 서 있다. "원칙적으로 '범죄사실' 자체가 아닌 그 범죄를 저지른 자가 누구인지, 즉 '피의자' 개인에 관한 부분은 일반 국민에게 널리 알려야 할 공공성을 지닌다고 할 수 없다"고 선언했다. 특히 얼굴은 개인의 인격주체성을 결정짓는 가장 기본적인 정보로서 공개 시 어떠한 개인정보보다 각인효과가 커 나중에 무죄 확정 판결을 받더라도 낙인효과를 지우는 것이 거의 불가능하다고 강조한다(헌법재판소 2014. 3. 27. 선고 2012헌마652 결정).

여기서 기사의 공익성이 갖는 중요성을 살펴보자. 기사가 오보일 경우, 특정인의 명예를 훼손하더라도 기사가 일정한 요건을 갖추면 언론사·기자가 면책免責된다. 이 요건을 '위법성 조각사유阻却事由'라고 하는데 공익성(공공성), 진실성, 상당성이 바로 그것이다. 진실성과 상당성은 둘 중 하나만 충족하면 된다. 다시 말해 ① 공익성+진실성, ② 공익성+상당성 가운데 하나가 성립하면 위법성이 없어진다. 이런 상황에서 공익성을 인정받지 못한다면 언론사·기자가 명예훼손 소송에서 승소할 가능성은 극히 희박하다(위법성 조각사유는 08~10장에서 자세하게 다룬다).

실명보도는 예외적으로 허용

익명보도의 원칙은 국민의 알 권리, 언론의 자유와 충돌한다. 신원을 밝히지 않고는 사실 관계를 특정하는 것이 곤란한 경우에까지 익명보도의 원칙을 고수하면 범죄보도가 어려울 수 있다. 이렇게 되면 국민의 알 권리를 충족시켜 주는 언론의 역할을 위축시키는 결과를 가져오기 때문에 기사 작성에 필요한 범위 안에서 신원을 밝히는 것은 허용된다(서울지법 2001. 12. 26. 판결 2001가합25387 판결). 익명보도를 원칙으로 하되, 제한적으로 신상을 공개해야 한다는 것이다.

신상을 공개함으로써 개인의 권리가 침해되지만 사회가 얻을 수 있는 공익도 상당하다. 우선, 피의자의 신원을 공개해 사회적으로 관심을 갖도록 하면 피해자나 목격자로부터 범인의 행적에 관한 증거·증언이 추가돼 사건의 진실을 밝히는 데 도움이 된다. 둘째, 다른 잠재적 범죄자들에게 신상이 공개될 수 있다는 심리적 압박감을 줌으로써 범죄예방효과도 있다.

그러나 언론이 피의자의 실명을 공개해 범죄사실을 보도하는 경우 피의자의 범죄사실을 알게 되는 사람들이 훨씬 많아지고, 피의자를 더 쉽게 기억하게 돼 피의자의 법익이 침해당한다. 이 때문에 실명공개에 신중해야 한다는 것이 법원의 입장이다. 대법원은 "범죄사실의 보도와 함께 피의자의 실명을 공개하기 위해서는 피의자의 실명을 보도함으로써 얻어지는 공공의 정보에 관한 이익과 피의자의 명예나 사생활의 비밀이 유지됨으로써 얻어지는 이익을 비교형량比較衡量한 후 전자의 이익이 후자의 이익보다 더 우월하다고 인정되어야 한다"고 판시했다(대법원 2009. 9.10. 선고 2007다71 판결 등). 공개했을 때의 이익과 공개하지 않았을 때의 이익을 잘 따져, 이익이 훨씬 클 때 공개해야 한다는 것이다.

대법원은 실명보도가 허용되는 경우를 다음과 같이 설명한다. ① 사회적으로 고도의 해악성을 가진 중대한 범죄에 관한 것, ② 사안의 중대성이 그보다 떨어지더라도 정치·사회·경제·문화적 측면에서 비범성을 갖고 있어 공공에게 중요성을 가지거나 공공의 이익과 연관성을 갖는 경우, ③ 피의사가 갖는 공적 인물로서의 특성과 그 업무 내지 활동과의 연관성 때문에 일반 범죄로서의 평범한 수준을 넘어서서 공공에 중요성을 갖게 되는 등 시사성이 인정되는 경우(대법원 2009.9.10. 선고 2007다71 판결)이다. 실명보도를 허용할지를 판단할 때는 ① 범죄사실의 내용 및 태양態樣, ② 범죄 발생 당시의 정치·사회·경제·문화적 배경, ③ 범죄가 사회에 미친 영향력, ④ 피의자의 직업·사회적 지위 및 활동, ⑤ 개별 법률에 피의자의 실명 공개를 금지하는 규정이 있는지 여부 등을 종합적으로 고려해야 한다고 덧붙였다.

헌법재판소도 피의자의 신상을 공개할 수 있는 기준을 제시했다. ① 피의자가 공인으로서 국민의 알 권리의 대상이 되는 경우, ② 특정강력범죄나 성폭력범죄를 저지른 피의자의 재범방지 및 범죄예방을 위한 경우, ③ 체포되지 않은 피의자의 검거나 중요한 증거의 발견을 위해 공개수배의 필요성이 있는 경우(헌법재판소 2014.3.27. 선고 2012헌마652 결정)이다.

흉악범의 신상공개

미성년자를 포함한 여성들을 협박해 성착취물을 촬영해 유포한 혐의로 구속된 텔레그램 '박사방' 운영자인 조주빈에 대해 2020년 3월 24일 서울지방경찰청이 신상공개위원회를 열고 신상정보(이름·나이·얼굴)를 공개하기로 결정했다. 위원회는 "범행수법이 악질적·반복적이고 아동·청소년을 포함해 피해자가 70여 명에 이르는 등 범죄가 중대할 뿐만 아니라 구속영장이 발부되고 증거가 충분히 확보되었으며 동종 범죄의 재범을 방지하기 위한 차원에서 공공의 이익에 부합하는지를 종합적으로 심의했다"고 밝혔다. 성폭력범죄처벌법에 따라 피의자 신상정보를 공개한 첫 사례다.

수사기관이 흉악범의 얼굴을 공개한 것은 2010년 특정강력범죄처벌법이 개정되면서부터다. 이 법 제8조의 2는 피의자의 얼굴·이름·나이·주소·직업 등 신상에 대한 정보를 공개할 수 있는 경우를 다음과 같이 명시하고 있다. ① 범행수단이 잔인하고 중대한 피해가 발생한 특정강력범죄사건, ② 피의자가 죄를 저질렀다고 믿을 만한 충분한 증거가 있을 것, ③ 국민의 알 권리 보장, 피의자의 재범방지, 범죄예방 등 공공의 이익에 부합할 경우이며, ④ 미성년자는 공개 대상에서 제외한다.

법이 개정되기 이전에는 연쇄살인, 인신매매, 아동 성폭행·살해 등 반인륜적 중대범죄를 저지른 흉악범의 얼굴·이름·나이 등을 언론이 공개하는 것이 쉽지 않았다. 수사기관은 현장검증이나 호송 시 범인을 언론에 노출시킬 때도 모자를 쓰고, 마스크를 착용하도록 했다. 연쇄살인범 유영철(2004년), 정남규(2006년) 사건 때도 마찬가지였다. 피의자의 인권을 보호한다는 것이 명분이었다. 2004년 밀양 여중생 성폭행 사건 때 성폭행을 한 학생들의 신상이 공개되면서 인권침해 논란이 인 것이 계기였다.

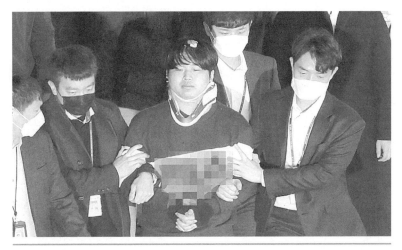

'박사방' 운영자 조주빈이 검찰로 송치되기 위해 서울 종로경찰서를 나서고 있다.
(중앙일보, 2020.3.26).

그러나 피의자의 인권도 중요하지만 사회적 응징에 의한 범죄예방 효과와 추가범죄에 대한 제보 등의 효과를 기둘 수 있다는 주장이 설득력을 얻었다. 이에 따라 《중앙일보》 등 언론이 2009년 연쇄살인범 강호순의 얼굴과 이름을 공개했다. 법이 개정된 뒤 '아동 성폭행범'(2016년) 김수철, '수원 팔달산 토막살인사건'(2012년) 오원춘, '시화호 토막 살인범'(2016년) 김하일, '강서 PC방 살인사건'(2018년) 김성수 등의 얼굴과 이름이 공개됐다.

그러나 자신의 아내와 두 딸을 살해한 '서초구 세 모녀 살해사건'(2015년), 자녀를 학대하고 암매장한 '원영이 사건'(2016년)에서는 피의자의 신상이 공개되지 않았다. 흉악성의 정도에서 앞의 사건들과 별 차이가 없다. 이 때문에 신상공개위원회의 구성과 여론의 동향에 따라 신상공개 기준에 일관성이 없고 자의적으로 결정된다는 지적이 나온다(원혜욱, 2019: 10). 경찰은 2016년 6월 '신상공개 지침'을 마련하고, 지방경찰청 단위에서 신상정보공개 심의위원회를 열어 공개 여부를 결정하고 있다.

정확한 보도는 필수

범죄보도는 여느 기사보다 정확해야 한다. 언론에 보도되면 기정사실이 되기 때문이다. 특히 조사 단계에 있는 사건을 보도할 때 조심해야 한다. 대법원은 "일반 독자들(시청자)로서는 보도된 혐의사실의 진실 여부를 확인할 수 있는 별다른 방도가 없을 뿐만 아니라 언론기관이 가지는 권위와 신뢰 때문에 보도내용을 그대로 진실로 받아들이는 경향이 있고, 보도가 광범위하고 신속하게 전파되기 때문에 보도 내용의 진실 여하를 불문하고 그러한 보도 자체만으로도 피조사자로 거론된 사람이나 주변 인물들이 심각한 피해를 입는다"고 강조한다(대법원 2007. 12. 27. 선고 2007다29739 판결 등).

보도가 사실과 다르다며 언론사를 상대로 소송을 제기하는 경우가 있다.

- 지역축제 때 풍물시장 상인들에게서 상습적으로 금품을 갈취한 혐의로 A 씨에 대해 경찰이 구속영장을 신청했다고 B 신문이 보도한 사안 (신문은 A 씨가 경찰 조사 과정에서 혐의 내용을 자백했다고 보도했다. 그러나 A 씨는 "혐의내용을 완강히 부인했으며, 경찰이 구속영장을 신청한 적이 없다"고 주장했다): 법원은 "기사는 허위사실을 적시한 것이고, 피고가 진실이라고 믿을 만한 상당한 이유가 없다"고 판시했다. 법원은 신문사가 A 씨에게 300만 원을 지급하고 추후보도문을 게재할 것을 명했다(광주고법 2011. 9. 9. 선고 2011나1292 판결).

범죄보도에서 구속영장 신청·청구는 중요한 팩트다. 범죄 개연성이 높거나 상당한 수준으로 입증됐다고 보고 수사기관이 법적 절차를 밟는 것이다. 기자가 이 단계에서 보도하는 것은 당연하다. 앞의 사례는 경찰이 구속의견으로 검찰에 수사지휘를 받는다는 사실을 확인하고 기사를 작성한 것이 오보가 된 경우다. 기자가 결과를 예단하고 속도를 위반해 보도한 것이 원인이다.

■ A 의원의 내란음모 혐의와 관련해 국가정보원이 B 회사를 압수수색했다고 언론사가 보도한 사안: 법원은 "국정원이 B 기업을 압수수색해 회계장부를 압수했다고 보도한 것은 허위사실을 적시한 것"이라며 원고 일부승소 판결했다(서울고법 2015.8.13. 선고 2014나2038218 판결).

이 사례는 수사 중인 사건의 취재가 얼마나 어려운지를 보여준다. 수사는 밀행주의密行主義가 원칙이다. 은밀하고 비공개로 한다는 뜻이다. 따라서 기자가 제보를 받는다는 것은 가뭄에 단비를 만나는 격이다. 그러나 수사기관이나 당사자를 상대로 반드시 사실을 확인해야 한다. 그렇지 않고 보도했다가는 뒤탈이 날 수 있다. 검찰이 유명 정치인의 사무실을 압수수색했다고 후배 기자가 잘못 보도하는 바람에 필자도 곤욕을 치른 경험이 있다. 법원은 "(언론은) 수사가 진행 중인 혐의사실을 보도할 때 요구되는 취재 및 표현방법에 관한 주의 의무를 다해야 한다"고 강조한다(대법원 2007.12.27. 선고 2007다29739 판결 등).

참고로 수사기관이 압수수색 영장을 발부받고도 집행하지 않는 경우도 있다. 압수수색 영장이 발부됐다 하더라도 집행이 되기 이전에는 기사화하지 않는 것이 기자들 사이의 불문율이다. 자칫 보도되면 대상자가 증거를 없애 수사가 차질을 빚을 수도 있기 때문이다.

'피고'와 '피고인'

사회부 초년병 기자 시절 '피고'와 '피고인'을 구분하지 못해 선배에게 혼난 기억이 아직도 선명하다. 피고인은 형사재판의 죄인이다. 죄를 저질렀다는 이유로 검사에 의해 기소된 사람이다. 이에 비해 피고는 민사·행정소송 등에서 '원고'와 상대되는 개념이다. 원고는 소송을 건 사람이다. 원고가 공격수라면 피고는 수비수다. 누가 옳고 누가 그른지는 재판을 해봐야 알 수 있다.

피고·피고인만큼 기자들이 자주 틀리는 용어가 '제소提訴'다. 제소는 '법원에 소송을 제기하다'이다. 따라서 "국회의원이 언론중재위원회에 신문사를 제소했다"고 표현하면 틀린다. 언론중재위원회는 법원이 아니며, 당사자가 주장하는 것의 옳고 그름을 판단하는 곳도 아니다. "언론중재위원회에 조정(또는 중재)을 신청했다"가 정확하다. 피해자가 고소장을 경찰에 '접수했다'고 하는 것도 틀린 표현이다. 어려운 것이 아닌데도 기자들이 자주 틀린다. '접수接受'는 받아들인다는 뜻이다. 경찰이나 검찰을 주어로 하면 고소장을 접수하는 것이 맞다. 그러나 피해자를 주어로 한다면 고소장을 '제출하다', '내다'가 옳다.

법률용어를 정확하게 사용하지 않아 소송으로 이어진 사례도 있다.

경찰이 S새마을금고 간부를 업무상 배임 혐의 등으로 기소의견으로 사건을 검찰에 송치했다. 언론사는 "S새마을금고 간부 업무상 배임 기소"라는 제목으로 보도했다. 기소 의견으로 검찰에 송치한 것을 마치 기소한 것처럼 보도한 것이다. 당사자는 검찰에서 불기소처분(혐의 없음)을 받은 뒤 언론사·기자 등을 상대로 손해배상청구 소송을 냈다. 이에 대해 법원은 "원고는 기소된 상태가 아니었으므로 기사 제목은 명백히 사실에 반한다. 경찰서에 출입하는 기자는 법률용어를 숙지해 기사를 작성할 의무가 있다"며 손해배상 400만 원을 선고했다(전주지법 남원지원 2014.8.14. 선고 2014가합22 판결).

상해치사죄로 유죄가 확정됐음에도 살인혐의로 유죄 판결을 받았다고 보도한 사안에서 법원이 보도의 허위성을 인정해 손해배상을 명하는 판결을 내린 경우도 있다(서울중앙지법 2015.4.17. 선고 2014나59391 판결). 재판부는 "사람이 타인을 살해했다는 사실은 타인에게 상해를 가해 사망에 이르게 했다는 사실에 비해 그 행위자에 대한 사회적 평가를 더욱 저하시키는 것에 해당된다"며 원고 일부 승소 판결했다.

단정적인 표현은 '뇌관'

모든 기사에서 그러해야 하지만 기자가 특히 범죄보도를 할 때 단정적으로 표현하는 것을 조심해야 한다. 합리적이고 객관적인 명확한 근거를 확보하지 않은 상태에서 의혹을 제기하는 수준을 넘어 단정적으로 표현하는 것은 인격권 침해로 이어질 가능성이 매우 높다. 본문은 물론 제목에서도 용어 선택에 신중을 기해야 한다.

특히 수사기관이 계좌추적을 하거나 내사를 진행하는 등 수사 초기단계에서 혐의에 지나지 않은 사실에 대해 기자가 유죄를 암시하거나, 유죄의 인상을 줄 우려가 있는 용어나 표현을 사용하지 말아야 한다. 당사자가 혐의를 부인하는 상황에서는 더 말할 나위 없다. 무리하게 보도했다가 수사 결과 무혐의로 끝나거나 재판에서 무죄로 결론나면 언론사는 허위보도에 따른 책임을 피하기 어렵다. 손해배상 이외에 정정보도나 추후보도를 해야 할 수도 있다. 법원은 "당사자 입장도 함께 보도함으로써 독자에게 기사 내용이 아직 확정되지 않은 사실임을 알 수 있도록 하거나, 보도에서 단정적인 판단이 들어간 표현을 피해야 한다"고 판시했다 (서울중앙지법 2015. 5. 26. 선고 2014가단5118768 판결). 기사가 "A 씨가 폭행 또는 사기 범행을 저질렀다"고 단정적으로 표현하는 것과 "폭행하였다는 혐의를 받고 있다", "편취하였다는 혐의를 받고 있다"고 표현하는 것을 법원은 엄격하게 구분한다(서울중앙지법 2018. 2. 9. 선고 2017가합515522 판결).

경찰·검찰의 수사결과를 토대로 기사를 작성할 때 기자들이 '~한 것으로 드러났다', '~로 밝혀졌다', '~한 것으로 확인됐다'는 등의 표현을 습관적으로 사용한다. 그러나 수사 결과가 진실이라고 단정적으로 말할 수 없다. 법원의 최종 판단이 내려지기 전까지 사건은 진행형이고, 사실관계는 바뀔 수 있다. 확정 판결 이후에 진실이 드러나는 경우도 있다. '~한 혐의를 받고 있다', '경찰은 조사 결과 ~라고 밝혔다', '~일 것으로 검찰은 보고 있다'로 하는 것이 적절하다.

범죄 동기를 기사로 쓸 때도 주의해야 한다. 용의자·피의자와 그 가족들은 범죄의 책임을 피해자에게 떠넘기는 경우가 많다. 이를 중계방송하듯 '피해자와 가해자가 내연 관계', '배우자의 불륜이 원인'이라고 보도했다가는 명예훼손 등의 문제가 발생할 수 있다.

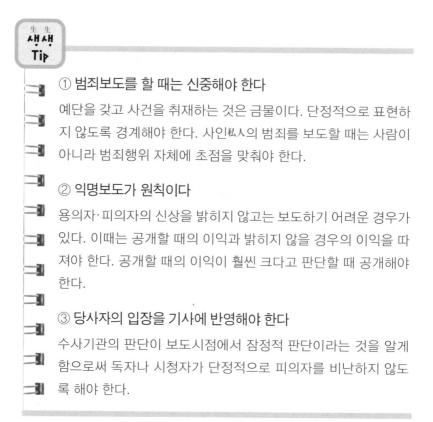

生生
샘샘
Tip

① 범죄보도를 할 때는 신중해야 한다

예단을 갖고 사건을 취재하는 것은 금물이다. 단정적으로 표현하지 않도록 경계해야 한다. 사인私人의 범죄를 보도할 때는 사람이 아니라 범죄행위 자체에 초점을 맞춰야 한다.

② 익명보도가 원칙이다

용의자·피의자의 신상을 밝히지 않고는 보도하기 어려운 경우가 있다. 이때는 공개할 때의 이익과 밝히지 않을 경우의 이익을 따져야 한다. 공개할 때의 이익이 훨씬 크다고 판단할 때 공개해야 한다.

③ 당사자의 입장을 기사에 반영해야 한다

수사기관의 판단이 보도시점에서 잠정적 판단이라는 것을 알게 함으로써 독자나 시청자가 단정적으로 피의자를 비난하지 않도록 해야 한다.

'사실적시'냐 '의견표명'이냐

좌빨, 종북, 수꼴, 듣보잡…. 특정인을 이렇게 지칭하면 명예훼손이 될까?
좌빨은 '좌익 빨갱이'의 줄임말이고, 종북從北은 대한민국의 정통성을 부정하고
북한의 주체사상을 신봉한다는 뜻이다. 수꼴은 '수구守舊 꼴통'으로 사회의 변화
를 거부하고 옛 질서를 지키려는 보수주의, 기득권을 지키기 위해 안간힘을 쓰
는 보수주의자를 가리킨다. 듣보잡은 '듣도 보도 못한 잡것'이란 뜻이다. 모두
상대방을 경멸하고 비하할 때 사용하는 단어다.
부정적 의미를 갖는 단어를 앞세워 상대방을 공격하면 일반인의 시각에서 볼
때는 명예훼손이 분명하다. 그러나 법률적으로는 명예훼손이 되지 않는다. 명
예훼손은 사람의 사회적 평가를 떨어뜨리는 구체적인 사실을 적시할 때 성립하
는데 위에 열거한 단어들은 '사실'이 아니라 '의견'이기 때문이다.
이처럼 법은 사실을 적시한 것인지, 의견을 표명한 것인지를 구분한다. 그러나
구분이 쉽지는 않다. 정치적·사회적 상황에 따라 용어가 갖는 개념이 달라지
고, 표현의 대상이 된 사람이 느끼는 감정이나 감수성도 가변적이어서 의미를
객관적으로 확정하기 어렵다. 한때 '사실'이던 것이 '의견'으로 바뀌기도 한다.
'사실'과 '의견' 이 둘을 가르는 기준은 무엇일까?

보도의 핵심은 사실(팩트fact)을 정확하게 전달하는 것이다. 기자들은 '사실'이라는 단어보다 '팩트'라는 말에 더 익숙하다. 언론사에 입사하는 순간부터 '팩트는 신성하다', '기사의 힘은 팩트에서 나온다', '팩트와 의견 opinion을 섞지 말라', '의견 대신 팩트로 말하라' 등등의 말을 듣는다. 표현은 조금씩 다르지만 모두 엄격한 잣대로 팩트에 접근해야 하고, 팩트를 팩트 그 자체로 인정해야 한다는 것을 강조한 것이다. 신문윤리실천요강 제3조(보도준칙)도 "기자는 사실과 의견을 명확히 구분하여 보도기사를 작성해야 한다. 또한 기자는 편견이나 이기적 동기로 보도기사를 고르거나 작성해서는 안 된다"고 명시하고 있다.

팩트는 진실로 가는 길이다. 정확하고 균형 잡힌 기사가 될 수 있는지는 기자가 얼마나 팩트를 탄탄하게 취재했느냐에 달려 있다. 요즘 언론사마다 경쟁적으로 강조하는 '팩트 체크'는 팩트가 정확한지를 따지는 작업이다. 팩트가 틀리면 뉴스가 아니다. 가짜뉴스다. 그만큼 팩트는 중요하다.

기자들은 팩트와 의견을 간단하게 구분한다. 스트레이트 기사는 팩트이고, 오피니언 면에 실린 사설·해설·논평·칼럼이나 방송의 '앵커 브리핑', '뉴스해설' 등 특정한 이슈에 대해 시각·입장을 나타내는 글이나 말은 의견이라고. 그러나 이 분류는 부분적으로만 맞다. 스트레이트 기사에도 의견이 많이 섞여 있고, 사실을 바탕으로 하지 않은 논평·칼럼이 없기 때문이다.

연차가 낮은 기자는 의견을 드러내는 것을 조심스러워한다. 그것은 자신의 영역 밖에 있으며 논설·해설위원, 앵커, 칼럼니스트의 몫이라고 생각한다. 연륜과 경험이 쌓여야 주관이 들어간 의견을 내놓을 수 있다고 생각한다. 그러나 기자 자신도 모르는 사이 팩트와 의견을 섞는 일이 흔하다. 사실과 의견의 경계가 허물어지는 것이다. 사실을 전달하는 것을 넘어, 사실을 해석하고 그 이면에 담긴 의미를 강조하는 과정에서 이런 일이 생긴다.

'의견표명'은 명예훼손 해당 안 돼

'팩트(사실)'와 '의견'을 구분하는 것이 왜 중요할까? 민법상 불법행위가 되는 명예훼손은 공연히 사실을 적시함으로써 사람의 품성·덕행·명성·신용 등 인격적 가치에 대해 사회로부터 받는 객관적인 평가를 침해하는 행위를 말한다. 정정보도·반론보도청구, 명예훼손을 이유로 하는 손해배상청구는 모두 사실적 주장에 관한 언론 보도로 피해를 입은 것을 전제로 한다. 명예가 훼손됐다고 주장하는 사람은 언론보도가 '구체적인 사실'을 적시했다고 주장한다.

'사실의 적시', '사실적 주장'이란 무엇일까? 언론중재법 제2조 14호는 "사실적 주장이란 증거에 의해 그 존재 여부를 판단할 수 있는 사실관계에 관한 주장을 말한다"고 규정하고 있다. 대법원은 "사실적 주장이란 가치판단이나 평가를 내용으로 하는 의견표현과 상대되는 개념으로, 증거에 의해 그 존재 여부를 판단할 수 있는 사실관계에 관한 주장을 말한다"고 판시했다(대법원 2012. 11. 15. 선고 2011다86782 판결).

그러나 언론보도는 사실적 주장과 의견표명이 섞여 있는 것이 대부분이어서 명확하게 구분하기가 쉽지 않다. 대법원은 "사실적 주장과 의견표명을 구별할 때에는 보도의 객관적인 내용과 아울러 일반 독자가 보통의 주의로 보도를 접하는 방법을 전제로, 사용된 어휘의 통상적인 의미, 전체적인 흐름, 문구의 연결 방법뿐만 아니라 해당 기사의 배경이 된 사회적 흐름 및 일반 독자에게 주는 전체적인 인상도 함께 고려해야 한다"고 판시했다(대법원 2012. 11. 15. 선고 2011다86782 판결).

순수하게 의견만 표명하는 것으로는 명예훼손이 성립하지 않는다. 그럼 의견이나 논평에 사실이 포함되어 있으면 어떻게 될까? 사실을 기초로 의견을 표명할 때는 어떻게 될까?

대법원은 "의견이나 논평을 표명하는 형식이라도 그 전체의 취지에 비추어 의견의 근거가 되는 숨겨진 기초 사실에 대한 주장이 묵시적으로 포함되어 있고 그 사실이 타인의 사회적 평가를 침해할 수 있다면 명예훼손이 될 수 있다. 의견을 표명하면서 그 의견의 기초가 되는 사실을 따로 밝히고 있는 표현행위는 적시된 기초 사실만으로 타인의 사회적 평가가 침해될 수 있는 때는 명예훼손이 성립할 수 있다"고 판시했다(대법원 2015. 9. 10. 선고 2013다26432 판결).

이와 관련해 대법원은 "사실의 적시란 반드시 사실을 직접적으로 표현한 경우에 한정할 것이 아니고, 간접적이고 우회적인 표현에 의하더라도 그 표현의 전 취지에 비추어 그와 같은 사실의 존재를 암시하고, 이것이 특정인의 사회적 가치 내지 평가가 침해될 가능성이 있을 정도의 구체성이 있으면 사실을 적시한 것이라고 보아야 한다"고 판시했다(대법원 2003. 1. 24. 선고 2000다37647 판결).

다음은 법원이 의견표명으로 인정한 사례다.

■ 기록적으로 많은 폭우가 내릴 때 충북 ○○댐 관리 및 위기대응이 제대로 이루어지지 않았다는 내용을 방송이 보도한 사안: 법원은 "보도 내용이 허위라고 보기 어렵고, 대응이 '총체적 부실', '엉망'이라는 표현은 사실을 적시한 것이 아니라 의견을 표명한 것"이라고 판시했다 (서울남부지법 2018. 10. 25. 선고 2017가합111384 판결).

■ 전두환 씨가 1980년 5월 광주에 내려가 특전사령관, 보안부대장 등과

회의를 한 다음 시위대와 대치하던 계엄군에 사살 명령을 내렸다는 증언자의 주장을 방송이 보도한 사안: 법원은 "해당 보도는 단정적 표현을 사용해 적시사실의 존재를 암시하고 있다기보다는 원고 측의 주장과 배치되는 주장을 소개하고 있으며, 방송이 '사실에 관한 보도'가 아닌 '제3자의 의견을 전달하는 것'임을 명확히 밝힌 점으로 볼 때 의견표명을 보도한 것일 뿐 증언자의 진술 내용을 사실로 단정하였거나 사실임을 암시하였다고 볼 수 없다"고 판시했다(서울서부지법 2020.7.8. 선고 2019가합37809 판결).

　＊ 이 사건은 원고가 항소해 2심 계류 중이다(서울고법 2020나2025220).

■ 여론조사의 문제점을 지적하는 보도에서 전문가가 "질문을 교묘하게 구성하였다", "교묘하게 특정 정당 후보를 띄어주기 위해 설문을 계획했다", "어떤 의도로 문항을 구성했는지 느낌이 와요"라고 발언한 사안: 법원은 "위의 발언은 주관적인 평가 영역에 해당하는 것이어서 증거에 의해 그 사실 여부를 판단할 수 있는 성질의 것이라고 보이지 않는다"고 판시했다(서울서부지법 2020.8.12. 선고 2019가합35315 판결).

　＊ 이 사건은 원고가 항소해 2심 계류 중이다(서울고법 2020나2031676).

■ 2018년 4월 남북정상회담 당시 문재인 대통령이 군사분계선을 넘은 행위가 국가보안법 위반이라는 보수 일각의 주장을 뉴스 통신사가 보도하자 언론비평 매체가 비판한 사안: 법원은 "언론비평 매체가 통신사의 기사를 시대착오적이라고 비판하면서 그 근거로 독자들의 부정적인 댓글을 인용한 점, '한심한 언론', '언론계를 떠나라' 등의 표현을 사용했으나 이는 통신기사에 대한 비판적인 견해를 표명하기 위한 것으로 보이는 점 등에 비추어 보면, 언론비평 매체의 기사는 통신사 기

사에 대해 비판적 의견을 표명한 것일 뿐 사실적시에 해당하지 아니한다"고 판시했다(서울중앙지법 2018. 11. 30. 선고 2018가합538126 판결).

■ 문재인 대통령 부부가 피오르의 풍광으로 유명한 노르웨이의 베르겐을 방문하고, 김정숙 여사가 인도를 방문하여 타지마할을 관람하는 등 전임 대통령 부부들에 비해 해외 순방이 잦고 관광지를 많이 찾는 경향이 있는데, 대통령 부부가 해외유람을 한다는 오해가 없도록 해외 순방에 신중을 기할 필요가 있다는 내용의 신문 칼럼에 대해 대통령비서실이 정정보도청구 소송을 낸 사안: 법원은 "대통령 부부의 해외 순방과 관광지 방문의 빈도가 '잦다'고 표현한 부분이나 대통령 부부의 해외 순방에 신중을 기할 필요가 있다는 내용은 단순히 의견 또는 논평을 표명한 것에 불과하므로 정정보도의 대상이 될 수 없다"고 판시했다(서울중앙지법 2020. 7. 15. 선고 2019가합4484 판결).

 * 이 사건은 원고가 항소해 2심 계류 중이다(서울고법 2020나2024968).

■ 건설사가 장애인 부부의 주택 출입문과 창문 바로 앞에 담장을 설치함으로써 출입문을 이용하지 못하게 하는 등 생활권을 위협하고 있다는 내용을 방송이 보도하면서 해당 주택이 감옥이 됐다고 표현하자 건설사가 정정보도청구 소송을 낸 사안: 법원은 "방송에서 '감옥'이라고 표현한 것은 보도의 전체적인 취지상 이 주택이 사전적 의미의 감옥이 됐다고 볼 수는 없고, 담장 설치로 인해 출입이 제한되고 낮에도 내부가 어두운 상태에 있다는 것에 대한 수사적 평가에 불과해 이를 정정보도의 대상이 되는 사실적 주장이라고 보기 어렵다"고 판시했다(서울남부지법 2017. 1. 19. 선고 2016가합105986 판결).

'종북' 의미의 변천

언어는 시대에 따라 의미가 달라진다. 특정한 용어나 표현도 시대의 흐름이나 사회적 환경에 따라 다른 의미를 갖는다. '종북'·'주사파'라는 표현이 그렇다. 특정인을 '종북'·'주사파'로 지칭하면 그 사람의 사회적 명성과 평판을 크게 떨어뜨리는 '사실의 적시'가 돼 명예훼손이 성립하던 시절이 있었다. 북한을 추종하면서 대한민국의 정체성을 부정하는 행위에 대해 국가보안법에 따른 형사적 처벌의 위험성까지 부과되는 점을 감안할 때, 북한 및 간첩과 연루되어 있다거나 종북·종북성향 세력으로 지칭되는 경우 그 단체나 개인의 사회적 평가가 침해된다고 보았다.

KBS PD를 주사파로 지목한 보도(대법원 2002.12.24. 선고 2000다14613 판결), 유명 배우 문○○을 종북이라고 표현한 보도(서울고법 2016.4.22. 선고 2015나19300 판결)에서 법원은 이 같은 입장을 유지했다.

대법원은 2018년 10월 30일 2014다61654 전원합의체 판결을 통해 기존의 입장을 바꿨다. 정치평론가 변희재 씨가 트위터에서 이정희 전 통합진보당 대표의 부부를 종북·주사파라고 표현하자 이 씨 부부가 변 씨와 언론사를 상대로 명예훼손을 이유로 정정보도·손해배상청구 소송을 제기한 사건이다.

대법원은 "종북이라는 표현은 대한민국의 대북정책이나 북한과의 관계 변화, 북한의 대한민국에 대한 입장 또는 태도 변화, 서로 간의 긴장 정도 등 시대적·정치적 상황에 따라 그 용어 자체가 갖는 개념과 포함하는 범위도 변한다. 따라서 종북의 의미를 객관적으로 확정하기 어렵다"고 밝혔다. 대법원은 "민주주의 정치체제가 발전하고, 표현의 자유가 계속 확대되어 온 시대적·정치적 상황을 고려하면 주사파라는 용어에 대한 평가도 달라져야 한다"고 덧붙였다. 1심(2013. 5.15. 선고)과 2심(2014.8.8. 선고)이 종북·주사파 등의 표현이 명예훼손적인 사실 적시에 해당한다고 보아 원고 일부승소 판결을 내린 것을 뒤집은 것이다.

그 뒤 대법원은 이재명 성남시장이 제기한 소송(2019.4.3. 선고 2016다278166 판결), 민주언론시민연합(민언련)이 제기한 소송(2019.12.12. 선고 2016다206949 판결)에서 같은 취지의 판결을 내렸다.

'카더라 방송'도 사실의 적시

소문이나 다른 매체의 보도를 인용해 보도하는 것은 사실의 적시에 해당 될까? 이에 대해 대법원은 "객관적으로 피해자의 사회적 평가를 저하시키는 사실에 관한 내용을 소문이나 제3자의 말, 보도를 인용하는 방법으로 단정적인 표현이 아닌 전문傳聞(다른 사람을 통해 전해 들은 말) 또는 추측한 것을 기사화한 형태로 표현하였지만, 그 표현 전체의 취지로 보아 그 사실이 존재할 수 있다는 것을 암시하는 방식으로 이루어진 경우에는 사실을 적시한 것으로 보아야 한다"고 판시했다(대법원 2000. 7. 28. 선고 99다6203 판결 등). '카더라 방송'은 언론사가 은연중에 사실의 존재를 암시하려는 의도를 깔고 있는 경우가 있고 독자나 시청자는 그런 취지로 받아들이기 쉽다. 대법원 판결은 언론이 소문의 진위를 확인하지 않은 채 그런 소문이 있다는 식으로 보도하는 것을 경계하고 있다.

■ 라디오 시사프로그램이 타사 텔레비전 방송의 보도를 비판하는 내용의 인터뷰를 내 보낸 데 대해 텔레비전 방송사가 정정보도청구 소송을 낸 사안(라디오방송사는 "인터뷰의 즉시성이라는 특성을 고려할 때 출연자의 발언과 관련해 방송이 허위사실을 적시했다고 할 수 없다"고 주장했다): 법원은 "생방송에 의한 인터뷰 방식으로 방송이 이루어진다 하더라도 방송사가 출연자와 방송 내용에 관해 사전에 조율하거나, 허위보도가 되지 않도록 진행자가 적절히 개입해야 한다는 점 등을 고려할 때 방송사가 허위사실을 적시했다고 볼 수 있다"고 판시했다(서울남부지법 2018. 1. 18. 선고 2017가합107637 판결).

이 판결은 생방송 중 출연자의 발언은 인터뷰를 통한 언론사의 사실

적시로 보아야 한다는 것을 분명히 하고 있다. 방송사가 섭외 및 대본 편집권한 등을 통해 외부인사의 견해를 취사선택하고 보도 여부를 최종적으로 결정할 수 있는 상황에서 외부인사의 발언에 허위사실이 포함돼 있다면, 언론사가 보도에 책임져야 한다는 판결(서울고법 2017.2.8. 선고 2016나2059882 판결)과 맥락을 같이한다. 그렇다고 해서 생방송 출연자가 주제와 상관없는 내용을 돌발적으로 발언한 경우에까지 방송사에 책임이 있는 것은 아니다(서울중앙지법 2015.4.22. 선고 2014가합586479 판결).

허위사실이 포함된 외부 필자의 기고문을 게재했을 때 신문사 등에 정정보도의 책임이 있을까? 기자가 취재해 작성한 기사와 달리 외부필자의 기고문은 사실 보도에 관한 기사가 아닌, 의견표명인 경우가 대부분이다. 서울시 교통방송TBS이 조선일보를 상대로 낸 소송에서 법원은 "언론사가 편집권한 등을 통해 기고문을 취사선택하고 그 게재 여부를 최종적으로 결정할 수 있는 상황에서, 기고문에 외부인사의 의견표명 외에도 사실의 적시가 포함되어 있고, 그것이 단순히 의견을 표명하기 위한 전제 정도를 넘어서는 사실로서 허위임이 명백하다면 이런 기고문을 보도한 언론사로서는 허위사실의 보도로 인한 책임을 면할 수 없다"고 판시하며 정정보도 게재를 명령했다(서울중앙지법 2020.9.23. 선고 2019가합532002 판결). * 이 사건은 피고가 항소해 2심 계류 중이다(서울고법 2020나2036947).

사실의 적시와 관련해 방송이 자료영상을 사용할 때 조심해야 한다. 자료영상이 일반적인 상황을 설명하는 영상이 아니라 특정인을 지목하거나 특정 상황을 암시하는 영상으로 받아들여진다면 사실적 주장 또는 구체적인 사실의 적시에 해당한다고 보아야 한다는 대법원 판례가 있다(대법원 2016.4.15. 선고 2015다252969 판결). 이 판결에 따르면 명예훼손의 소지가 있는 자료영상을 방송에 활용할 때 '이 자료영상은 보도내용과 관련이 없다'는 등 보도와 무관한 자료화면이라는 것을 표시해야 방송의 책임이 가벼워진다.

만평은 '의견표명'

신문·방송의 만평漫評은 사실의 적시에 해당할까? 한두 컷cut의 그림과 압축된 문구를 통해 인물이나 사건을 희화적으로 묘사하거나 풍자하는 만평이나 풍자만화cartoon는 인물이나 사건 풍자의 소재가 되는 구체적인 사실관계를 적시하지 않은 것으로 법원은 본다.

만평을 통해 어떤 사상이 적시 또는 표현됐는지를 판단하기 위해서는 만평이 독자들에게 어떤 인상을 주느냐가 중요하다. 대법원은 "풍자적 외피 또는 은유를 제거하고 작가가 만평을 게재한 동기, 만평에 사용된 풍자나 은유의 기법, 만평을 읽는 독자들의 지식 정도와 정보 수준, 만평의 소재가 된 객관적 상황이나 사실관계를 종합적으로 보아야 한다"고 판시했다(대법원 2000. 7. 28. 선고 99다6203 판결).

아래 사례를 보자. 시사주간지 《시사인》이 2018년 6월 "고난의 행군─강성대당 건설"이라는 제목의 만화를 게재했다. 대한의사협회 회장이 이마에 방사성 물질(핵)을 상징하는 로고를 붙이고, 허리에는 곧 터질 것 같은 폭발성 물질의 띠를 두르고 있는 모습으로 묘사했다. 이에 협회와 협회 회장은 "특정 정치세력과 선거에 연계된 직능단체인 것처럼 허위사실을 적시함으로써 명예를 훼손했다"며 손해배상청구 소송을 제기했다. 법원은 "대한의사협회장을 엑스트라로 등장시켜 풍자의 소재로 삼아 독자들에게 희화화함으로써 야당이 위기에서 벗어나려는 정치상황을 우회적으로 표현한 것으로 보인다. 이 장면은 그 자체가 표현의 목적 또는 대상이라기보다는 풍자만화의 특성상 어떤 사상을 희화적으로 묘사하기

만평은 의견표명으로 인정된다(시사인, 2018.6.8).

위해 사용된 풍자적 외피 또는 은유에 지나지 않는다"고 판시했다. 만평
이 의사협회와 회장이 정치성향을 드러내어 '반문 동맹 체결'을 모의하고
있다거나 그 체결 사실 자체를 표현하고 있는 것이라고는 보기 어렵고,
합리적인 독자라면 이를 사실의 묘사라고 받아들이지 않을 것이라는 해
석이다(서울중앙지법 2019. 4. 18. 선고 2018가단5156041 판결).

국제통화기금IMF 외환위기 직후 경제위기에 책임 있는 고위 경제 관료
3명이 해외로 도주하기 위해 논의하는 만평이 일간지에 게재되자, 허위
사실을 적시해 명예를 훼손했다며 청와대 경제수석비서관이 손해배상청
구 소송을 냈다. 이 사안에서도 법원은 같은 취지의 판결을 했다. 법원은
"경제위기로 우리나라가 절박한 상황에 처하게 된 결과 원고 등이 해외
로 도피라도 했으면 하는 심정이 생길 수도 있을 것이고, 이에 따라 원고
등에 대한 출국금지 조치가 필요할 수 있다는 필자의 견해를 국제공항
출국장의 배경을 빌려 우회적으로 표현한 것으로 보는 것이 상당하다"고
판시하고 원고의 청구를 기각했다. 공항에서 해외도피를 계획하거나 모
의하고 있다는 구체적인 사실 자체를 표현한 것이 아니라고 보았다(서울
고법 1998. 12. 24. 선고 98나47575 판결).

① 명예훼손은 '사실의 적시'를 전제로 한다

사실의 적시가 아닌 의견표명으로는 명예훼손이 성립하지 않는다. 정정보도·반론보도청구도 사실 적시에 의한 언론보도로 피해를 입은 사람이 제기할 수 있다.

② 소문을 보도해도 기자·언론사에 책임이 있다

소문, 제3자의 말, 다른 매체의 보도를 인용해 보도하거나 방송 출연자가 한 말도 사실의 적시에 해당한다. 적시한 사실이 명예훼손 등에서 문제가 되면 언론사가 책임져야 한다.

③ 만평은 '의견표명'에 해당한다

만평이나 풍자만화는 풍자·과장·은유 등의 기법을 사용한다. 만평의 내용이 실제 발생했다고 독자들이 생각하지 않는다.

'공익성'은 보도의 처음이자 끝

의과대학 신설 계획 의혹을 캐던 요시오카에게 편집국장이 취재 중단 명령을 내린다. 그러자 요시오카는 "그렇게 살아도 됩니까, 우리가 이걸 내버려 둬도 됩니까?"라며 목소리를 높인다. 요시오카 역을 맡은 심은경에게 제43회 일본 아카데미상 여우주연상을 안긴 이 영화의 제목은 〈신문기자〉. 심은경은 국가가 은폐하는 위험한 진실을 파헤친다.

스티븐 스필버그 감독의 2017년 작 〈더포스트〉는 30년 동안 정부가 숨겨온 베트남 전쟁의 진실이 담긴 '펜타곤페이퍼'의 내용을 보도할지를 놓고 《워싱턴 포스트》의 여성 발행인 캐서린 그레이엄(메릴 스트립 분)이 고뇌하는 모습을 그리고 있다. 진실을 공개하면 닉슨 행정부와 정면으로 싸워야 한다. 신문사와 자신의 모든 것을 걸어야 한다. 이때 편집국장 벤(톰 행크스 분)은 자신 있게 말한다. "우리가 보도하지 않으면, 우리가 지고, 국민이 지는 겁니다."

요시오카, 벤처럼 기자는 사회정의와 공익을 실현하기 위해 진실을 추적해 보도한다. 한국의 신문윤리강령 제2조는 "우리 언론인은 언론이 사회의 공기公器로서 막중한 책임을 지고 있다고 믿는다"고 선언하고 있다.

그럼에도 현실에서는 기자가 공익公益을 제쳐두고 사익私益을 앞세워 종종 문제가 된다. 왜 이런 일이 생길까?

『저널리즘의 기본원칙The elements of journalism』은 기자는 물론이고, 언론을 공부하는 교수·학생들의 필독서로 꼽힌다. 뉴욕타임스 워싱턴지국장 출신 언론인 빌 코바치와 미디어비평가 톰 로젠스틸이 함께 쓴 이 책은 기자가 누구이고 무엇을 해야 하며 어떤 원칙을 지켜야 하는지를 가르쳐 준다.

이들이 강조하는 저널리즘 10대 원칙은 다음과 같다(코바치·로젠스틸, 2014: 서문 30~31).

① 저널리즘의 첫 번째 의무는 진실에 대한 것이다.

② 저널리즘의 최우선적인 충성 대상은 시민이다.

③ 저널리즘의 본질은 사실 확인의 규율이다.

④ 기자는 그들이 취재하는 대상으로부터 반드시 독립을 유지해야 한다.

⑤ 기자는 반드시 권력에 대한 독립적인 감시자로 봉사해야 한다.

⑥ 저널리즘은 반드시 공공의 비판과 타협을 위한 포럼을 제공해야 한다.

⑦ 저널리즘은 반드시 최선을 다해 시민이 중요한 사안들을 흥미롭게 그들의 삶과 관련 있는 일로 인식할 수 있도록 전달해야 한다.

⑧ 저널리즘은 뉴스를 포괄적이면서도, 비중에 맞게 다뤄야 한다.

⑨ 기자는 그들의 개인적 양심을 실천해야 하는 의무가 있다.

⑩ 그들의 선택을 통해 뉴스 생산에 참여하는 시민은 뉴스에 관해 권리를 행사할 수 있다. 그러나 그들은 책임감을 가져야 한다. 그들이 스스로 생산자와 편집자가 되는 상황에서는 더욱 그러하다.

요약하면 저널리즘의 역할은 시민이 자유로울 수 있고 스스로를 다스리는 데 필요한 정보를 공급하는 것이다. 또 시민을 위해 사실을 확인하고, 독립적인 감시자 역할을 해야 한다. 여기서 '저널리즘'을 '기자'로, '시민'을 '공익'으로 바꿔도 뜻이 잘 통한다.

위법성 조각사유 첫째가 공익성

법원도 언론의 공익성에 높은 가치를 부여한다. 위법성 조각사유阻却事由에서 공익성을 맨 위에 두고 있다. 위법성 조각사유는 언론보도가 개인의 인격권을 침해하더라도 위법성이 없는 것으로 보아 언론사가 책임을 지지 않는[면책] 요건을 말한다.

대법원은 "언론·출판을 통해 사실을 적시함으로써 타인의 명예를 훼손하는 행위를 한 경우에도, 그것이 공공의 이해에 관한 사항으로서 그 목적이 오로지 공공의 이익을 위한 것일 때에는[공익성] 진실한 사실이라는 것이 증명되면[진실성] 그 행위에 위법성이 없고, 또한 그 진실성이 증명되지 않았더라도 행위자가 그것을 진실이라고 믿을 만한 상당한 이유가 있는 경우에는[상당성] 위법성이 없다고 보아야 한다"고 판시했다(대법원 2008.1.24. 선고 2005다58823 판결 등). 여기서 위법성 조각사유를 입증할 책임은 명예훼손 행위를 한 언론사에 있다.

판결문에서 나와 있는 것처럼 위법성 조각사유는 공익성·진실성·상당성 세 가지다. 진실성이나 상당성은 선택사항이다. '공익성과 진실성', '공익성과 상당성' 2개 가운데 1개만 성립하면 언론사가 면책된다. 진실성을 입증하지 못하면 상당성으로 대신하면 된다. 성실히 취재했다는 것을 증명하면 된다. 하지만 공익성은 필수요건이다. 공익성을 갖추지 못하면 진실성과 상당성은 더 따져볼 필요조차 없다. 진실성이 입증되거나 진실이라고 믿을 만한 상당한 이유가 있다고 인정되더라도 공익성을 갖추지 못하면 법적 책임을 면하기 어렵다.

명예훼손의 성립 요건과 위법성 조각사유를 정리하면 다음과 같다.

> 명예훼손 성립: 피해자 특정 + 구체적 사실의 적시
> 〈피해자 주장·입증〉

> 위법성 조각사유: 공익성 + (진실성 또는 상당성)
> 〈언론사 주장·입증〉

공중의 정당한 관심사인가?

뉴스 이용자들은 언론의 공익성에 믿음을 갖고 있다. 언론이 보도하는 것은 당연히 공익을 위한 것이라는 믿음이다. 국민의 알 권리를 위해 언론이 존재한다고 믿는다. 언론이 공익성을 인정받지 못한다는 것은 언론의 존재가치를 인정받지 못하는 것이나 다름없다. 그 자체가 언론의 위기다.

언론보도가 공익성이 있는지를 판단하려면 보도의 내용과 목적을 따져야 한다. 첫째, 그 내용이 공공의 이익이나 공공의 이해에 관한 것이어야 한다. 보도 내용이 일반 대중의 공적 관심사안, 공중公衆의 정당한 관심사를 다루어야 한다는 뜻이다. 개인의 프라이버시, 사생활을 넘어서는 것이어야 한다.

둘째, 그 목적이 오로지 공공의 이익을 위한 것이어야 한다. 대법원은 "여기서 '목적이 오로지 공공의 이익을 위한 것일 때'라 하는 것은 적시된 사실이 객관적으로 볼 때 공공의 이익에 관한 것으로써 행위자도 공공의 이익을 위하여 그 사실을 적시한 것을 의미하는데, 행위자의 주요한 목적이나 동기가 공공의 이익을 위한 것이라면 부수적으로 다른 사익적 목적이나 동기가 내포되어 있더라도 무방하다"고 판시했다(대법원 2011. 11. 24. 선고 2010도10864 판결, 대법원 2006. 3. 23. 선고 2003다52412 판결).

언론소송에서 보도의 공익성은 대체로 인정된다. 소송을 제기하거나 언론중재위원회에 조정을 신청한 측이 공익성을 문제 삼지 않거나, 문제를 제기하더라도 의례적인 수준에 그치는 경우가 많다. 공익성은 인정하고, 진실성이나 상당성에 문제가 있다는 쪽으로 포커스를 맞추는 전략을 펴는 것이다.

그러나 이것은 언론사나 기자가 특정인·단체를 비방할 목적으로 보도한 것이 아닐 때 그렇다. '비방할 목적'은 '공공의 이익을 위한 것'과 행위자의 주관적 의도의 방향에서 상반된다. 적시한 사실이 공공의 이익에 관한 것인 경우 특별한 사정이 없는 한 비방할 목적은 부정된다. 역으로 비방할 목적이 인정되면 공익을 위해 보도했다고 인정받지 못한다. 공인이나 공적 인물의 행동과 발언은 기본적으로 공적 사안 또는 공공의 관심사이고, 그것을 보도하는 것은 공공의 이익을 위한 것으로 해석된다. 법원이 공익성을 인정한 사례를 보면 다음과 같다.

■ 검사가 주가조작사건을 수사하면서 특정인을 수사대상에서 제외하고, 금융위원회가 수사의뢰한 사건을 봐주기 수사했다는 취지로 방송이 보도한 사안: 법원은 "기사의 전체적인 취지는 원고가 금융범죄를 수사한 검사로서 청렴성이나 직무의 공정성을 훼손하는 행위를 하였는지 검증하고, 현직 검사와 검사 출신 변호사의 유착관계에 따라 수사가 제대로 이루어지지 않는 폐해의 심각성을 밝혀 공직자에 대한 감시와 비판 기능을 하고자 하는 것이다. 이 기사로 인해 원고에 대한 사회적인 평가가 저하되었다고 하더라도, 기사의 주요 목적과 동기가 원고를 비방하려는 것이 아니라 공공의 이익을 위한 것이므로 공익성이 인정된다"고 판시했다(서울서부지법 2020.8.19. 선고 2019가합40843 판결).

- 목사가 여성 신도와 부적절한 관계를 맺고 있다는 등의 내용을 방송이 보도한 사안: 법원은 "대형 교회의 담임 목사라는 지위를 이용한 부적절한 처신 내지 행태를 보도함으로써 대형 교회 목회자에 의한 교회 사유화 및 이로 인해 발생하는 각종 폐단을 비판하고 사회적 공감대를 형성하기 위한 보도로서, 그 주요 목적과 동기가 공공의 이익을 위한 것이지 원고들을 비방할 목적이 있었다고 보기 어렵다"고 판시했다(서울서부지법 2020. 8. 19. 선고 2019가합40485 판결)

- 교육부 고위 공무원이 '민중은 개·돼지처럼 취급하면 된다', '신분제를 공고화시켜야 한다'고 발언했다고 신문이 보도한 사안: 대법원은 "교육부 고위공직자의 비뚤어진 사회관과 대국민 자세, 오만함 등을 비판하려는 공익적 목적에서 기사를 게재하였다고 볼 수 있다"고 판시했다(대법원 2019. 10. 17. 선고 2017다282704 판결).

- 보육교사가 아동을 학대했다는 취지로 보도한 데 대해 어린이집 원장과 보육교사가 추후보도와 손해배상청구 소송을 한 사안: 법원은 "어린이집의 아동학대에 관한 제보를 기자가 받고 이를 알려 재발을 방지하기 위한 것으로 공공의 이해에 관한 사항으로서 공익성이 인정된다"고 판시했다(서울서부지법 2019. 10. 2. 선고 2018가합36359 판결).

- 국회의원이 북한을 위해 간첩활동을 했고, 자신의 아들에게 주체사상을 공부하라고 했다는 내용을 신문·방송이 보도한 사안: 법원은 "국민의 대표자인 국회의원의 법적 지위와 국민생활이나 국가운영 전반에 미치는 막대한 영향력을 고려할 때, 공적인 영역에 관한 것이라면 국회의원의 가치관·세계관까지도 국민의 건전한 감시와 비판의 대상이

될 수 있다고 봄이 마땅하다. 또 원고는 내란선동죄와 국가보안법 위반죄에 대해 유죄 판결이 확정됐는데, 그 범죄의 내용이 대한민국 국민의 대표자인 국회의원이 저질렀다고는 도저히 믿기 어려울 정도로 충격적이고 사안이 매우 중대하므로, 이러한 범죄행위 관련 각종 의혹 사항을 신속하게 보도해야 할 공익상 필요가 크다"고 판시했다(서울중앙지법 2018. 10. 16. 선고 2016가단5205864 판결).

■ 전 대통령의 아들이 마약류를 투약한 혐의를 의심할 만한 정황이 있는데 검찰이 제대로 수사하지 않았다는 취지로 보도한 사안: 재판부는 "공적 인물에 대한 공적인 관심 사안에 관하여 감시와 비판 기능을 수행한 것으로서 공공의 이익에 부합한다"고 판시했다(서울남부지법 2018. 8. 16. 선고 2017가합108418 판결).

법원이 공익성을 부정하는 판결을 내리는 경우가 간혹 있다. 첫째, 특정 개인이나 단체·기업 등의 입장을 일방적으로 대변함으로써 보도가 사익私益에 치우쳤을 때다. 가끔 언론이 언론사 스스로의 이익을 위해 보도한 것이 문제가 된다. 자신이 소속된 언론사 간부들을 비판한 국회의원에게 불리한 기사를 보도하거나, 언론사에 협조하지 않는 기업을 비판하는 것이 그런 예다. 제작진이 미리 정해 놓은 결론에 맞춰 취재·촬영하고 줄거리에 맞게 편집하는 것은 공공의 이익을 위한 것이 아니라 시청자들의 호기심을 자극함으로써 시청률의 증대 등 상업적 목적을 달성하기 위한 동기가 더 큰 것으로 법원은 본다. 둘째, 사적私的 영역에 속하는 내밀한 사안을 보도한 경우다. 특히 개인의 불륜에 대한 보도는 국민이 알아야 할 공공성·사회성을 갖춘 공적 관심 사안에 관한 것이라고 하기 어렵다.

다음은 법원이 공익성을 부정한 사례다.

■ 의료 관련 기사를 전문적으로 다루는 언론사가 의도적으로 특정 내용을 누락한 채 중대한 약물 부작용이 있는 것처럼 보도한 사안: 법원은 "굳이 기사 제목과 본문에 원고의 제품만을 적시하면서, 약물의 위험성 여부에 관해 중요성이 높은 일부 사항을 누락해 해당 제품을 사용하면 부작용이 발생할 수 있는 것처럼 인식되게 보도한 점에 비추어보면 기사를 작성한 목적이 일반 국민에게 이 제품의 위험성을 정확히 고지하여 신중하게 시술 여부를 결정하도록 하는 것에 있었다고 보기 어려워 오로지 공공의 이익을 위한 것이라고 하기 어렵다"고 판시했다 (서울고법 2019. 9. 20. 선고 2018나2037343 판결).

■ 레스토랑 운영자가 아르바이트생들에게 성희롱 내지 모욕적 발언을 했다는 취지로 인터넷신문이 보도한 사안: 법원은 "해당 기사는 직장 내 성희롱 문제를 다룬 것으로 공적 관심 사안에 해당한다. 신문이 일반 국민에게 이를 알려야 할 정당한 이익이 있다고 해도, 굳이 상호와 주소 등 원고의 신원에 대해 언급하지 않고 객관적인 사실을 보도하는 것만으로 공익적 목적을 상당 부분 달성할 수 있다. 보도 과정에서 명시한 원고의 신원에 관한 사항은 공공의 이해에 관한 사항이라고 할 수 없다"고 판시했다(서울중앙지법 2019. 4. 17. 선고 2018가합570427 판결).

■ 대학총장이 같은 대학 여교수와 연인 관계에 있으며, 두 사람 사이에 신체접촉이 있었다는 내용의 기사를 인터넷 신문이 보도한 사안: 법원은 "보도가 총장의 도덕성과 자질에 문제를 제기함으로써 공익에 기

여하는 측면이 있다고 하더라도, 독자로 하여금 총장이 여교수와 연인으로서 부적절한 신체 접촉을 하는 관계에 있었다는 점을 받아들이게 함으로써 여교수가 입는 명예훼손의 피해보다 그 공익의 가치가 크다고 보기가 어렵다. 원고(여교수)의 사적 영역 침해를 정당화할 정도로 공공적·사회적 의미가 있는 공적인 관심 사안에 해당한다고 보기에 부족하다"고 판시했다(광주지법 2019. 4. 26. 선고 2018나59235 판결).

■ 유명 작가가 과거 문학소녀들과 혼숙을 했고, 혼외자도 두었다는 취지의 기사에 대해 작가가 명예훼손과 사생활 침해에 따른 정정보도·손해배상청구 소송을 제기한 사안: 법원은 "원고가 작가로서 일반 대중에게 널리 알려진 공인이라고 하더라도, 문학소녀들과 혼숙을 했다거나 혼외자가 있다는 보도는 지극히 사적인 영역에 해당하는 사항으로 공공의 이익을 위한 것이라고 볼 수 없다"고 판시했다(서울북부지법 2018. 12. 20. 선고 2018가합22446 판결).

범죄보도와 공익성

공익성과 관련해 기자가 특히 주의해야 할 것이 범죄보도와 관련해서다. 06장에서 설명한 것과 같이 일반적으로 언론의 범죄보도는 공공성이 있는 것으로 인정된다. 범죄행태를 비판적으로 조명하고, 사회적 규범이 어떠한 내용이고 그것을 위반하는 경우 그에 대한 법적 제재가 어떻게, 어떠한 내용으로 실현되는가를 알리며, 나아가 범죄의 사회문화적 여건을 밝히고 그에 대한 사회적 대책을 강구하는 등 여론형성에 필요한 정보를 제공하는 역할을 하기 때문이다(대법원 2007. 7. 12. 선고 2006다65620 판결).

중요한 것은 보도내용이 범죄행위 그 자체에 초점을 맞출 경우에만 공익성을 인정받을 수 있다는 점이다. 피의자가 공인이면 범죄 행위자가 누구인지 자체가 공공의 관심이 되기 때문에 이를 보도하는 것이 언론의 기능에 부합한다. 그러나 피의자가 일반 시민이면 사정이 달라진다. 언론이 실명이나 신상과 같은 개인적인 사항을 노출시킬 경우 특별한 사정이 없는 한 공익성을 인정받지 못한다.

방송사가 음주운전의 피해 사례를 보도하면서 음주운전 후 경찰서 교통사고처리반에 있던 술 취한 운전자의 모습을 영상으로 내보냈다. 모자이크 처리나 음성변조 처리를 하지 않았다. 이에 대해 법원은 "단순 음주운전의 경우 행위자가 공적 인물이 아닌 이상 그 '행위'가 공공의 이해에 관한 사항이 되는 것이며 그 '행위자'가 공공의 이해에 관한 사항이 되는 것은 아니다"라고 판시했다(서울지법 1999. 10. 22. 선고 99나49001 판결).

전과 등 범죄경력을 밝히는 것도 신중해야 한다. 연예인이자 기업의 대표가 여대생을 성폭행했다는 의혹을 보도하면서 언론이 가해자의 폭력전과, 대마관리법 위반의 범죄경력을 보도해 문제가 된 적이 있다. 법원은 "기사의 주된 보도 내용과 관련성이 있다고 할 수 없을 뿐 아니라 보도내용과 동종의 전과도 아니고 국민들이 정당하게 알아야 할 부분에 관한 보도라고 보기 어려우므로 원고가 공인이라는 이유만으로 범죄경력의 보도가 공공의 이해에 관한 것이라고 보기 어렵다"고 판시했다(대법원 2007. 6. 1. 선고 2004다61372 판결).

① 공익성은 기자가 양보할 수 없는 덕목이다

명예훼손 소송에서 보도의 진실성이 문제되는 경우 상당성으로 보완할 수 있다. 그러나 공익성이 부정되면 보완할 방법이 없다.

② '공중의 정당한 관심사'를 보도하자

일반인은 물론 공인의 사적私的 영역에 속하는 프라이버시, 내밀한 사안을 보도하면 공익성을 인정받기 어렵다. 특정인·특정단체의 입장을 일방적으로 대변할 때도 마찬가지다.

③ 범죄행위에 초점을 맞추자

공인이 아닌 일반인의 범죄를 보도할 때는 범죄행위 그 자체에 초점을 맞춰야 공익성을 인정받을 수 있다. '사람'에 집착해 피의자의 실명이나 신상을 노출하면 공익성이 부정된다.

08_ '공익성'은 보도의 처음이자 끝 **103**

09

'진실성'에서 승패가 가려진다

기자는 사실에 부합하는 기사, 진실한 기사를 보도하기 위해 현장을 뛴다. 그러나 오보는 사라지지 않는다. 오죽하면 '오보는 기자의 숙명'이라고 할까.

오보의 원인으로 기자의 전문성 부족, 사실 확인 소홀, 과장과 확대보도, 자의적인 정보 선택과 해석, 의도와 감정의 개입 등을 들 수 있다(우병동, 1996: 34~65). 사실 확인과 관련해 기자는 경찰·검찰 등 수사기관과 달리 기자는 강제로 취재할 수 있는 권한이 없다. 현장을 방문하거나 취재원을 만나 이야기를 듣거나 자료를 요청하는 것 모두 상대방이 응해야 한다. 취재원이 거짓말을 하면 기자가 속아 넘어갈 가능성도 배제할 수 없다.

여기에 기자는 신속하게 보도해야 하는 숙제까지 안고 있다. 아무리 좋은 기사도 늦으면 가치가 뚝 떨어진다. 기자는 마감시간이라는 큰 장벽을 넘어야 한다. 정해진 시간 안에 취재하고 기사를 작성해야 기사가 빛을 볼 수 있다. 사건이 한창 진행되고 있는데도 그때까지 취재한 것으로 기사를 써야 하는 경우가 다반사다. 몇 시간 뒤의 상황이 지금과 같을 수가 없다. 취재와 보도 사이의 시차는 구조적인 문제여서 어쩔 수 없다.

이런 상황에서 기자들은 취재에 나선다. 진실한 기사를 쓰는 것은 다음 문제고, 오보를 하지 않는 것에 만족해야 할 정도다.

법에서 말하는 '진실성'은 어떤 의미인가? 100% 사실에 부합해야 하나?

기자 또는 기사가 진실을 추구한다고 할 때 진실은 허위사실과 대립되는 개념이다. 기사가 진실성이 있느냐 하는 문제는 적시된 사실이 허위인지, 아니면 객관적 사실과 부합하는지를 따지는 것이다.

보도내용이 사실과 일치하면 기자·언론사가 소송을 크게 걱정하지 않아도 된다. 정정보도·손해배상청구 소송의 승패는 보도내용이 진실한지 여부에서 사실상 갈리기 때문이다. 민법 제764조(타인의 명예를 훼손한 자에 대하여는 법원은 피해자의 청구에 의하여 손해배상에 갈음하거나 손해배상과 함께 명예회복에 적당한 처분을 명할 수 있다) 또는 언론중재법 제14조(사실적 주장에 관한 언론보도 등이 진실하지 아니함으로 인하여 피해를 입은 자는 해당 언론보도가 있음을 안 날로부터 3개월 이내에 언론사 등을 상대로 정정보도를 청구할 수 있다)에 따라 피해자가 정정보도를 청구하기 위해서는 언론보도가 사실적 주장에 관한 것으로서 진실하지 않은 내용이어야 한다.

기사의 주요 부분이 사실과 일치해야

진실성은 기사 전체가 완전무결해야 한다는 것을 뜻하는 것이 아니다. 내용 전체의 취지를 살펴볼 때 중요한 부분이 객관적 사실과 합치되면 충분하다. 세부적인 사항에서 진실과 약간 차이가 나거나 다소 과장된 표현이 있더라도 문제되지 않는다. 또 복잡한 사실관계를 알기 쉽게 단순하게 만드는 과정에서 일부 특정한 사실관계를 압축·강조하거나 대중의 흥미를 끌기 위해 실제 사실관계에 장식을 가하는 과정에서 다소 수사적 과장이 있더라도 전체적인 맥락에서 보아 보도내용의 중요 부분이 진실에 합치한다면 그 보도의 진실성은 인정된다(대법원 2017. 10. 26. 선고 2015다56413 판결 등).

보도내용 중 일부의 취지가 분명하지 않아 오해의 소지가 있거나 거기에 상대방에 대한 비판이 부기附記(원문에 덧붙여 적은 기록)되어 있다고 하더라도, 그 보도내용 중 다른 기재 부분과 함께 전체적·객관적으로 파악하지 않고 취지가 불분명한 일부 내용만을 따로 떼어내어 명예훼손적인 사실의 적시라고 단정해서는 안 된다(대법원 2009.4.9. 선고 2005다65494 판결 등).

대법원 판결의 취지는 줄기가 중요하며 곁가지나 잎은 부차적이라는 것이다. 대법원은 "자유롭게 견해를 피력하고 토론을 하려면 다소간의 잘못되거나 과장된 표현은 피할 수 없고 표현의 자유에는 그것의 생존에 필요한 숨 쉴 공간이 있어야 하므로, 진실에 부합하는지는 표현의 전체적 취지가 중시되어야 하고 세부적인 문제에서 객관적 진실과 완전히 일치할 것이 요구되어서는 안 된다"고 강조한다(대법원 2002.1.22. 선고 2000다37524, 37531 판결 등).

한편 어떤 기사가 타인의 명예를 훼손하여 불법행위가 되는지의 여부는 일반 독자가 기사를 접하는 통상의 방법을 전제로 그 기사의 전체적인 취지와의 연관하에서 기사의 객관적 내용, 사용된 어휘의 통상적인 의미, 문구의 연결방법 등을 종합적으로 고려해 그 기사가 독자에게 주는 전체적인 인상을 기준으로 판단해야 하고, 여기에 기사의 배경이 된 사회적 흐름 속에서 당해 표현이 가지는 의미를 함께 고려해야 한다(대법원 2007.12.27. 선고 2007다29379 판결 등).

방송보도의 경우에는 객관적인 내용과 아울러 일반의 시청자가 보통의 주의로 방송보도를 접하는 방법을 전제로, 보도 내용의 전체적인 흐름, 화면의 구성방식, 사용된 어휘의 통상적인 의미와 문구의 연결 방법 등을 종합적으로 고려해 그 보도 내용이 시청자에게 주는 전체적인 인상도 판단 기준으로 삼는다(대법원 2004.2.27. 선고 2001다53387 판결 등).

타인의 명예를 훼손하는 표현이 진실한 사실인지, 행위자가 그것을 진실이라고 믿을 만한 상당한 이유가 있는지 여부는 표현(보도) 당시의 시점에서 판단해야 한다. 보도 당시의 시점에서 판단한다고 하더라도 그 전후에 밝혀진 사실들을 참고해야 보도 시점에서의 상당성 여부를 가릴 수 있기 때문에, 보도 후에 수집된 증거자료도 상당성 인정의 증거로 사용할 수 있다(대법원 2008.1.24. 선고 2005다58823 판결 등).

다음은 진실성이 쟁점이 된 사건의 법원 판결이다.

■ 국무총리실 산하 한국○○○○○○연구원 센터장이 연구원 주최로 열린 워크숍에 참석해 '천황폐하 만세'를 세 번 외쳤다고 일간지가 보도한 사안: 재판부는 "보도내용은 전체적인 취지를 살펴볼 때 원고가 워크숍에서 '천황폐하 만세'라는 건배사를 했다는 것으로 그 중요 부분이 진실과 합치된다. 최초 보도 당시 일시나 장소가 사실과 달리 보도되었다 하더라도, 보도 내용에 있어 지엽말단적인 것이어서 그 부분에 진실과 차이가 있다고 하더라도 보도의 진실성에는 영향이 없다고 할 것이다"라고 판시했다(서울고법 2018.7.13. 선고 2017나2057722 판결).

■ 고위 정치인의 불법 정치자금 수수 의혹을 제기하는 신문 기사에서 돈을 건넨 사람이 특정한 음료수(비타500) 박스에 돈을 담아 전달했다고 보도한 사안: 법원은 "금품수수의 경위나 방법을 중점적으로 보도하는 기사에서 이 부분은 기사 전체의 허위성 판단에 영향이 없는, 지엽말단적인 것이 아니라 허위성 판단의 기준이 되는 중요 부분으로써 원고의 명예를 훼손하는 구체적 사실의 적시에 해당한다"고 판시했다. 전달 매체를 단순히 '박스'라고 보도하는 것과 비교할 때 상표를 특정하면 기사의 구체성이나 전체적 신빙성이 확연히 올라가고, 독자는 보

도내용이 진실이라는 인상을 받을 가능성이 높아지므로 금품의 전달 매체가 기사의 중요 부분에 해당한다는 뜻이다(서울중앙지법 2019. 2. 25. 선고 2018가합522268 판결).

* 1심 법원은 보도가 허위사실을 적시한 명예훼손에 해당된다고 판단했으나, 공직자에 관한 보도에 있어 심히 경솔한 공격으로써 현저히 상당성을 잃은 수준이라고 볼 수 없어 위법성이 조각된다고 판단해 원고의 청구를 기각했다. 2심 법원과 3심 법원도 같은 이유로 원고의 청구를 기각했다.

■ 미국 뉴욕을 공무 출장 중이던 국회의원이 스트립바에 갔다는 보도에 대해 국회의원이 '여성 무용수들이 테이블 주변에서 춤을 추면서 성인용 공연을 하는 B 토플리스 주점에 갔을 뿐이며, C 스트립바에 간 것이 아니다'라고 주장하며 정정보도와 손해배상을 청구한 사안: 법원은 "스트립바와 토플리스 주점은 성인용 공연을 하는 주점이라는 면에서 크게 다르지 않고, 주점 상호가 사실과 다르지만 보도의 취지가 공무상 출장 중 방문하기에 적절한 곳이었는가에 대한 것이므로 주점 상호는 지엽말단적인 사소한 것에 불과하다"고 판시했다(서울남부지법 2020. 1. 30. 선고 2019가합105857 판결).

■ 국회의원이 주민설명회에 참석해 도로 노선 결정과 관련해 반대의견을 냈고 이후 노선 변경이 결정됐다는 취지로 신문이 보도한 사안: 법원은 "기사는 당시 국회 건설교통위원이던 원고가 자신의 지역구나 인근 지역 또는 자신이나 주변인들이 소유한 토지 인근의 도로 노선 결정과 관련해 부당한 영향력을 행사하거나, 원고의 발언이나 영향력 때문에 공정한 업무 수행이 방해되지 않았는지, 공직자로서 사적 이익을

추구한 것은 아닌지 등이 주된 내용이다. 원고가 그런 발언을 했는지, 영향력을 행사했느냐가 더 중요하지, 그런 발언을 하거나 영향력을 행사한 것이 주민설명회에서 있었는지, 다른 장소에서 있었는지는 비교적 중요한 부분이 아니다"라고 판시했다(서울서부지법 2019.11.20. 선고 2019가합821 판결).

■ 무기징역형을 선고받은 사람이 수감기간 중 허위진단서를 제출해 6년 동안 병원에서 호화생활을 했다고 방송이 보도한 사안: 법원은 "원고가 형 집행 도중인 2007년 7월부터 2013년 6월까지 38회에 걸쳐 병원에 입원한 기간은 1524일로, 6년 내내 계속해서 병원에 입원한 것은 아니라 하더라도 전체적으로 볼 때 6년이란 기간에 걸쳐 있어 세부적인 사항에 약간의 차이가 있는 것에 불과해 기사를 허위라고 단정하기 어렵다"고 판시했다(서울중앙지법 2016.11.23. 선고 2016가합532506 판결).

■ 뉴스 통신사가 "국회의원이 세비를 기탁하겠다는 약속을 하고도 이를 이행하지 않은 것으로 확인됐으며, 기자가 취재에 들어가자 같은 날 5000만 원을 기부했다고 알려왔다"는 기사를 보도하면서 기사 내용과 무관한 형사재판에 출석하는 사진을 게재한 사안: 법원은 "원고가 형사재판 항소심 사건에서 무죄 판결을 선고받았는데 언론사가 이런 사실을 알고 있었음에도 전혀 언급하지 않고 '서울중앙지방법원에서 열린 공직선거법위반 항소심 선고 공판에 출석하고 있다'는 내용만을 기재한 것은 원고에 대한 허위의 사실을 암시하여 명예를 훼손한 경우에 해당한다"고 판시했다(서울중앙지법 2019.9.27. 선고 2019나6286 판결).

허위사실 입증 책임은 누가?

언론소송에서 피해자와 언론사(기자)가 펼치는 공방의 승패는 언론보도가 진실한지에 달려 있다.

언론중재법 제14조 제1항은 "사실적 주장에 관한 언론보도 등이 진실하지 아니함으로 인하여 피해를 입은 자는 …언론사 등에 언론보도의 내용에 관한 정정보도를 청구할 수 있다"고 규정하고 있다. 대법원은 "보도에 의한 명예훼손의 경우, 피해자가 적시된 사실이 허위사실이라고 주장하며 손해배상을 요구하는 때에는 그 허위성을 증명할 책임은 피해자에게 있다"고 판시했다(대법원 2008.1.24. 선고 2005다58823 판결). 이 판결의 취지는 보도가 진실하지 않다는 입증을 피해자가 해야 하며, 보도한 기사가 사실이라고 기자가 먼저 증명할 필요가 없다는 것이다. 언론사나 기자가 피해자보다 유리한 위치를 선점하고 있다고 할 수 있다.

그러나 이것은 날짜·장소 등이 특정된 보도에 국한된다. 시간·장소 등 사실관계가 분명하지 않은 막연한 의혹 보도에 대해 당사자가 사실무근임을 주장하며 정정보도를 요구하면 사정이 달라진다. 이때는 그런 사실이 존재한다는 것을 언론사가 입증해야 한다.

대법원 전원합의체 판결문을 보자. "어떤 사실이 적극적으로 존재한다는 증명은 물론, 어떤 사실이 없었다는 증명이라도 그것이 특정 기간, 특정 장소에서 특정한 행위가 존재하지 않는다는 점에 관한 것이라면 피해자가 존재·부존재에 관련된 증거를 제출함으로써 증명할 수 있다. 그러나 특정되지 않은 기간과 공간에서의 구체화되지 않은 사실이 존재하지 않았다는 것을 증명하는 것은 불가능에 가까운 반면 그 사실이 존재한다고 주장·증명하는 것은 상대적으로 쉽다. 따라서 의혹을 받을 일을 한 사실이 없다고 주장하는 사람에 대해 의혹을 받을 사실이 존재한다고 적극적으로 주장하는 사람은 그런 사실의 존재를 수긍할 만한 소명자료를 제시할 부담을 지고 피해자는 제시된 자료의 신빙성을 탄핵하는 방법으로 허위성의 입증을 할 수 있다"(대법원 2011. 9. 2. 선고 2009다 52649 판결).

요약하면, 구체적 사실에 대해서는 피해자가 보도 내용이 사실이 아니라는 것을 증명해야 한다. 반면 구체화되지 않은 사실, 막연하고 추상적인 의혹을 제기한 보도는 언론사가 보도내용이 사실이라는 것을 입증할 책임이 있다.

단정적으로 표현하면 허위?

범죄보도를 할 때 단정적으로 표현하는 것을 조심해야 한다고 06장에서 설명했다. 범죄보도 이외의 다른 기사에서도 마찬가지다.

기사가 의혹을 제기하는 것을 넘어 단정하는 형식이 되면 진실에서 멀어지게 된다. 법원 판결문을 보면 '허위의 사실을 단정적으로 보도하여~'라는 표현이 자주 등장한다. 이처럼 '허위'와 '단정'은 친구처럼 붙어 다닌다. '단정斷定'의 사전적 의미는 '딱 잘라서 판단하고 결정함'이다. 기사를 단정적으로 보도한다는 것은 사실관계와 결론을 분명하고 명쾌하게 재단하는 것을 뜻한다. 당연히 이론異論이나 이설異說, 완충지대가 들어설 여지가 없다. 하지만 세상일이라는 게 무 자르듯 간단하지 않다.

단정하는 것에서 한 걸음 물러나 의혹을 제기하는 쪽으로 방향을 잡으면 운신의 폭이 넓어진다. 법원은 "언론매체가 확정적인 사실보도만 할 것을 요구받는다면 극단적으로 아무런 보도도 하지 못하게 될 위험성이 있다. 의혹 내지 의문제기도 그것이 합리적인 범위인 한 확정적인 사실보도와 더불어 여론의 자유로운 형성과 전달에 의하여 민주적 질서를 생성·유지시켜 나가는 것을 사명으로 하는 언론기관의 속성상 당연히 그 표현의 자유로서 최대한 보호되어야 한다"고 판시했다(서울지법 2001. 7.25. 선고 2000가합51563 판결).

의혹제기와 단정적 표현, 이 둘을 가르는 기준은 무엇일까? 보도가 '합리적인 범위 안에서의 의혹제기'가 되기 위한 조건은 첫째로 보도내용이 공공의 이익에 관한 것이어야 하고, 둘째로 피해자의 주장에 상반되는 자료가 존재한다는 자체가 사실이어야 하며, 셋째로 객관적이고 공정한 입장에서 상반되는 주장이나 자료를 함께 보도해야 하고, 넷째로 피해자의 주장과 상반되는 합리적인 근거가 있다고 판단할 만한 상당한 이유가 있어야 한다는 것이다. 마지막 요건의 '상당한 이유'는 명예훼손 위법성 조각사유의 '상당성', 즉 진실하거나 진실이라고 믿을 만한 이유를 요구하는 것이 아니다. 단지 '합리적인 근거'가 있는지가 관건이다(조준원, 2005: 117).

다음은 단정적인 표현이 문제된 사건의 법원 판결이다.

■ 한국출판인회의 회장이 운영하는 출판사가 아동 역사서를 표절했다는 내용의 기사를 보도하면서 신문이 "이번에는 한국출판인회의 회장이 아동 역사서를 표절?"로 제목을 붙인 사안: 법원은 "기사의 제목은 원고가 표절하였다는 단정적인 표현을 사용하지 아니하고 의문문을 사용함으로써 표절과 관련이 있다는 의혹을 제기한 것에 불과하다"고 판시했다(서울고법 2017.8.25. 선고 2016나2048271 판결).

■ 건설회사가 불법으로 토석을 반출했으며 시 공무원과 유착해 개발계획 및 실시계획 인가를 얻었다는 취지의 기사를 신문이 보도한 사안: 법원은 "피고들은 익명의 제보자로부터의 제보, 간접적인 정황 등에 근거해 기사를 작성했음에도 불구하고 '불법 토석반출에 따른 사전 터

파기 공사를 진행하였다', '사업이 건축승인 조건을 충족하지 못해 실질적 시행이 불투명한 것으로 확인됐다', '새로 취임한 부시장을 상대로 이 같은 자충수를 둔 것으로 확인됐다'는 등의 단정적인 표현을 사용하였다. 그러나 피고들이 제출한 증거들만으로는 적시사실을 진실이라고 믿을 상당한 이유가 있었던 경우에 해당한다고 보기 부족하다"고 판시했다(서울서부지법 2018. 11. 7. 선고 2018가합30405 판결).

■ 다이어트용 식품에서 발암물질인 비소가 검출돼 경찰이 수사에 나섰다고 방송이 보도한 사안: 법원은 "제품에서 검출된 비소가 발암물질인 무기비소인지 여부와 제품을 장기간 복용할 경우 인체에 심각한 영향을 미치는 수준인지 여부에 관해 명확하게 확인이 이루어지지 않았음에도, 방송보도는 제품에서 1급 발암물질인 비소가 검출되었고, 장기간 복용할 경우 인체에 심각한 영향을 미치는 수준이라고 단정적으로 사실을 적시하였는바, 이는 허위라고 할 것이다"라고 판시했다(서울남부지법 2017. 12. 21. 선고 2017가합163 판결).

'악마의 편집'과 진실성

기사의 전체 맥락이 중요하며 곁가지는 부차적이라는 것을 앞에서 설명했다. 이제 전체 가운데 일부분을 기사화하는 것을 생각해 볼 순서다. 보도내용이 논란이 될 경우 취재원이 "언론사가 내가 말한 진의를 왜곡했다. '악마의 편집'이다"며 반발하는 사례가 많다. 자신이 그런 말을 한 것은 사실이지만 언론사가 거두절미하거나 편집 과정에서 순서를 뒤바꿔 뜻이 잘못 전달됐다는 주장이다.

이해찬 더불어민주당 대표가 2020년 7월 토크콘서트에서 서울을 '천박한 도시'라고 말한 것이 보도돼 논란이 됐다. 이에 더불어민주당 공보국은 "앞뒤 문맥은 생략한 채 특정 발언만 문제 삼아 마치 서울을 폄훼하는 것처럼 보도한 것에 깊은 우려를 표한다"고 밝혔다.

인터뷰를 하거나 정치인의 연설, 학자의 강연 등을 취재해 기자가 내용을 모두 보도하는 일은 극히 드물다(대통령 회견 등 예외적인 경우가 있기는 하다). 1시간 동안 이야기했는데 방송은 10초, 신문은 한 문장밖에 보도하지 않았다고 하소연하는 취재원들이 종종 있다. 취재원도 그런 상황을 어느 정도는 이해한다. 신문의 지면과 방송의 시간이 제한돼 있어 언론사는 선택과 집중을 할 수밖에 없다. 내용을 압축하거나 일부에 초점을 맞춰 취사선택하는 것이다. 취재한 여러 가지 사실관계 중 어떤 내용을 기사화하고 어떤 내용을 생략할 것인지는 편집권에 속하는 영역이다. 기사화된 보도내용이 진실인 이상 사실관계 중 일부를 생략하거나 소홀하게 취급한 것이 보도의 진실성에 영향을 미치는 것은 아니다.

여러 취재대상 중 일부만 취재해 보도하는 것도 마찬가지다. 식품의약품안전청이 실시한 마약류취급업소 정기 지도점검에서 적발된 5개 업체 가운데 신문이 1개 업체만 취재해 보도한 것은 문제되지 않는다는 판결이 있다(서울중앙지법 2006. 1. 20. 선고 2005가단170004 판결).

다만 기자가 주의할 것은 취재원의 발언이 왜곡되지 않도록 해야 한다는 것이다. 일부를 취사선택하여 보도함으로써 취재원이 큰 비난을 받을 가능성이 있는 경우에는 발언의 전체적인 취지가 함께 전달될 수 있도록 신경 써야 한다. 법원은 "중심 내용을 일관성 없이 삭제하고 나머지 내용을 동일성 없이 모호한 형태로 방송·기사화하거나 특히 전체 강연 내용 중 특정 일부만을 발췌하여 보도함으로써 그 강연 전체의 취지를 오해하게 될 여지가 있는 경우는 허위사실의 전달이라고 볼 수 없는 것도 아니다"라고 판시했다(서울고법 2006. 7. 19 선고 2005나102241 판결).

방송사가 보호감호소의 실태를 고발하는 프로그램에서 인터뷰 내용의 일부만 보도하자 그 취지가 왜곡됐다며 법무부 담당 국장이 소송을 낸 적이 있다. 재판부는 "인터뷰 일부만 보도한 뒤 바로 뒤에 그와 대조되는 내용을 보도하는 것은 시청자들이 인터뷰 대상자의 발언 내용이 모순된다는 인상을 받게 된다"고 판시했다. 보도내용이 허위라는 것이다. 재판에서 방송사가 "시청자의 주의를 집중시켜야 하는 방송의 특성상 인터뷰의 일부를 편집에서 제외할 수밖에 없다"고 주장했으나 재판부는 받아들이지 않았다(서울지법 남부지원 2003.10.9. 선고 2003카합2180 판결).

잘못된 제목이 화를 키운다

언론사를 상대로 하는 명예훼손 소송에서 피해자는 기사의 본문을 문제 삼는 경우가 대부분이다. 하지만 신문의 제목, 방송 자막이 논란이 되는 경우가 있다. 제목·자막이 사실을 과장해 뻥튀기하거나 본문에 없는 내용을 언론사가 마음대로 넣었다고 피해자들은 주장한다.

제목이나 자막은 기사의 전체 인상을 결정하는 중요한 역할을 한다. 본문의 내용을 간략하게 단적으로 표시해 독자나 시청자의 시선을 집중시켜 본문을 읽거나 시청하도록 이끄는 역할을 한다. 보통 10자 안팎의 제한된 글자로 전체내용을 압축한다. 이 과정에서 어느 정도의 단정적 표현과 과장, 수식은 불가피하다.

이와 관련해 대법원은 "신문기사의 명예훼손 여부를 판단할 때 특별한 사정이 없는 한 제목만을 따로 떼어 본문과 별개로 다루어서는 안 되고, 제목과 본문을 포함한 기사 전체의 취지를 전체적으로 파악하여야 한다"고 판시했다(대법원 2009.1.30. 선고 2006다60908 판결).

그러나 제목이 본문의 내용에서 완전히 벗어나거나 본문에 없는 내용

매체 특성에 따라 제목을 붙여야

기사의 제목이 쟁점이 된 소송으로 '탁현민 사건'이 유명하다. 탁현민 청와대 비서관은 자신의 저서『말할수록 자유로워지다』에서 "고등학교 1학년 때 중학교 3학년 여학생과 첫 성관계를 가졌다"고 밝혔다. 출간된 지 10년쯤 지난 2017년 탁 씨가 청와대 행정관으로 발탁되면서 책의 내용이 문제가 되자 그는 "전부 픽션"이라고 해명했다.

이후 한 신문사가 "제가 바로 탁현민의 그 '여중생'입니다"라는 제목의 기고문을 홈페이지와 트위터에 실었다. 기고문은 탁 비서관과 전혀 관련 없는 한 여성의 학창 시절 경험담을 담았다. 탁 비서관은 기고문의 제목에 자신의 이름이 들어가 명예가 훼손됐다며 3000만 원의 손해배상을 구하는 소송을 냈다.

1심 재판부는 기고자가 책에서 언급된 여중생이 아니라는 것을 충분히 알 수 있는데도 제목이 허위의 사실을 적시했다며 신문사에 1000만 원을 배상하라는 판결을 했다. 제목이 본문 내용과 현저히 동떨어져 그 자체로 허위사실이라는 것이다(서울중앙지법 2018.7.10. 선고 2017가단5147460 판결).

그러나 2심 재판부는 홈페이지 기사의 경우 제목과 본문 모두 허위사실을 적시한 것으로 볼 수 없어 명예훼손이 성립하지 않는다고 판결했다. 제목과 본문 내용이 관련성이 있어 제목을 독립된 기사로 볼 수 없으며, 내용을 읽으면 탁 비서관이 관련 없다는 것을 알 수 있다는 것이다(서울중앙지법 2019.11.7. 선고 2018나47501 판결).

다만 트위터 기사에 대해서는 허위사실을 적시한 것으로 판단했다. 트위터 내용은 "제가 바로 탁현민의 그 '여중생'입니다. 너무나 아픈 상처라서 아무에게도 말하지 못했고, 제 스스로도 애써 잊고 살려 했지만… 이렇게 털어놓아 봅니다"였다. 재판부는 신문사가 기고문의 일부분을 발췌해 인용함으로써 탁 비서관이 책 속의 여중생과 성관계를 했고, 트위터 기사의 기고자가 그 여중생이라는 허위의 사실을 암시했다고 판단했다. 이에 따라 손해배상 금액을 500만 원으로 낮췄다.

SNS에 기사를 게시할 때 글자 수가 제한적인 것을 고려하더라도 기사 내용이 왜곡되도록 축약·편집해서는 안 된다.

을 표시하면 '특별한 경우'가 된다. 이때는 제목이 별개의 독립된 기사가 되고, 제목이 본문과 동떨어진 허위사실이 된다.

■ 방송사가 어버이연합·전경련·청와대·국정원의 4각 커넥션 의혹을 보도하면서 제목을 "A – 전경련 – 청와대 – 국정원… 4각 커넥션 드러나나"로 기재한 사안: 법원은 "본문에 A에 대한 언급이 전혀 없어 제목이 본문의 내용으로부터 현저히 일탈하고 있어 제목 그 자체만으로 별개의 독립된 기사로 볼 여지가 있다. 방송사가 사후에 인터넷 기사의 제목을 자체적으로 변경한 점에 비춰볼 때 제목 부분은 그 자체로 허위라고 할 수 있다"고 판시했다(서울고법 2017.9.22. 선고 2017나 2010761 판결).

■ 취재기자가 "서산시의회 의원, 무면허 운전 적발 물의"라는 제목으로 기사를 송고했으나 "서산시의원 음주운전 물의" 라는 제목으로 신문이 보도한 사안: 재판부는 "독자들은 서산시의원이 음주운전으로 적발된 것으로 인식할 수 있기 때문에 신문사는 허위사실이 적시된 기사를 게재하여 원고의 사회적 평가를 저하시켰다"고 판시했다. 재판부는 "취재기자가 송고한 기사의 제목과 내용 중 일부를 편집부에서 잘못 편집하여 기사를 게재하였기 때문에 취재기자는 책임이 없으며, 언론사에만 손해배상의 책임이 있다"고 덧붙였다(대전지법 서산지원 2017.11. 8. 선고 2017가단522295 판결).

영상을 빠르게 재생해도 사실 왜곡

방송에서 영상이 차지하는 비중은 매우 높다. 영상은 긴박한 현장의 모습을 생생하게, 가감 없이 포착해 보여준다. 기록적인 폭우가 쏟아진 재해현장을 말이나 문자로 설명하는 것보다 허리춤까지 물이 차오른 시가지 장면이나 축사가 침수돼 물에 떠다니다 농가 지붕 위로 대피한 소를 비춰주는 것이 훨씬 메시지의 전달력이 높다.

방송기자는 사건사고가 발생하면 영상을 확보하기 위해 경찰서, 소방서, 도로공사, 지방자치단체, 아파트 관리사무소, 대형마트 등 CCTV를 관리하는 곳으로 달려간다. 승용차에 달려 있는 블랙박스 영상을 확보하는 것도 중요하다. 그러나 영상이 선정적·폭력적이고, 프라이버시를 침해할 수 있다는 것을 기자는 염두에 둬야 한다.

영상을 편집해 사용하는 과정에서 '허위사실의 적시' 논란이 일기도 한다. 2012년 7월 지상파 방송이 유치원 교사가 원생을 때리고 학대했다는 내용을 보도했다. 방송사는 유치원 CCTV 영상을 내보냈는데, 영상을 실제보다 빠른 속도로 재생하고, 화면을 줌인하거나 반복적으로 보여주는 방식으로 편집했다. 정상적인 재생속도에서는 교사가 원생을 훈계하는 과정에서 가벼운 신체접촉만 한 것으로 보이지만, 보도된 영상은 교사가 폭행하고 원생들이 그 폭행으로 갑자기 뒤로 물러나는 것처럼 보였다. 법원은 "영상편집 전후의 변화가 이 정도에 이른다면 사실을 다소 과장한 것이 아니라 허위사실을 적시한 경우에 해당한다"고 판시했다(서울남부지법 2014.1.9. 선고 2012가합20247 판결). 재판 과정에서 방송사가 "영상을 편집하는 것은 방송 시간이 제한되어 있기 때문이며, 이렇게 편집하는 것이 관행"이라고 주장했으나 법원은 받아들이지 않았다. 일부 영상을 반복해 보여주면서, 일부 영상은 시간의 제약으로 속도를 빨리 재생했다고 주장하는 것은 모순이라고 재판부는 지적했다.

① 진실을 담보하는 무기는 '현장'에 있다

'발로 뛰라'는 말은 기자가 현장에 있어야 한다는 말과 동의어다. 취재를 열심히 하는 만큼 오보의 가능성은 낮아진다.

② 기사를 흘러가게 하자

지엽적인 것을 과장하거나 본문에 없는 내용을 제목으로 내세우는 것, 영상을 빠른 속도로 재생해 편집하는 것 모두 진실을 왜곡하는 것이다. 기사의 취지나 전체적인 흐름을 무리하게 바꾸려 해서는 안 된다.

③ 기자의 전문성을 키우자

기자가 취재원의 말을 과신하면 문제가 생긴다. 적절하게 판단할 수 있는 지식을 갖춰야 한다. 기자가 편향된 시각을 갖고 있어도 오보를 피하기 어렵다. 열린 마음이 중요하다.

10

'상당성'은 기자의 버팀목

기자는 마땅히 정확하고 진실한 기사를 보도해야 한다. 문제는 100% 정확한 기사란 이론상으로 가능할 뿐, 현실적으로는 불가능하다는 데 있다. 오보가 발생할 때마다 명예훼손에 따른 법적 책임을 언론사나 기자에게 묻는다면 언론의 활동은 위축되고 축소될 수밖에 없다.

법원도 이러한 사정을 감안해 언론에 숨통을 틔워주고 있다. 보도내용이 명예훼손에 해당하지만 위법하지 않는 사유, 위법성 조각사유를 갖추면 면책한다. 공익성·진실성·상당성이 그것이다. 이 중에서 언론사와 기자가 현실적으로 가장 의지하는 것이 상당성이다. 허위보도라 하더라도 행위자가 보도 당시 그것을 진실이라고 믿었고, 또 그렇게 믿을 상당한 이유가 있으면 위법성이 없다고 본다.

대법원이 상당성을 인정한 것은 1988년으로, 30여 년에 지나지 않는다. 그 이전에는 기자는 공익성과 진실성을 방패삼아 언론소송을 해야 했다. 상당성은 기자가 보도 내용의 진위 여부를 확인하기 위해 적절하고 충분하게 취재했는지, 객관적이고 합리적인 자료·근거를 확보했느냐가 관건이다. 얼마나 성실하게 취재했느냐와 직결된다.

상당성을 인정받을 수 있는 요건은 무엇인가?

기사 내용이 진실한지를 적극적으로 입증하는 것은 쉽지 않다. 언론소송에서 기자나 언론사가 기사의 내용이 진실하다고 주장하는 경우는 30%가 채 되지 않는다. 나머지 70% 정도는 기사 내용이 진실하지 않지만(오보 또는 허위의 보도이지만) 기자가 '진실이라고 믿을 만한 상당한 이유'가 있기 때문에 위법성이 없다고 주장한다.

오보 면책의 기준으로 확고하게 자리를 잡은 이 '상당성의 법리'는 법률에 규정된 것이 아니라 판례에 의해 보도의 진실성을 대체하는 요건으로 사용되고 있다. 여기서 명예훼손죄와 관련한 형법 조항을 살펴보자. 형법 제307조에 의하면 허위의 사실을 공표한 경우뿐만 아니라 진실한 사실을 공표한 경우에도 명예훼손죄가 성립한다. 구체적으로 제307조(명예훼손) 제1항은 '공연히 사실을 적시하여 사람의 명예를 훼손한 자'는 2년 이하의 징역이나 금고 또는 벌금에 처한다고 규정했으며, 제2항은 '공연히 허위의 사실을 적시하여 사람의 명예를 훼손한 자'는 5년 이하의 징역, 10년 이하의 자격정지 또는 벌금에 처하도록 규정하고 있다.

이어 형법은 명예훼손의 면책 조항을 두고 있다. 제310조(위법성의 조각)에서 "307조 제1항의 행위(사실적시에 의한 명예훼손)가 진실한 사실로써 오로지 공공의 이익에 관한 때에는 처벌하지 아니한다"고 규정하고 있다. 주목할 것은 진실성과 공익성 두 가지 요건을 확보된 때 위법성이 없다고 한 점이다. 형법상의 이 조항은 민사상의 명예훼손 소송에도 적용될 수 있는지, 행위자가 허위의 사실을 진실이라고 잘못 알고 있었을 경우에 책임을 지울 것인지가 문제됐다.

이 문제가 1988년 대법원의 판결로 해결됐다. 대법원은 "형사상으로나 민사상으로 타인의 명예를 훼손한 경우에도, 그것이 공공의 이해에 관한 사항으로서 그 목적이 오로지 공공의 이익을 위한 것일 때에는 진실한 사실이라는 증명이 있으면 위 행위에 위법성이 없으며, 또한 그 증명이 없더라도 행위자가 그것을 진실이라고 믿을 만한 상당한 이유가 있는 경우에는 위법성이 없다고 보아야 할 것이다"고 판시했다(대법원 1988. 10.11. 선고 85다카29 판결).

이 판결은 위법성 조각사유로 진실성·공익성 이외에 진실이라고 믿을 만한 상당한 이유, 즉 상당성을 추가했다. 또 형법상 명예훼손죄의 위법성 조각사유가 민법상 불법행위에도 적용된다는 점을 명확히 했다. 이 판결은 언론의 면책 범위를 확대하는 데 큰 역할을 한 것으로 평가받는다.

충분한 취재가 '방어막'

상당성, 다시 말해 진실이라고 믿을 만한 상당한 이유가 무엇인지를 한마디로 규정하는 것은 쉽지 않다. 법원은 상당성을 판단할 때 여러 가지를 고려한다. 기사의 성격, 적시된 사실의 내용, 보도의 신속성 필요 여부, 진실이라고 믿게 된 근거나 자료의 확실성과 신빙성, 사실 확인의 용이성, 보도로 인한 피해자의 피해 정도 등이다. 이를 바탕으로 기자가 보도 내용의 진위 여부를 확인하기 위한 적절하고도 충분한 조사를 다하였는지, 진실성이 객관적이고도 합리적인 자료나 근거에 의해 뒷받침되는지 살펴본다.

먼저 '충분한 조사'와 관련해서는 다양한 이해 관계자를 취재하는 것이 중요하다. 한쪽의 말만 믿고 보도했다가 기자가 논란에 휘말리는 경우가 있다. 사건사고, 수사 또는 재판 중인 사건 보도에서 그런 일이 많다. 선거를 앞두고 있거나 대형 정치적 이슈가 발생했을 때 정치기사도 마찬가지다. 기업의 소유나 지배구조, 부실문제, 어두운 거래 관계를 다루는 경제보도도 예외가 아니다.

기자가 취재원을 인터뷰해 내용을 가감 없이 그대로 보도했다고 진실성이 담보되는 것은 아니다. 자신에게 유리한 부분은 부각하고, 불리한 부분은 숨기는 것이 인지상정이다. 게다가 제보자나 목격자의 진술이 부정확할 수도 있고, 착각의 여지도 있어 한 사람만 취재한 것으로 사실관계 확인을 마쳤다고 인정받기는 어렵다. 반드시 크로스체크를 해야 한다. 일방의 주장, 소문, 제보에 치우치지 말라는 주문은 다른 당사자, 반대편 입장에 서 있는 사람을 취재하고 해명의 기회를 줘야 한다는 것과 일맥상통한다. 피해자를 상대로 반론을 확인하고 검증하는 절차를 거쳤는지가 법원이 상당성을 판단할 때 중요한 기준이 된다.

제보자가 언론사에 재직 중이거나 과거에 재직한 사람이고 계약 분쟁의 피해자일 경우에는 기사 내용이 피해자의 입장만을 내세운 일방적 진술일 가능성이 매우 크기 때문에 기자가 상대방의 관점을 반영해 공평한 기사를 작성해야 할 의무가 있다는 판결도 있다(서울고법 2019.6.14. 선고 2018나2068088 판결).

문제는 기자가 확인 작업을 하는 데 많은 노력과 시간이 들어간다는 점이다. 다양한 취재원을 만나 이야기를 듣고 나면 원래의 취재방향과 달라 기사 작성을 포기해야 할 때도 있다. 그렇다고 확인 작업을 게을리 해서는 안 된다. 중고차를 살 때 차의 외관만 보지 않는다. 보닛을 열어보고 엔진을 살피듯 취재를 할 때도 그 이면에 무엇이 있는지 살펴봐야 한다.

《조선일보》 2020년 8월 29일 자 2면에 실린 "바로잡습니다"는 기자가 복수의 취재원을 상대로 확인하는 것이 중요하다는 것을 보여준다. 기사는 "조민씨·연세대 의료원에 사과드립니다"라는 제목 아래, 부정확한 보도를 하게 된 경위를 설명하고 사과했다. 이 신문은 8월 28일 일부 지방에 배달된 신문에 조민 씨가 세브란스병원 피부과를 일방적으로 찾아가 조국 전 장관의 딸이라는 사실을 밝히고, 의사고시 후 이 병원에서 인턴을 하고 싶다는 뜻을 전했다는 내용의 기사를 게재했다. 그러나 하루 만에 사실관계 확인을 충분히 거치지 않은 부정확한 기사임을 인정했다. 직접 당사자인 조민 씨나, 조민 씨가 만났다는 A 교수에게 관련 사실 확인을 거치지 않고 2차 취재원의 증언만을 토대로 기사가 작성됐다고 밝혔다. 신문사가 공개 사과를 했음에도 조 전 장관은 담당 기자와 부장, 편집국장 등을 형사고소하고 손해배상청구 소송을 냈다.

'합리적인 자료와 근거'와 관련해서는 합리적이고 과학적인 증빙 자료를 확보하는 것이 중요하다. 기사에서 주장하고자 하는 것을 말 이외의 것으로 뒷받침할 수 있으면 분쟁이 발생했을 때 유리한 위치에 설 수 있다. 보도자료, 성명서 등을 잘 챙기는 것은 기본이다. 식품·환경·위생 등과 관련된 사안을 보도할 때는 발표문, 보고서, 감정서 등을 입수해 검토하는 것을 선행해야 한다. 부동산과 관련된 내용이라면 등기부등본, 토지대장, 지적도, 납세증명서 등을 확보해야 한다. 금전거래가 핵심 내용이라면 당사자의 주장을 뒷받침할 수 있는 계좌 거래내역이나 계약서 등을 통해 사실 관계를 파악할 수 있다. 당사자가 어디에 있었는지가 관건이라면 아파트·빌딩의 출입기록이나 CCTV 영상, 차량 운행일지, 주차장 이용 기록을 확인하면 된다.

관련 분야의 전문가에게 의견을 조회하거나 감정을 의뢰하는 것도 중요하다. 전문가의 식견은 기자가 부족한 전문성을 보완함으로써 기사의 신뢰와 권위를 높인다.

법원이 상당성을 인정한 사례를 보자.

■ 어린이집 원생들을 교사가 학대했다는 의혹을 보도한 데 대해 원장·교사가 방송사를 상대로 손해배상 등을 청구한 사안: 법원은 "피해를 입었다고 주장하는 아동 2명의 진술만으로는 보도하기 어렵다고 보고 기자가 여러 아동과 부모를 인터뷰하고 피부과 의사를 취재한 결과 신

빙성이 있다고 판단해 보도했기 때문에, 보도 내용이 진실이라고 믿은 데 상당한 이유가 있다고 보는 것이 타당하다"고 판시했다(서울서부지법 2019.10.2. 선고 2018가합36369 판결).

■ 유명 백화점에서 20만 원 넘게 판매되는 산삼주가 단돈 몇천 원짜리라며 방송사가 보도한 데 대해 주류 제조업체가 손해배상을 청구한 사안: 법원은 "보도에 앞서 관련 분야의 전문가인 한국산삼학회장을 지낸 교수에게 문의하는 과정을 거쳤고, 보도 이후에도 이 교수가 한국임업진흥원의 의뢰에 따라 진위 여부를 평가한 결과 가짜 산양삼으로 판명한 점, 보도에 앞서 원고에게 소명의 기회를 준 점 등을 종합하면 기자가 보도의 내용이 진실하다고 믿을 만한 상당한 이유가 있다고 할 것"이라고 판시했다(창원지법 2020.5.28. 선고 2019나53751 판결).

■ 원로 시인이 과거에 반복적으로 성추행 행위를 했다는 취지의 보도에 대해 허위사실 적시에 따른 명예훼손을 이유로 정정보도를 청구한 사안: 법원은 "제보자가 사건의 시기, 장소, 동석자, 원고의 구체적인 행동을 상세하게 진술하고, 관련 녹취록을 제공하면서 자신의 실명을 밝혀도 된다고 했다면 기자가 제보 내용을 사실로 믿을 만한 상당한 이유가 있다"고 판시했다(서울중앙지법 2019.2.15. 선고 2018가합548345 판결).

■ 전 국회의원이 자원외교 명목으로 볼리비아를 방문하던 중 현지 사업자 등으로부터 8000달러의 부정한 금품을 받았다고 신문이 보도한 사안: 법원은 "자원외교의 문제점과 책임소재를 밝히기 위해 기자들이 볼리비아를 직접 방문해 현장을 보고 관련자를 취재하는 등 3개월

가량 집중적으로 취재했으며, 특히 취재원 진술의 신빙성을 확인하기 위해 금품을 전달했다고 진술한 호텔 커피숍까지 간 점 등을 종합하면 기사 내용이 진실이라고 믿을 만한 상당한 이유가 있다고 판시했다(서울고법 2017. 9. 15. 선고 2016나2081513 판결).

이례적 내용이라면 확인, 또 확인

신기하고 이례적인 것일수록 뉴스가치news value가 높다. 시청자나 독자가 접하기 힘든 내용이거나, 예상하지 못한 일이 크게 보도된다. '일상적인 것은 뉴스가 아니다'라는 말이 있다. 정상적인 흐름에서 벗어난 것, 나쁜 뉴스가 좋은 뉴스라는 뜻이다. 독자·시청자에게 강렬한 인상을 주는, 충격적이고 강도가 높은 것에 기자가 귀를 쫑긋 세우는 것은 당연하다.

그러나 기자가 의외성에 집착하다 보면 취재 과정에서 당연히 체크해야 할 것도 간과한다. 보도로 인한 피해자 가운데는 "언론사와 기자가 조금만 주의를 기울여도 보도 내용이 사실과 다르다는 것을 알 수 있는데, 자극적인 보도를 하는 데 급급해 무리하게 일방적으로 보도했다"고 주장하는 경우가 적지 않다. 합리적 의심을 하지 않았다는 말이다.

충격적인 소재를 다룰 때, 사회적 비난의 강도가 높은 내용을 보도할 때 기자들이 평소보다 더 높은 수준의 주의를 기울일 것을 법원은 요구한다. 성형외과 병원에서 마취된 환자를 의료진이 수술 과정에서 성추행했다는 뉴스가 방송에 보도되었다. 법원은 "보도 대상 내용이 이례적이어서 발생할 가능성이 낮으면 낮을수록, 시청자에 대한 영향력이 크면 클수록 방송사로서는 보도되는 내용의 진실 여부를 확인하기 위해 통상적인 사안보다 더욱 많은 자료들을 확보하기 위해 노력해야 한다"고 판시했다(서울중앙지법 2014. 11. 7. 선고 2013가단 148293 판결).

범죄보도와 상당성

범죄보도의 상당성을 이야기할 때 수사기관의 공식발표를 바탕으로 보도했는지가 중요하다. 검찰·경찰의 수사 책임자가 공식으로 수사결과를 발표하고 언론이 이를 보도했을 때 법원은 상당성을 인정한다.

1998년 '포르말린 통조림 사건' 보도를 예로 들 수 있다. 당시 서울지검이 인체에 유해한 물질이 들어간 번데기 통조림을 시중에 유통한 혐의로 통조림 제조업체 사장과 공장장을 구속했다. 검찰은 '유해식품사범 단속 결과' 기자회견을 했다. 부장검사가 수사결과를 발표하고, 기자들과 일문일답을 했다. 그러나 기소된 사람들이 재판에서 모두 무죄를 선고받았다. 해당 업체들은 국가와 8개 일간지를 상대로 손해배상청구 소송을 냈다. 법원은 수사를 담당한 기관이 속한 국가의 책임은 인정하면서도 언론사들의 책임은 인정하지 않았다. 언론사들이 1, 2, 3심 재판에서 모두 승소했다.

2심 재판부는 "취재원이 사건 수사를 직접 지휘한 부장검사이고, 수사 후 법원에 공소 제기하는 단계에서 출입기자 전부를 불러 모아놓고 수사 검사가 배석한 상태에서 보도자료를 배포하며 검찰의 최종적인 수사결과를 공식적으로 발표하는 형식을 취하고 있어 그 발표내용에 신뢰도가 높았다는 점 등 여러 사정에 비추어 그 보도내용이 진실하다고 믿은 데 상당한 이유가 있어 언론사의 보도는 위법성이 없다"고 판시했다(서울고법 2003. 4. 3. 선고 2001나72526 판결). 검찰의 공식적인 수사발표를 근거로 보도한 만큼 별도의 취재를 하지 않고 보도했더라도 오보의 책임을 언론사에 물을 수 없다는 것이다.

다른 사건의 재판에서 서울고법은 "기사의 중요한 부분이 객관적 사실에 합치되고, 일부 진실하지 않은 부분이 있다고 하더라도 이 기사는 신뢰도가 높다고 할 수 있는 담당 수사검사의 발표내용에 기하여 작성된 것이고, 더욱이 원고는 구속 또는 감정유치 상태에 있어 원고에 대한 직접 취재를 통해 사실을 확인하기 어려웠던 점 등의 사정을 참작하면, 피고들로서는 그 적시된 사실이 진실하다고 믿을 만한 상당한 이유가 있다고 할 것"이라고 판시했다(서울고법 2002. 10. 24. 판결 2002나5738 판결).

하지만 기자가 항상 수사결과 발표를 보고 보도하는 것은 아니다. 사건 담당 기자의 경우 경찰서 형사과에서 당직대장, 업무보고서 등 경찰 내부 문서를 통해 피의사실을 포착한 뒤, 담당 경찰관을 상대로 보강 취재해 보도하는 사례가 많다. 검찰 담당 기자도 검사·수사관을 상대로 취재해 보도하는 것이 일반적이다. 이와 관련해 대법원은 "수사 진행사항에 대한 정당한 발표권자가 아닌 사람의 비공식적인 확인을 거쳤다거나 수사기관의 내부 문서를 단순히 열람하였다는 것만으로는 보도 내용의 진위 여부를 확인하기 위해 적절하고도 충분한 조사를 다했다고 볼 수 없다"고 판시했다(대법원 2005. 7. 15. 선고 2004다53425 판결).

수사기관의 공식 발표를 토대로 기사를 작성하면 상당성이 인정된다.
사진은 서울중앙지검의 수사 결과 발표를 기자들이 취재하는 장면(연합뉴스, 2020. 9. 1).

법원이 상당성을 인정하지 않은 사례를 보면 ▶ 검찰간부들로부터 비공식적으로 전해들은 사실을 근거로 보도한 경우 ▶ 특수부에 근무하는 익명의 수사관계자로부터 제보를 받고 보도한 경우 ▶ 압수수색영장의 내용을 바탕으로 보도한 경우 ▶ 경찰 수사관의 말만 듣고 보도한 경우 등이다. 상당성을 인정받기 위해서는 공식적으로 수사기관에 확인절차를 거치거나 피의자 본인 또는 사건 피해자 등 관련자를 상대로 추가로 확인 작업을 해야 한다.

　법원이 '공식적인 발표·확인'의 중요성을 강조한 것은 수긍이 간다. 그렇다고 해서 기자가 공식적인 발표에만 매달려서는 안 된다. 기자는 수사기관이 발표하는 것을 충실히 받아 적는 애완견이 아니다. 정부를 포함한 우리 사회 전체를 감시하는 파수견把守犬 역할을 해야 한다.

보도자료를 인용하면 문제없을까?

관공서·기업·단체 등이 배포하는 보도자료는 취재의 중요한 단서가 된다. 해당 조직의 입장을 공식적으로, 공개적으로 밝히는 것이기 때문에 자료의 신뢰도가 높다. 국민들의 관심이 높고, 중요한 사안인 경우 보도자료를 배포하는 것에 그치지 않고 책임자가 내용을 설명하고, 질의응답을 한다. 부동산 대책을 발표하면서 관계부처 장관이 합동 기자회견을 하는 것이 그런 예다.

　보도자료만을 근거로 기사를 작성하면 문제가 없을까? 부산경찰청이 배포한 보도자료를 바탕으로 보도한 10개 언론사가 무더기로 손해를 배상한 사건이 있었다. 구속된 아버지의 공탁금을 마련하기 위해 아버지가 근무하던 병원의 수술장비를 훔친 혐의(절도)로 20대 남성에 대해 경찰이 사전구속영장을 신청했다는 것이 언론사의 보도 내용이다. 이 남성은 언론이 허위의 사실을 보도함으로써 명예가 훼손됐다고 주장했다. 1심 법원은 "보도의 내용이 공공성이 인정되며, 경찰이 작성해 배포한 보도자료를 인용해 기사를 작성했기 때문에 기자들은 그 내용을 신뢰할 수밖에 없었다"며 원고의 청구를 기각했다(부산지법 2014. 7. 15. 선고 2013가단76716 판결). 그러나 2심의 판단은 달랐다. 법원은 "기자들이 기사를 작성하는 과정에서 보도자료의 내용을 확인하기 위해 담당 경찰관이나 원고를 상대로 추가적인 취재를 하지 않았고, 원고가 피의사실에 대해 자백하지도 않았는데 구속영장이 청구된 것이 사실인 것처럼 보도한 것을 종합할 때 기사의 내용이 진실이라고 믿을 만한 상당한 이유가 있었다고 보기 어렵다"고 판시했다(부산지법 2015. 9. 11. 선고 2014나44878 판결). 참고로 경찰이 이 남성에 대해 구속영장을 신청한 사실도 없었다. 검찰은 '혐의 없음'으로 불기소처분했다. 언론사들이 판결에 불복해 상고했으나 대법원은 원심의 판단에 잘못이 없다며 상고를 기각해 판결이 확정됐다(대법원 2018. 11. 9. 선고 2015다240829 판결).

■ 특정 학생이 학점을 받을 수 있도록 이화여대 시간강사 A 씨가 상담·지도했다는 내용을 10개 언론사가 보도한 사안: 법원은 "국회의원이 배포한 보도자료를 근거로 기사를 작성하면서 당사자를 인터뷰도 하지 않았으며 사실 확인을 위해 별다른 노력을 기울이지 않았다"며 상당성을 인정하지 않았다(서울중앙지법 2018. 7. 25. 선고 2017가합530781 판결).

■ 철도노조가 철도공사의 경영을 사실상 지배하는 강성노조라는 취지로 방송이 보도한 사안: 법원은 "기차역의 철도운송 수입과 수입 대비 인건비 비율을 국토부 보도자료를 참고하는 것 외에 철도통계 연감 등

통계자료나 철도공사·철도노조에 확인하는 절차를 거치지 않은 것으로 보이는 점에 비추어 볼 때, 피고들이 이 사건 보도를 통하여 적시한 사실이 진실이라고 믿을 만한 상당한 이유가 있다고 보기 어렵다"고 판시했다(서울서부지법 2014. 10. 31. 선고 2014가합32892 판결).

위의 판결이 던지는 시사점은 기자가 보도자료에만 전적으로 의지해서는 안 된다는 것이다. 보도자료는 여러 취재원 가운데 하나일 뿐이며, 기자가 이를 바탕으로 보충취재를 해야 한다는 점을 분명히 하고 있다.

SNS 자료는 조심, 또 조심

인터넷과 사회관계망서비스SNS에 다양한 정보가 떠다니고 있다. 무료인데다 손쉽게 복사·가공해 게시·전송할 수 있다는 것이 장점이다. 기자는 인터넷이나 SNS를 통해 취재의 단서를 구하고, 수용자들과 소통하고, 자신의 기사를 확산시킨다. 기자와 SNS가 공생관계에 있다고 할 수 있다. 이제 인터넷과 SNS가 없는 취재와 보도는 생각하기 어렵다.

문제는 유통되는 정보의 진위가 불명확하고 출처를 알기 어렵다는 것이다. 정보의 객관성이나 신뢰성이 담보되어 있지 않고, 그것을 통제할 수 있는 시스템도 마땅히 없다. SNS에 게시되었다고 해서 그 정보를 믿는 것은 위험하다. 정보를 수용하고 활용하기 위해서는 기자가 정보의 가치·진위를 판단할 수 있는 안목을 갖춰야 한다.

우리 법원도 SNS에 올라 있는 정보의 신뢰도를 낮게 평가한다. 대법원은 "인터넷상의 가상공동체cyber community의 자료실이나 게시판 등에 게시·저장된 자료를 보고 따로 사실관계를 조사·확인하지 않고 다른 사람의 사회적 평판을 저하할 만한 사실을 적시한 기고문을 게재했다면, 그 내용을 진실이라고 믿을 만한 상당한 이유가 있다고 보기 어렵다"고 판시했다(대법원 2008. 4. 24. 선고 2006다53214 판결).

유명 시인이 상습적으로 여성들을 성추행했다는 내용을 일간지가 보도하자 시인이 소송을 낸 사안에서 법원은 이 같은 입장을 견지했다. 기자는 피해자들이 작성한 트위터 등 SNS 게시물을 주된 취재원으로 해서 기사를 작성했는데 재판부는 보도 내용을 허위사실로 판단했다. 재판부는 "SNS의 특성상 게시글 작성자의 익명성이 보장되고, 그 서버가 해외에 존재해 작성자를 추적하는 것이 사실상 어렵다는 점 때문에 그곳에 등재된 진술의 신빙성은 일반적으로 매우 낮다"며 "피해 여성들은 물론이고, 가해 당사자로 지목된 시인과도 전화 또는 대면 인터뷰를 전혀 하지 않아 기자가 적시사실이 진실하다고 믿을 만한 상당한 이유가 있다고 보기 어렵다"고 판시했다(서울중앙지법 2018. 7. 18. 선고 2017가합504355 판결).

다른 언론사의 기자가 트위터와 인터넷에 올린 가십성 칼럼을 보고 기사를 작성한 사건(서울중앙지법 2019. 8. 21. 선고 2019나8589 판결), 인터넷 블로그의 게시물을 믿고 라디오 방송이 시(詩)의 출처를 '정약용의 목민심서'로 잘못 소개한 사건(서울남부지법 2013. 4. 23. 선고 2012가합18589 판결)에서 법원은 "트위터나 블로그는 개인적인 영역에 해당하는 매체로 그 내용을 쉽게 사실이라고 판단해서는 안 된다"고 강조했다.

증권가 정보지(지라시) 내용을 인용해 보도할 때도 기자가 진실성을 책임져야 한다. 국회의원이 지위를 남용해 보좌진을 사적인 일에 동원하고, 보좌진이 받아야 할 출장비를 착복했다는 보도와 관련해 법원은 "보도의 주된 근거로 삼은 증권가 정보지는 내용이 매우 간단하고 불분명한 출처 불명의 자료여서 진실하다고 믿은 데 상당한 이유가 있다고 보기 어렵다"고 판시했다(서울중앙지법 2014. 10. 8. 선고 2014가합514184 판결).

통신기사를 인용해 보도한 경우

경북 경산에서 생후 45일 된 아기가 코로나19 확진판정을 받았는데 아빠가 신천지 교인이라는 내용의 기사(2020년 3월 1일)를 보도한 6개 방송사가 곤욕을 치렀다. 인터넷에서 기사를 정정·삭제하고, 방송통신심의위원회로부터 무더기로 징계(권고)를 받았다. 의견진술을 하기 위해 출석한 방송사 대표들은 심의위원들의 훈계를 들어야 했다. 비판의 요지는 "통신기사를 확인하지 않고 인용하는 것은 태만", "방송은 속보 경쟁을 하기보다 충실하게 취재해 정확한 사실만을 보도해야 한다"는 것이었다 (이미나, 2020).

언론이 통신기사를 인용해 보도한 경우 진실이라고 믿을 만한 상당한 이유로 인정될까? 뉴스 통신사는 자사가 취재·작성한 기사를 신문·방송 등 언론사에 판매하는 뉴스 도매상 역할을 한다. 기사를 제공하는 대가로 일정액을 전재료로 받는다. 통신사가 제공한 기사가 특정인의 명예를 훼손한 경우 기사를 제공한 통신사에 책임이 있는지, 아니면 기사를 보도한 언론사에 있는지가 문제가 된다.

여기서 참고할 것이 미국의 wire service defense('통신기사 인용보도 면책' 또는 '통신사 서비스 면책') 원칙이다. 이 원칙에 따르면 신뢰성 있는 통신사가 제공하는 기사를 정확하게 게재한 언론사는 기사의 내용이 명예훼손 사실을 포함하고 있더라도 명예훼손법상의 현실적 악의actual malice나 과실fault이 있다고 할 수 없어 불법행위의 책임을 지지 않는다(염규호, 1993: 61~65 참조). 언론사가 면책되기 위해서는 ① 기사가 정평 있는 통신사에서 받은 것이어야 하고, ② 기사가 허위인 사실을 인지하지 못해야 하며, ③ 기사를 게재할 때 본질적인 내용을 수정하지 않고 그대로 게재했다는 것을 증명해야 한다. 이 원칙은 통신사 기사로 인한 명예훼손 소송 사

같은 내용을 보도했는데… 엇갈리는 판결

동일한 사안을 여러 언론사가 보도했는데도 법원이 언론사에 따라 책임을 달리 묻는 경우가 있다.

10개 언론사가 "육군 A 대령이 동료 군인의 성범죄를 무마하기 위해 여성인 부하 B 소령에게 가해자의 누나인 척하고 피해자와 대리합의를 할 것을 지시했다. B 소령이 이를 거부하자 보복성 인사 조치를 했다"는 내용을 보도했다. 이에 대해 A 대령은 보도가 허위사실이라고 주장하며 손해배상 및 정정보도청구 소송을 제기했다.

법원은 의혹을 단정적으로 표현하지 않고, A 대령 측을 취재해 반론을 기사에 반영한 4개 언론은 위법성이 없다고 판결했다.

반면 6개 언론사에 대해서는 상당성을 부정하면서 원고 일부 승소 판결을 내렸다. ① 통신사의 기사 내용에만 의존해 기사 작성, ② B 소령이 제출한 진정서·고소장 내용을 직접 확인하지 않고도 직접 취재한 것처럼 기사 작성, ③ B 소령의 주장을 단정적인 사실로 보도, ④ 관련자들을 상대로 추가 취재하지 않고 성급하게 보도, ⑤ A 대령이나 육군 측의 반론권을 보장하기 위해 노력을 하지 않은 점 등이 판단의 근거였다(서울중앙지법 2018.9.7. 선고 2017가합568847 판결).

기자가 통신사 기사에만 의존해 기사를 작성하는 것은 위험하다. 내용을 추가적으로 확인하는 작업을 얼마나 했느냐에 따라 상당성을 인정받을 수도 있고, 그렇지 못할 수도 있다.

건을 언론사가 피할 수 있는 효과적인 안전장치 역할을 하는 것으로 평가받는다.

한국에서도 언론사가 통신기사를 인용하는 데 따른 과도한 부담을 덜어주고 국민의 알 권리를 확충하기 위해 면책제도를 부분적으로 도입해야 한다는 주장이 있다(이재진·고영신, 2003: 557). 그러나 아직까지 한국 법원은 이 원칙을 인정하지 않는다. 법원은 "통신사의 기사 중 일부를 그대로 인용하여 보도하였다는 사정만으로 진실이라고 믿을 만한 상당한 이유가 있었다거나, 진실성을 뒷받침할 적절하고도 충분한 취재를 하였다고 보기 어렵다"고 판시했다(서울중앙지법 2018.9.7. 선고 2017가합 568847 판결 등).

언론사가 통신사의 기사를 그대로 게재하면서 전재轉載 사실을 명시하지 않았다면 기사로 인한 책임이 해당 언론사에 있음은 두말할 필요 없다. 법원은 "통신사로부터 기사를 전달받아 게재하고도 마치 기자가 직접 취재한 것처럼 보도하면서 사실 확인 노력을 하지 아니한 채 허위의 사실을 적시해 원고의 명예를 훼손하였음이 인정되는 이상, 언론사로서의 주의 의무를 감경하거나 면제할 것은 전혀 아니다"라고 판결한 바 있다(서울남부지법 2017.8.17. 선고 2016가단240943 판결).

다른 매체의 보도를 인용한 경우

시간이 없거나 취재인력이 부족할 때 다른 매체의 기사를 인용해 기사를 작성하는 때가 종종 있다. '인용'한다고 하지만 출처를 밝히지 않는 경우가 대부분이기 때문에 '베낀다'는 표현이 오히려 정확하다.

다른 매체의 기사를 베낀 것이 문제돼 법원, 언론중재위원회, 방송통신심의위원회에 언론사를 대표해 출석하는 사람은 곤혹스럽다. 직접 취재하지 않았다는 사실을 인정하는 것이 여간 자존심 상하는 일이 아니기 때문이다. 취재의 ABC를 지키지 않았으니 할 말이 없다. 다른 쟁점 사항에 대해서는 증거를 제시하며 다투거나 정상참작해 줄 것을 요청할 수 있지만, 취재하지 않고 보도한 것에 대해서는 묵묵부답 이외에는 달리 방법이 없다.

2014년 세월호 참사 당일 지상파 방송을 비롯해 9개 방송사가 '단원고 학생 전원 구조' 오보를 낸 것이 대표적 사례다. 방송통신심의위원회는 심의에서 "방송사들이 속보 경쟁에 함몰돼 내용의 출처와 신빙성에 대한 기본적 검증조차 하지 않은 채 조급하게 오보를 생산하고 타 방송사들이 이를 무분별하게 인용했다"고 질타했다.

국내 영자신문이 타 언론에 보도된 경찰의 수사 상황을 참고해 여배우가 불법 유학을 알선했다는 내용으로 보도한 것이 소송으로 비화한 사건이 있었다. 다른 매체의 보도내용을 마치 직접 취재한 것처럼 기사를 작성하면서 피해자와 관련자를 상대로 취재하지 않은 것이 문제였다.

이 사건에서 대법원은 "언론사가 신문·방송 등 다른 언론매체의 보도내용을 참고해 보도하였다 하더라도 자신의 보도로 인한 책임은 면할 수 없다. 다른 언론매체의 보도내용을 명시적으로 인용하는 것이 아니라 직접 취재한 것처럼 기사를 작성한 경우에는 더욱 책임을 면하기 어렵다. 언론사는 자신의 보도 내용에 대해 자기 책임하에 진위 여부를 직접 확인해야 한다"고 판시했다(대법원 1996. 5. 28. 선고 94다33828 판결). 특히 재판부는 "일간신문이나 방송은 마감시간이 정해져 있어 충분히 취재할 수 없어 보도내용의 진위 여부가 불확실하거나 과장 보도되는 경우가 적지 않은데 진실성을 담보하기 위해서는 인용하는 언론사가 진위 여부를 확인하는 노력을 기울여야 한다"고 강조했다. 신문·방송에 보도됐다고 이를 믿고 베꼈다가는 낭패를 당할 수 있다.

고소·고발 내용을 확인할 의무

고소·고발 사건을 객관적으로 보도할 경우에는 구체적인 내용이 진실한지 여부를 기자가 확인할 의무는 없다. 대법원은 "공공의 이익에 대한 사항과 관련해 제3자의 형사고발로 시작된 수사 등 절차의 외적인 경과만을 객관적으로 보도하는 경우에는, 기사의 제목이나 보도의 방식이나 표현 등을 종합적으로 고려해 고발된 내용 자체가 진실이라는 인상을 통상의 독자들에게 준다거나 고발 자체를 저급한 흥미에 영합하는 방식으로 취급하여 고발 상대방의 인격적 이익을 도외시하거나 고발의 내용이 합리적인 사람이 볼 때 진실인지를 쉽사리 의심하게 하는 것 등의 특별한 사정이 없는 한, 보도를 하는 측에서 고발의 구체적인 내용에 들어가 그것이 진실인지 여부를 확인할 의무가 있다고 할 수 없다"고 판시했다(대법원 2009. 2. 26. 선고 2008다27769 판결 등).

그러나 언론사가 형사사건 신고자의 입장을 전달했다 하더라도 암시에 의해 허위사실을 적시하고 있다면 정정보도·손해배상의 책임이 있다(서울고법 2017. 2. 8. 선고 2016나2034562 판결). 문제가 된 기사는 1심 형사판결에서 원고의 간첩 혐의에 대해 무죄가 선고됐음에도 원고를 간첩이라고 단정적으로 지칭한 최초 신고자의 발언을 인용해 신문이 보도한 것이다. 신문사는 사건 신고자에게 그의 입장과 주장을 전달할 지면을 제공했을 뿐이라고 주장했으나 법원은 받아들이지 않았다. 이 판결은 인용보도를 했다는 이유만으로 언론의 공적·사회적 책임이 면제되지 않으며, 언론사가 보도내용의 진위를 조사할 의무가 있다는 것을 강조하고 있다.

확인할 시간이 없었다고?

보도의 두 축은 신속성과 정확성이다. 기자 입장에서는 어느 한쪽도 소홀히 할 수 없는 가치다.

우선 신속성이다. 신속성이 떨어지는 기사, 타이밍을 놓친 기사는 바람 빠진 튜브나 다름없다. 다른 매체가 이미 보도한 것을 나중에 보도한다는 것은 기자의 자존심이 허락하지 않는다. '24시간 뉴스', '온라인 뉴스'가 강조되면서 뉴스 흐름의 속도가 점점 빨라지고 있다. 뉴스를 생산하고 전달하는 방법이 기술의 영향을 받아 매체의 경쟁이 치열해진 결과다. 뉴스도 하나의 상품이라는 인식도 신속성이 뉴스 생산의 주요 원리가 되는 데 기여했다.

'기사는 정확해야 한다'는 것에 이의를 제기할 사람은 없을 것이다. 기사의 정확성은 언론의 신뢰와 직결된다. 정확하지 않은 기사는 경쟁력이 없다. 정확성을 기본으로 하고 깊이 있는 기사, 통찰력 있는 기사를 생산하는 것이 기자의 역할이다. 뉴스의 속보성이 강조되고, 가짜 뉴스가 범람하는 것과 비례해 정확한 뉴스에 대한 이용자의 요구는 강해지고 있다. 정확성을 담보하기 위해서는 충분하게 취재해야 한다. 시간이 필요하다.

법원의 입장은 명확하다. 신속한 보도보다 정확한 보도에 무게를 둔다. 기자들이 오보의 이유를 "시간이 없어서…"라고 둘러대지만 궁색하다. 법원 판결문에는 "기자의 취재력을 감안할 때 팩트를 확인하는 데 많은 비용과 시간이 들어가거나 고도의 취재기술이나 취재수단이 필요하지 않다", "보도 내용이 신속성이 요구되는 것도 아니고, 충분히 사실 확인을 거칠 수 있는 시간적 여유가 없지 않았다" 등의 문구가 자주 등장한다.

하루하루 뉴스를 처리해야 하는 기자보다 발생한 지 오래된 사건을 보도하는 기자, 기획기사·탐사기사를 담당하는 기자의 확인 의무는 커진다. 인쇄매체의 경우 일간지보다는 주간지, 주간지보다는 월간지 기자에게 사실을 더 꼼꼼히 확인할 것을 법원은 요구한다. 기획기사나 특집물을 담당하는 기자나 PD들은 제작 현장의 현실을 모르는 것이라며 펄쩍 뛴다. 항상 마감시간에 쫓기며 허겁지겁 제작하는 것은 별 차이가 없고, 오히려 제작 여건이 더 어렵다고 반박한다. 그러나 법원의 입장은 바뀔 기미가 없다.

① 취재원·정보원을 과신하지 말자

기자를 이용하려는 사람이 많다. 이들이 던지는 말은 달콤하다. 곧이곧대로 믿었다가는 탈이 난다. 보도자료의 자구만 수정해 기자의 이름을 붙여 보도하는 것도 위험하다.

② 예단하지 않아야 한다

"경합 중인 사안을 보도할 때 한쪽 주장을 편파적으로 보도하지 않는다"(신문윤리강령). 한쪽에 치우쳐 취재하고 설익은 상태에서 기사를 쓰면 법적 분쟁으로 이어질 가능성이 크다.

③ SNS에 떠도는 내용은 믿지 말라

정보의 작성자가 누구인지 확인하기 어렵고, 정확성을 담보하기가 쉽지 않다. 여러 취재원 가운데 하나로 활용하는 데 그쳐야 한다. 정보의 신뢰성과 관련해 문제가 생기면 이를 활용한 언론사나 기자가 책임져야 한다.

11

명예훼손의 이웃, 모욕

지난 기사를 들춰보다 1999년 1월의 기사에 시선이 멈췄다. 제목은 "낯 두꺼운 '돈 교수'". 음대 지망생들에게 불법과외를 한 혐의로 40대 여교수를 경찰이 불구속 입건했다는 내용이다. 명문 음대 최모(46·여) 교수가 상가 건물에 교습소를 차려놓고 고교생 10여 명에게 시간당 10만~15만 원을 받고 바이올린을 가르쳤다는 것이다. 기사는 네 문장으로 짤막하고, 내용만 놓고 보면 명예훼손에 해당될 소지는 적어 보인다. 교수의 반론도 기사에 반영됐다. 하지만 제목이 마음에 걸린다. 후안무치厚顔無恥하게 돈만 밝히는 교수라는 뜻이다.

도덕적으로 문제 있는 사람을 '조지는' 기사에서 자주 등장하는 단어가 있다. 철면피, 파렴치, 반인륜적, 패륜아, 인면수심人面獸心, 양두구육羊頭狗肉, 똘마니, 하수인…. 당사자로서는 받아들이기 어렵다. '정신 분열 증세가 있다', '짐승보다 못하다', '인간으로서의 선을 넘었다' 등의 표현도 마찬가지다.

기자들은 자신이 쓴 기사가 다른 사람의 명예를 훼손하지 않을까 걱정한다. 명예훼손이 전부는 아니다. '모욕'도 조심해야 한다. 모욕은 모멸감을 주는 인신공격이다.

명예훼손과 모욕 모두 인격권을 침해하는 것이다. 어떤 차이가 있을까?

기자는 자신의 기사가 독자·시청자의 이목을 끌 수 있도록 하기 위해 노력한다. 기사가 밋밋하면 전개방식과 스타일을 조금이라도 다르게 하기 위해 머리를 싸맨다. 시각적 효과를 높이기 위해 영상·사진·그래픽을 결들인다.

기사의 단어 하나, 표현 하나에도 신경을 곤두세운다. 같은 단어가 반복되면 단조로운 느낌을 줄 뿐 아니라 성의가 없어 보이기 때문에 변화를 준다. 비슷한 어감을 주는 단어 가운데 가장 정확한 것이 어느 것인지 선택하기 위해 고민을 거듭한다. 이런 과정에서 형용사, 부사는 물론이고 명사나 동사도 점점 강한 것을 선택하게 된다. 음식의 맛을 내기 위해 조미료를 점점 많이 넣는 것과 비슷하다. 과유불급過猶不及, 지나치면 문제다. 기사가 화려하고 강한 것과 비례해 소박하고 정갈한 맛이 떨어진다. 비판적인 내용의 기사는 거칠어지고, 품격이 떨어진다.

경멸적인 인신공격이 모욕

한계를 벗어나면 법적인 문제가 발생한다. 기사에 언급된 당사자는 억울하다고 하소연한다. 자신이 공인이고, 언론의 비판 기능을 인정한다 하더라도 인신공격적인 기사 때문에 모멸감을 참기 어렵다며 소송을 낸다. 대법원은 "표현행위의 형식 및 내용 등이 모욕적이고 경멸적인 인신공격에 해당하거나 혹은 타인의 신상에 관하여 다소간의 과장을 넘어서서 사실을 왜곡하는 공표행위를 함으로써 그 인격권을 침해한다면, 이는 명예훼손과는 별개 유형의 불법행위를 구성할 수 있다"고 판시했다(대법원 2009.4.9. 선고 2005다65494 판결). 이 '별개의 불법행위'가 모욕侮辱이다. 모욕은 사람의 사회적 평가를 저하시킬 만한 추상적 판단이나 경멸적 감정을 표현하는 것이다.

여자 아나운서 전체를 모욕?

"아나운서로 성공하기 위해서는 다 줄 생각을 해야 하는데, 그래도 아나운서 할 수 있겠냐." "○○여대 이상은 자존심 때문에 그렇게 못 하더라."

2010년 7월 당시 한나라당 국회의원 강용석 변호사가 연세대 토론동아리 학생들과의 저녁 식사 자리에서 한 말이다. 여성 아나운서를 비하하는 성희롱 발언 때문에 강 변호사는 집단표시에 의한 모욕죄 등으로 기소돼 1·2심에서 유죄가 인정됐다.

그러나 대법원은 무죄 판결을 내렸다. 대법원은 판결문에서 "피고인의 발언이 여성 아나운서에 대해 수치심과 분노의 감정을 불러일으키기에 충분한 경멸적인 표현에 해당한다"고 지적했다. 그러나 "모욕죄는 특정한 사람, 인격을 보유하는 단체에 사회적 평가를 저하시킬 만한 경멸적 감정을 표현함으로써 성립하는 것이므로 그 피해자가 특정돼야 한다"며 "여성 아나운서라는 집단 자체의 경계가 불분명하고, 그 조직화 및 결속력의 정도 또한 견고하다고 볼 수 없다"고 밝혔다(대법원 2014.3.27. 선고 2011도15631 판결).

참고로 당시 한국아나운서연합회에 등록된 여성 아나운서는 295명이었다.

형법은 명예훼손죄와 모욕죄를 구분한다. 명예훼손죄가 성립하려면 사실을 적시해야 한다. 그것이 진실인지 허위인지에 따라 법정형을 달리한다(형법 제307조 제1항, 제2항). 사실을 적시하지 않는 경우 모욕죄가 성립한다(형법 제311조). 민법에는 어떤 경우에 명예훼손이나 모욕으로 인한 불법행위가 성립하는지 명시적인 규정이 없지만, 민법상 명예훼손 등을 형법상 명예훼손이나 모욕과 동일하게 보는 것이 법률용어의 일관성과 법체계의 통일성 관점에서 바람직하다. 따라서 사실을 적시하지 않은 경우에는 민법상으로도 명예훼손이 되지 않는다고 보아야 하고, 다만 형법상 모욕죄가 성립할 수 있는 것에 대응하여 모욕적이고 인신공격적인 의견표명에 대해서는 불법행위책임을 별도로 인정한다(대법원 2018.10.

30. 선고 2014다61654 판결).

　모욕적 표현은 공분公憤을 불러일으키는 주제를 다룰 때 많이 등장한다. 독자나 시청자에게 사이다처럼 시원한 기사를 제공하려는 의욕이 앞선 나머지 적정한 선을 넘는 것이다. 정치적·이념적·윤리적 측면에서 기자가 흥분할 때도 모욕적인 언사를 동원한다. 기자가 자기감정을 절제하지 못하는, 감정의 과잉이 원인이다.

　기사의 의도가 좋다고 해서 거친 표현, 상대방을 깔보고 경멸하는 표현을 구사해서는 안 된다. 대법원은 "의견 또는 논평이 허용된다고 하더라도 구체적 정황의 뒷받침도 없이 악의적으로 모함하는 일이 허용되지 않도록 경계해야 함은 물론 구체적 정황에 근거한 것이라 하더라도 그 표현방법에 있어서는 상대방의 인격을 존중하는 바탕 위에서 어휘를 선택하여야 하고, 아무리 비판을 받아야 할 사항이 있다고 하더라도 모멸적인 표현으로 모욕을 가하는 일은 허용될 수 없다"고 강조한다(대법원 2002. 1. 22. 선고 2000다37254 판결).

전체 내용과 맥락을 살펴야

모욕적 표현인지를 판단하기 위해서는 그 글을 게시하게 된 동기나 그 경위 및 배경, 글의 전체적인 취지, 구체적인 표현방법, 전제된 사실의 논리적·객관적 타당성, 모욕적 표현이 글 전체에서 차지하는 비중과 전체적인 내용과의 연관성 등을 고려해야 한다. 자신의 의견을 밝히고, 자신의 판단과 의견이 타당함을 강조하는 과정에서 부분적으로 모욕적인 표현을 사용했다면 사회상규에 위배되지 않는 정당행위로 위법성이 없어진다(대법원 2003. 11. 28. 선고 2003도3972 판결 등).

　헌법재판소는 "모욕은 추상적·일반적으로 결정될 수 없는 성질의 것이므로 사회 통념과 건전한 상식에 따라 구체적·개별적으로 정해질 수밖에 없고, 구체적으로 어떠한 표현이 모욕에 해당하는지는 분리된 개별적 언사만을 놓고 판단하기보다는 표현의 전체적인 내용과 맥락을 고려해야 한다"고 판시했다. 표현이 상대방을 경멸할 의도로 행해졌는지 아니면 우발적으로 이루어졌는지 여부, 다소 과장된 표현인지 여부, 대화나 토론의 장이 열리게 된 경위와 그 성격, 행위자와 상대방과의 관계 등 여러 요인을 종합적으로 고려해 판단해야 한다는 것이다(헌법재판소 2013.6.27. 선고 2012헌바37 결정).

법원이 모욕으로 판단한 사례는 다음과 같다.

- 국내 대기업 반도체부문 근로자의 백혈병 발병과 관련해 진상규명과 피해자 구제를 위해 활동하는 단체를 비판하는 보도에서 '집회가 벼슬인 양 요란한 소리를 내며 억지주장을 일삼는 ○○○의 민낯', '가해자 △△전자 상대로 싸운다는 낯 뜨거운 프레임을 세워놓고 여론을 유리하게 조성하기 위해 꼼수를 부리고 있다', '시위와 싸움을 훈장으로 여기는 전문 시위꾼들', '억지 선동과 막말을 쏟아내고 있다', '시위가 막장 집회로 변질되고 있다', '변죽이라도 울려 이목을 끌어보겠다는 얄팍한 술수를 부리는 것' 등으로 표현한 경우(서울중앙지법 2018.10.16. 선고 2017나84664 판결).

- "DNA 돌연변이 A 교수의 발칙한 반항"이라는 제목의 칼럼에서 역사학자를 '적장 김일성을 극구 찬양하는 생 빨갱이 짓을 하고 있다', '위대한 김일성 연구로 박사학위를 받아 김일성 찬양론자로 머리가 돌아버린 공화국 영웅', '사실상 현실상을 부정하는 자기 도취자'로 표현한 경우(서울중앙지법 2017.6.28. 선고 2016가합506507 판결).

- 인터넷 사이트가 '유명 작가가 과거 문학소녀들과 혼숙했고, 혼외자도 두었다'는 취지의 기사를 작성해 게재하면서 작가를 '빨갱이', '좌파', '동물', '잡놈', '수치심이 없다', '난잡하다', '저잣거리 인생보다 못하다', '지저분한 것'이라고 표현한 경우(서울북부지법 2018. 12. 20. 선고 2018가합22446 판결).

- KBS에 '낙하산 사장'이 부임한 이후 KBS라디오의 가치가 심각하게 훼손됐다는 내용의 기사를 미디어 전문지가 보도하면서 라디오 국장급 간부들을 사장의 '하수인'이라고 지칭한 경우(서울서부지법 2012. 12. 14. 선고 2012가합5957 판결).

다음은 법원이 모욕으로 인정하지 않은 사례다.

- 정치인이 대통령 선거에 나갔다가 후보를 사퇴하는 과정에서 선거비용 국고보조금 27억 원을 사용한 것에 대해 텔레비전 출연자가 "27억 먹고 튀고"라고 말한 경우: 법원은 "다소 수사적인 과장 표현을 사용한 것에 불과하고, 표현의 경위 및 내용 등에 비추어 위 표현이 모멸적인 표현으로서 원고의 인격권을 침해하는 정도에 이르렀다고 보기 어렵다"고 판시했다(서울중앙지법 2015. 11. 11. 선고 2014가합586127 판결).

- 경찰서 유치장 배식구를 통해 도주한 사례를 잡지가 보도하면서 피의자를 '잔머리 좋은 죄수', '인간문어', '달심 뺨치는 요가실력' 등으로 표현한 경우: 법원은 "원고의 도주 방법에 대한 수사적 표현 내지는 도주에 대한 비판적 의견표명으로 보이고, 모욕적이고 경멸적인 인신공격에 해당한다거나 사실을 왜곡하고 있다고 보기 부족하다"고 판시했다

(대전지법 홍성지원 2015. 11. 24. 선고 2015가단5682 판결).

■ 총리·장관 후보자 청문회를 논평한 방송 해설에 대해 미디어 전문지가 '해설위원들의 엉뚱하고 경박한 논평', '도대체 무슨 말을 하고 싶은지 헷갈리게 만든다'고 비판한 경우: 법원은 "다소 모욕적이고 경멸적 표현을 사용했다고 볼 수도 있지만 비판이 터무니없는 것은 아닌 점, 모욕적 표현이 사건 전체에서 차지하는 비중도 크지 아니하며, 표현이 내포하는 모욕의 정도 또한 경미한 수준의 것으로서 기사의 전체적인 내용에서도 크게 벗어난 표현이라고는 보기 어려운 점, 원고가 방송사로서 스스로 반박할 수 있는 매체를 가지고 있다는 점, 이 사건의 기사가 구체적인 정황의 뒷받침 없이 악의적으로 모함하거나 모멸적인 표현으로 원고들에게 모욕을 가할 목적에서 작성되었다고 단정하기 어려운 점 등에 비추어 이는 언론자유의 보호범위 내에 있다고 할 것이다"라고 판시했다(서울고법 2011. 9. 16. 선고 2011나31470 판결).

생생 Tip

① 기사의 품격을 지키자

공인에 대한 문제 제기는 폭넓게 인정된다. 그러나 구체적인 정황의 뒷받침 없이 악의적으로 모함하는 것은 허용되지 않는다. 인격을 존중하는 바탕 위에서 어휘를 선택해야 한다.

② 힘을 빼자

강한 기사를 쓰려는 욕심에서 힘이 들어가고 기사가 거칠어진다. 기사의 힘은 수식어에 의해 결정되지 않는다. 팩트를 정확하고 다양하게 취재하는 것이 중요하다.

불완전한 기사의 치유, 정정보도와 반론보도

기자가 가장 싫어하는 것이 '물 먹는 것'이다. 물을 먹는다는 것은 기자들 사이의 은어로, 낙종落種을 의미한다. 다른 언론에는 보도됐는데 자신은 미처 기사를 챙기지 못해 빠뜨린 것이다. 낙종하면 회사에서 선후배, 동료들의 얼굴을 보기가 민망하다.

낙종만큼이나 피하고 싶은 것이 정정보도다. 정정보도는 이전에 보도한 기사의 잘못된 부분을 바로잡는 것이다. 기사에 흠이 있다는 것을 피해자는 물론이고 독자·시청자에게 공개적으로 알리는 것이다.

기자는 정정보도를 하는 것에 인색하다. 언론사와 기자의 신뢰·자존심이 깎이는 일이기 때문이다. 하지만 잘못된 기사가 계속 유통돼 피해가 확산되는 것을 막는 것도 중요하다. 오보를 바로잡고 경위를 설명하는 열린 자세가 언론의 권위와 신뢰를 높일 수 있다.

기자들은 반론보도를 하는 것에도 소극적이다. 피해자에게 호의를 베푸는 것으로 반론보도를 인식하는 경향이 있다. 하지만 법원과 언론중재위원회는 점차 반론보도에 무게를 싣는 방향으로 판결하고 조정한다. 피해자가 당연히 요구할 수 있는 권리라고 생각한다.

이런 간극이 생긴 원인은 무엇일까? 정정보도와 반론보도를 피할 수 있는 방법은 무엇일까?

특종特種과 오보는 종이 한 장 차이다. 특종을 하려다 자칫 오보를 하게 된다는 얘기다. 특종은 다른 기자보다 먼저, 영향력 있고 통찰력 있는 기사를 보도하는 것 또는 그런 기사를 말한다. 시간이 지나면 알려질 것을 다른 매체나 다른 기자보다 먼저 보도하는 것의 가치가 과거보다 낮아지는 추세지만 여전히 의미가 있다. 새로운 내용 없이, 남들이 다 보도한 것을 뒤따라 보도한다면 뉴스라고 말하기 어렵다. 이런 측면에서 볼 때 오보는 속보速報 경쟁의 산물이라고 할 수 있다.

오보를 이야기할 때 북한 관련 기사를 빼놓을 수 없다. 북한 관련 취재는 정보와 자료가 제한적이어서, 기자가 직접 확인하기 어렵다. 보도를 한 뒤에도 정확한 보도인지 아니면 오보인지 가려지지 않는 경우가 많다. 기사가 틀려도 북한의 당사자가 언론중재위원회에 달려가거나 우리 법원에 소송을 제기하지 않는다. 반면 시청자·독자들은 북한 뉴스에 관심이 많다. 상황이 이렇다 보니 기자들은 확인되지 않은 북한 기사를 과감하게 보도한다.

대표적인 오보는 '김일성 사망' 보도다. 김일성 주석이 실제 사망한 것은 1994년 7월 8일. 북한 중앙방송은 7월 9일 정오 특별방송에서 "위대한 수령 김일성 주석이 심근경색으로 어제 새벽 2시 사망했다"는 내용을 발표했다. 이 방송을 신호탄으로 국내 언론은 "김일성 사망", "김일성 주석 사망" 등의 제목을 달아 보도했다.

그러나 김 주석은 그보다 8년 앞서 1986년 11월 17일 사망한 전력(?)이 있다. 일부 신문은 "김일성 총 맞아 피살"이라는 제목으로 호외號外를 발행하기까지 했다. 다음 날 김 주석이 하루 만에 평양공항에 모습을 드러냈다. 필자가 초년병 기자일 때 편집부의 한 선배는 "당시 우리 신문은 오보를 내지 않았다. '김일성 피살'이 아니라 '김일성 피살설被殺說'로 제목을 달았다"고 여러 차례 강조했다. '설' 한 글자 덕분에 오보를 피했다는 것이다.

2014년 세월호 참사 때 "안산 단원고 학생 전원구조"라는 기사는 다른 매체의 보도를 확인하지 않고 여러 언론사가 따라 보도하면서 연쇄 오보로 이어졌다. 오보를 한 데다 피해자들을 배려하지 않는 취재방식이 부각되면서 기자들이 '기레기(기자+쓰레기)'라고 비판받게 됐다. 292명의 생명을 잃은 1993년 10월 서해 훼리호 침몰사고 때는 '선장이 배에서 빠져나와 육지로 도망쳤다'는 내용의 기사를 언론사들이 경쟁적으로 보도했다. 사고 5일 만에 조타실에서 선장의 주검이 발견되고야 오보 경쟁은 멈췄다.

필자가 기억하는 굵직굵직한 오보만 꼽는 데에도 열 손가락이 모자란다. 하지만 언론이 즉시, 자발적으로 정정보도를 하는 것은 드물다. 웬만해서는 오보를 인정하지 않았다. 오보가 있었다는 사실을 전제로 후속 기사를 보도하는 방식으로 어물쩍 넘어가는 경우가 대부분이었다.

헌법재판소는 '정정'을 진실에 이르는 길이라고 규정한다. 헌재는 "물론 신문이 공공의 이익에 관련되는 중요한 사안에 관하여 위축되지 않고 신속히 보도함으로써 언론·출판의 자유가 지닌 본래의 기능을 훌륭히 수행하는 것은 매우 중요하다. 그러나 진실 또한 이에 못지않은 강한 정의의 요구이므로, 언론보도가 진실하지 않아 타인의 권리를 계속해서 침해하는 한 이를 정정하지 않은 채로 내버려 두는 것은 정의에 반한다. 진실에 대해 일방적으로 침묵을 강요하는 것을 언론·출판의 자유라는 이름으로 정당화할 수는 없다"고 강조한다(2006.6.29 선고 2005헌마165 결정).

오보와 정정보도

언론사가 판결이나 언론중재위원회의 조정 결과에 따라 정정보도를 하는 것이 한 해 600건을 넘는다. 2019년에 피해자가 법원에 정정보도를 청구한 사건 165건 가운데 재판부가 인용한 것은 62건으로, 원고의 승소율은 37.6%였다(언론중재위원회, 2020a:36). 피해자가 언론중재위원회에 정정보도 조정신청을 한 사건은 1623건이고, 이 중 언론사와 정정보도에 합의함에 따라 조정이 성립된 것이 560건으로 합의율은 34.5%이다(언론중재위원회, 2020b: 21). 눈에 띄는 것은 언론중재위원회 조정을 통해 피해자와 언론사가 정정보도에 합의하는 비율이 2016년 30.8%, 2017년 31.3%, 2018년 32.6%, 2019년 34.5%로 계속 증가해 왔다는 점이다

사실과 다르게 보도했을 때 신속하게 바로잡는 것은 언론이 마땅히 해야 할 일이다. 그러나 현실은 숫자나 이름·지명 등 사소한 것을 바로잡는 데 그치고 있다. 뉴스 이용자들이 궁금해하는 오보의 배경이나 경위를 자세하게 밝히는 경우는 많지 않다.

이런 점에서 볼 때 《경향신문》이 2020년 5월 18일 자 12면 한 면을 정정기사로 제작한 것은 파격이다. "'광주의 5월' 제대로 담지 못한 기사, 40년 만에 바로잡습니다"라는 제목의 기사에서 1980년 5월 18일부터 31일까지의 기사 108건을 분석해 정정했다.

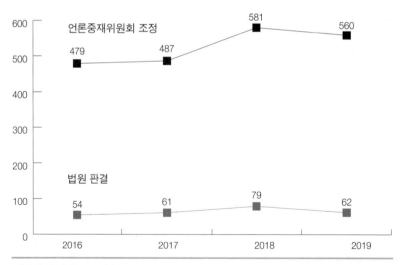

언론사의 정정보도 건수

정정보도문이 큼지막하게 나가는 경우가 간혹 있다. 대부분 법원의 판결, 언론중재위원회의 조정에 따른 것이다. 피해자가 기자나 언론사를 형사 고소했거나 고소할 것으로 예상되는 경우, 고소 취하를 끌어내기 위해 언론사가 정정보도를 한다. 오보임이 명확하고 보도에 따른 피해와 파장이 클 것으로 예상될 때도 언론사가 자발적으로 정정보도문을 게재한다.

《한겨레》 신문은 2020년 5월 22일 1면에 눈에 띄는 정정·사과 보도를 했다. 2면에는 보도 경위와 보도의 문제점, 독자에 대한 약속을 자세히 보도했다. 윤석열 검찰총장이 김학의 전 법무부 차관의 스폰서였던 윤중천 씨의 별장에 들러 접대받았다는 윤 씨의 진술이 나왔으나 검찰이 추가조사를 하지 않고 마무리했다는 보도(2019.10.11)가 틀렸다는 내용이

신문에 게재된 정정보도문.
정정보도를 할 때 보도로 인한 피해 당사자에게 사과하는 것이 보통이다.

다. 윤석열 검찰총장은《한겨레》기사가 보도되자 취재기자 등을 서울남부지검에 고소했다. 윤 총장은 국회 국정감사에서 "해당 언론사가 취재과정을 다 밝히고, 명예훼손 부분에 대해 사과한다고 공식적으로 같은 지면에 (게재)해 준다면 고소를 유지할지 재고하겠다"고 말했다.《한겨레》는 원래의 보도가 나간 지 7개월여 만에 정정보도를 게재하면서 독자와 윤 총장에게 사과했다.

《조선일보》2020년 1월 18일 정정보도문은 형식적인 면에서 파격이다. 1~2면에 걸쳐, 제목이 차지하는 면적이 본문 면적보다 많은 가분수의 정정보도문이다. 우병우 전 민정수석 처가의 부동산을 넥슨이 매입하는 것을 진경준이 주선했고, 그 대가로 진경준이 검사장으로 승진할 때 넥슨 주식 88억 원어치를 신고했으나 우 민정수석이 문제 삼지 않았다는 내용이 틀렸다는 내용이다. 원래의 보도가 나간 것이 2016년 7월 18일, 대법원 확정 판결이 나자 3년 6개월 만에 바로잡았다.

정정보도 거부 사유

언론보도로 인한 피해자가 정정보도를 청구하는 근거는 언론중재법 제14조로, 사실적 주장에 대한 언론보도가 허위인 경우에만 해당된다. 이때 언론사의 고의·과실이나 위법성을 필요로 하지 않는다. 사실에 대한 보도가 아닌 논평·의견을 정정보도해 달라는 청구는 허용되지 않는다. 민법 제764조(타인의 명예를 훼손한 자에 대하여는 법원은 피해자의 청구에 의하여 손해배상에 갈음하거나 손해배상과 함께 명예회복에 적당한 처분을 명할 수 있다)에 따라 정정보도를 청구할 수도 있다. 어느 경우든 정정보도 청구는 사실적 주장에 관한 언론보도가 진실하지 않는 경우에 허용되므로, 원보도가 사실적 주장에 관한 것인지 단순한 의견표명인지를 먼저 가려야 한다(대법원 2012.11.15. 선고 2011다86782 판결). 기사 내용이 객관적 사실에 부합하면 정정보도청구 대상이 되지 않는다.

정정보도청구가 무제한으로 허용되는 것은 아니다. 언론중재법 제15조 제4항은 언론사가 정정보도청구를 거부할 수 있는 사유를 열거하고 있다. ① 피해자가 정정보도청구권을 행사할 정당한 이익이 없는 경우, ② 청구된 정정보도의 내용이 명백히 사실과 다른 경우, ③ 청구된 정정보도의 내용이 명백히 위법한 내용인 경우, ④ 정정보도의 청구가 상업적인 광고만을 목적으로 하는 경우, ⑤ 청구된 정정보도의 내용이 국가·지방자치단체 또는 공공단체의 공개회의와 법원의 공개재판 절차의 사실보도에 관한 것인 경우이다.

여기서 '정당한 이익이 없는 경우'는 피해자가 요구하는 정정보도의 내용이 동일한 매체를 통해 원기사와 같은 비중으로 충분히 정정보도가 이뤄져 정정보도청구의 목적이 달성됐거나, 정정보도를 구하는 내용이 지엽말단적인 사소한 것에 불과해 그 시정이 올바른 여론형성이라는 본래의 목적에 기여하는 바가 전혀 없는 경우 등을 말한다(대법원 1986.12.13. 선고 86다카818 판결, 대법원 1997.10.28. 선고97다28803 판결 등).

법원이 '정당한 이익이 없는 경우'로 판단한 사례를 보자.

■ 북한 관련 세미나 자료를 인용해 방송이 '북한 주민 30%가 마약을 소비한다'는 내용을 보도한 사안(세미나를 주최한 단체는 467명에 대한 설문조사 결과를 근거로 결론 내린 것이 아니라 1467명을 대상으로 했다면서 정정보도청구): 법원은 "보도의 본질은 북한 이탈 주민 18명에 대한 심층면접만으로 북한 주민의 30%가 마약을 소비하고 있다는 결론을 도출한 것이 적절한지 여부에 초점이 맞춰질 뿐, 원 설문조사 대상자의 숫자가 467명인지 1467명인지 여부는 지엽말단적이고 사소한 것에 불

과하다"고 판시했다(서울서부지법 2020.7.8. 선고 2019가합35834 판결).

■ 국회의원 당선자의 과거 방북 활동을 소개한 기사에 대해 당선자가 인터넷 신문들을 상대로 정정보도 등을 청구한 사안: 법원은 "원고가 청구한 것과 동일한 내용 및 형식의 정정보도문을 이미 게시했거나, 정정보도를 하지 않았으나 기사를 게시한 5일 후에 원고가 문제 삼은 부분을 삭제해 원고로서는 사실상 정정보도 청구의 목적이 달성되었다고 볼 수 있으므로 정정보도청구권을 행사할 이익을 갖지 않는다"고 판시했다(서울고법 2013.10.18. 선고 2013나2005709 판결).

MBC가 'SBS의 특정 기사에 오류가 있다'는 내용을 보도하자 SBS가 정정보도청구 소송을 냈다. 법원은 "SBS가 자신의 매체를 통해 정정보도를 할 수 있다고 해서 정정보도청구권을 행사할 정당한 이익이 없는 것이 아니다"라고 판시했다(서울서부지법 2020.6.10. 선고 2019가합37014 판결). 원래 기사를 보도한 매체(MBC)에서 원문 기사와 같은 비중으로 충분하게 정정보도를 한 경우가 아니라면 피해를 입은 매체(SBS)가 정정보도를 청구할 수 있다는 것이다. 재판부는 "지상파 방송사별로 연령, 성별, 지역별 등의 차이에 따라 주요 시청자층이 구분되므로, 자사 매체를 통한 반박만으로 정정보도의 효과를 거둘 수 있다고 보이지 않는다"고 판시했다. 이어 재판부는 "지상파 방송사라 하여 일률적으로 정정보도청구의 정당한 이익을 부정한다면, 지상파 방송사는 타 언론사가 잘못된 정보로 왜곡된 여론을 형성함에도 적절한 방법으로 이를 시정할 기회를 가질 수 없다. 이는 지상파 방송사를 정당한 사유 없이 다른 피해자들과 차별하는 것이고, 허위사실 보도에 대한 정당한 구제 수단을 박탈하는 것이어서 언론의 자유와 공적 책임을 조화하는 것을 목적으로 하는 언론중재법의 목적에 반하는 결과를 초래할 우려가 있다"고 덧붙였다(MBC가 1심 판결에 불복해 항소, 사건이 2심 계류 중이다. 서울고법 2020나2022269).

재판 결과 보도 내용이 허위사실로 밝혀지면 언론사는 정정보도를 해야 한다. 법원은 정정보도가 적절한 효과를 거둘 수 있도록 정정보도의 내용과 분량, 게재 위치, 게재 방법, 추후 조치를 정할 수 있다.

법원의 판결이나 언론중재위원회의 조정 결과에 따라 정정보도를 할 때는 일정한 형식에 맞춰 해야 한다. 신문의 경우 게재 면ⅿ, 정정보도문의 제목, 제목과 본문의 활자 크기 등이 중요한 요소다. 방송이라면 정정보도를 할 프로그램명, 방송시각, 배경 화면, 보도문 자막 표시 방법, 보도문을 읽는 속도까지 지켜야 한다. 신문이나 방송에 보도된 원래의 기사가 인터넷에도 게재되었다면 인터넷 홈페이지에도 정정보도문을 게재하는 것이 보통이다. 정정보도를 약속한 대로 하지 않았다고 소송을 벌이는 경우도 있다.

정정보도와 손해배상

피해자가 정정보도와 손해배상을 함께 법원에 청구한 경우 언론사가 허위사실을 적시하지 않은 것으로 인정되면 손해배상할 책임이 없다. 보도의 허위성이 인정된다 하더라도 반드시 손해배상으로 이어지는 것은 아니다. 언론이 허위의 사실을 적시함으로써 인격적 가치에 대한 사회적인 평가를 떨어뜨리는 명예훼손의 불법행위를 한 경우, 특별한 사정이 없는 한 피해자가 입은 정신적 고통에 관해 위자료를 지급할 책임이 있다. 하지만 보도의 공익성이 인정되고 상당성, 즉 양질의 취재원이 충분히 확보된 상태에서 기자가 진실이라고 믿은 데 상당한 이유가 있다고 인정되면 손해배상 책임에서 벗어난다. 이와 관련해 법원은 "허위사실의 적시로 인한 정정보도를 인용하는 것에서 나아가 불법행위에 따른 손해배상 책임까지 인정하게 된다면 언론사의 감시와 비판 기능이 약화될 위험성이 있다"고 판시했다(서울서부지법 2020.6.10. 선고 2019가합37014 판결 등).

반론은 '무기대등의 원칙'이 바탕

2019년 언론사가 반론보도를 한 것은 194건이다. 피해자가 법원에 반론보도를 청구한 사건 54건 가운데 재판부가 받아들인 것은 25건으로 원고의 승소율은 46.3%다(언론중재위원회, 2020a:36). 피해자가 언론중재위원회에 반론보도를 조정신청한 사건은 506건, 이 가운데 언론사와 정정보도에 합의한 것이 169건으로 33.4%다(언론중재위원회, 2020b:21). 반론보도와 관련해 주목할 것은 법원의 인용률이 2016년 60.5%(32건 인용/53건 청구), 2017년 51.4%(19건/37건), 2018년 52.6%(20건/38건), 2019년 46.3%(25건/54건)로 언론중재위원회의 합의율보다 10%포인트 이상 높

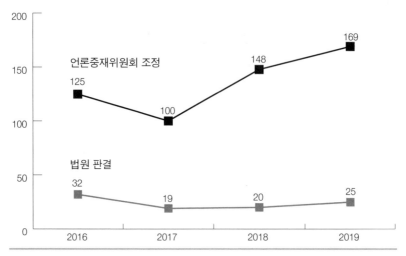

언론사의 반론보도 건수

다는 것이다.

반론보도문의 제목은 '반론보도', '알려왔습니다'가 보통이다. 사실적 주장에 관한 언론보도로 피해를 입은 사람이 기사의 내용과 대립되는 자신의 입장이나 보도 내용에 대한 반박을 보도문 형식으로 게재하는 것이다.

정정보도와 마찬가지로 반론보도도 사실적 주장에 관한 언론보도일 때 성립한다. 의견표명이나 평가는 반론보도의 대상이 아니다.

그러나 차이가 있다. 정정보도는 원래의 보도가 진실하지 않을 때 피해자가 요구할 수 있는 반면 반론보도는 원래의 보도 내용이 진실한지 여부와 상관없이 청구할 수 있다. 대법원은 "반론보도청구권은 원보도를 진실에 부합되게 시정보도해 줄 것을 요구하는 권리가 아니라 원보도에 대해 피해자가 주장하는 반박내용을 보도해 줄 것을 요구하는 권리이므로 원보도의 내용이 허위임을 요건으로 하지 않으며, 나아가 반론보도의 내용이 반드시 진실임을 증명할 필요가 없다"고 판시했다(대법원 2006. 11. 23. 선고 2004다50747 판결).

반론보도의 의미를 두 측면에서 설명할 수 있다. 첫째, 언론사가 특정인의 인격권을 침해한 경우 피해를 받은 개인에게 신속·적절하고 대등한 방어수단이 주어져야 함이 마땅하다. 이른바 무기대등武器對等의 원칙이다. 여기서 공격내용과 동일한 효과를 갖게끔 보도된 매체 자체를 통해 방어주장의 기회를 보장하는 것이 적절하고 형평의 원칙에 부합한다. 둘째, 독자(시청자)로서는 언론사가 시간적 제약 아래 일방적으로 수집·공급하는 정보에만 의존하기보다는 상대방의 반대 주장까지 들어야 비로소 올바른 판단을 내릴 수 있다. 상대방에게 반대 주장의 기회를 보장하는 것이 진실 발견과 올바른 여론형성에 중요한 의미를 가진다는 뜻이다(헌법재판소 1991. 9. 16. 선고 89헌마165 결정).

기자·PD는 취재원에게 불리한 내용을 보도할 때 반론을 기사에 반영해야 한다는 것을 알고 있다. 하지만 기사의 마지막에 "이에 대해 A 씨는 그런 사실이 없다고 부인했습니다"처럼 한두 문장 짤막하게 덧붙이는 게 보통이다. 그러나 언론사가 반론을 보장했다 하더라도 피해자가 변명하는 것으로 시청자·독자가 인식할 정도에 그친다면 반론의 기회를 충분하게 보장한 것으로 볼 수 없다는 것이 법원의 입장이다(서울지법 남부지원 2003. 2. 13. 선고 2002카합2549 판결 등). 형식적인 반론, 모양새만 갖춘 반론은 반론이 아니라는 뜻이다. 사안이 중대할수록 반론의 내용이 충실해야 한다.

■ 마을회가 도로를 확장하기 위해 주민 A 씨의 주택 일부를 철거하고 시설이 열악한 간이주택을 공급함으로써 연로한 A 씨가 마을에서 살아갈 수 없는 상황에 처하게 됐고, 결국 A 씨를 쫓아내려고 한다는 내용을 방송이 보도한 사안: 1심 법원은 "원고가 반론보도를 구하는 내용이 이미 보도에서 충분히 다뤄졌거나 원보도의 본질적인 핵심에 관련되지 못하고 지엽말단적"이라며 원고 패소 판결했다(서울서부지법 2017. 3. 15. 선고 2016가합2901 판결). 원고(마을회)가 이에 불복해 항소했다. 2심 법원은 원고 일부 승소 판결을 내렸다. 법원은 "보도의 대부분이 A 씨의 입장에서 방영됐다. 원고 측의 의견이나 사정에 관해서는 몇몇 마을 주민이 발언하는 장면만을 방영했던 점 등에 비추어 보면 원고가 A 씨를 마을에서 쫓아내려 하지 않았다는 원고의 반론보도청구 부분은 충분히 다뤄졌다고 보기 어렵다. 따라서 해당 부분에 반론보도를 인용한다"고 판시했다(서울고법 2017. 11. 3. 선고 2017나2020492 판결).

반론보도의 내용은 원보도의 사실적 주장과 관념적으로 연관성을 가지는 사실적 진술과 이를 명백히 전달하는 데 필요한 설명에 국한된다.

원래 보도와 관련이 없거나, 보도되지 않은 사실에 대해 피해자가 반론기사를 요구하는 것은 인정되지 않는다. 이와 관련해 대법원은 "원보도의 사실적 주장에는 원보도에서 직접적으로 기술한 사항은 물론 원보도가 직접적으로 기술하지 않은 사실이라도 전체적인 보도의 취지·경위·내용 등을 통하여 간접적으로 표현하거나 암시하는 내용으로 인정할 수 있는 사실도 포함되고, 이에 대한 반론내용은 원보도의 내용을 반박하는 내용, 원보도를 보충하는 내용, 원보도의 불명확성을 해소하는 내용, 반론으로 주장하는 사실의 정당성을 위하여 필요한 증거나 증빙으로서의 새로운 사실 등도 포함될 수 있다고 판시했다(대법원 2000. 3. 24. 선고 99다 63138 판결, 대법원 2006. 11. 23. 선고 2004다50747 판결 등).

언론중재위원회의 조정이나 법원의 소송에서는 반론보도의 내용과 함께 형식을 놓고 당사자들끼리 밀고 당긴다. 반론보도(정정보도도 마찬가지다)를 할 때는 원래 보도를 한 것과 같은 채널, 지면紙面 또는 장소에서 같은 효과를 발생시킬 수 있는 방법으로 하고, 방송의 반론보도문은 자막(라디오방송은 제외)과 함께 통상적인 속도로 읽는 것이 원칙이다(언론중재법 제16조 제3항, 제15조 제6항). 법원이 반론보도를 명할 때 내용, 크기, 시기, 횟수, 게재 위치, 방송 순서 등을 구체적으로 지정한다(언론중재법 제27조 제2항).

반론보도의 기본은 동일한 채널(지면)에서, 동일한 효과를 거둘 수 있는 방법으로 하는 것이다. 이것이 지켜지지 않으면 피해자가 다른 방법으로 자신의 입장을 밝힐 기회를 갖는다 하더라도 언론사가 반론보도의 책임에서 벗어나기 어렵다. 법원은 "피해자가 보도자료 배포 등의 방법으로 자신의 입장을 밝혀왔다는 점만으로는 반론보도청구가 정당한 이익이 없는 경우에 해당한다고 볼 수 없다"고 판시한 바 있다(서울지법 남부지원 2003. 2. 13. 선고 2003카합14 판결).

뉴스 첫 기사가 반론보도?

법원이 반론보도에 점차 무게를 싣는 방향으로 판결하고 있다. 방송은 해당 프로그램의 끝부분에 반론보도를 하는 것이 지금까지의 관례였다. 이런 관례를 깨고 뉴스 프로그램의 첫머리에 반론보도를 하도록 판결한 사례가 있다.

서울 A박물관의 관장이 박물관에 비치된 유모차로 갈아탈 것을 거절하는 장애 아동의 입장을 막고 아동을 폄하하는 말을 했다고 보도한 방송사를 상대로 손해배상·반론보도청구 소송을 냈다. 1심을 맡은 서울서부지법은 보도 내용이 진실하다고 판단하고, 손해배상청구를 기각하면서 반론보도를 명했다(서울서부지법 2017.10.11. 선고 2017가합31234 판결). 이 판결에 방송사가 불복해 항소했다. 메인 뉴스 프로그램 첫머리에 반론보도를 하도록 하는 것이 지나치다는 이유였다.

2심 재판부는 항소를 기각했다. 법원은 "박물관장의 사회적 평가가 심하게 저하된 점, 보도 내용이 '박물관장이 장애 아동의 신체적·정신적 무능력에 대한 폄하 발언을 하였다'고 하는, 국민에게 충격을 줄 수 있는 내용으로 전파 가능성이 큰 반면 반론보도의 내용은 큰 전파가능성을 가진 것이 아닌 점 등을 종합적으로 고려할 때 반론보도를 뉴스 프로그램의 첫머리에 방송하는 것이 상당하다"고 판시했다(서울고법 2018.5.11. 선고 2017나2065044 판결). 방송사가 상고했으나 대법원은 심리불속행 기각 판결을 내렸다.

사회적으로 이목을 끄는 대형 뉴스에 오류가 있어 이를 바로잡기 위해 뉴스 시작 직후에 정정보도를 하라고 법원이 판결했다면 수긍할 수 있다. 뉴스의 영향력과 파장이 그에 훨씬 미치지 못하는 사안의 반론보도를 메인 뉴스 첫머리에 방송하도록 한 것은 납득하기 쉽지 않다. 방송 뉴스의 첫머리는, 신문으로 보면 1면 톱 자리다. 1면 톱에 반론보도를 명하는 것은 지나치다.

반론보도 무제한 인정?

언론보도로 피해를 입은 사람이 반론보도를 요구할 때 법원이나 언론중재위원회가 받아들이지 않는 경우가 있다.

먼저, 피해자가 원하는 반론보도의 내용이 이미 원보도에서 충분히 반영됐으면 반론보도를 요구할 정당한 이익이 없다고 본다. 반론보도의 내용이 원보도의 본질적인 핵심에 관련되지 않고, 지엽말단적인 사소한 것에만 관련된 경우도 마찬가지다(대법원 1997.12.28. 선고 97다28803 판결 등).

■ 과일이 들어간 찹쌀떡을 제조·판매하는 회사의 대표가 일본 장인에게 서 기술을 전수받지 않았다는 취지로 방송에서 보도한 데 대해 회사 대 표가 '수년간의 시행착오 끝에 자신만의 독창적인 레시피를 개발했다' 는 내용으로 반론보도를 청구한 사안: 법원은 "원고가 주장하는 반론보 도문은 기사의 내용대로 일본의 장인에게서 과일찹쌀떡 기술을 전수받 은 것이 아니라 자신만의 독창적인 레시피를 개발해 사업을 영위하였 음을 인정하는 내용이므로, 그 반론보도를 청구할 정당한 이익이 없다" 고 판시했다(서울 서부지법 2016.11.16. 선고 2015가합38668 판결).

반론보도의 내용이 명백히 사실에 반할 때도 반론보도가 인정되지 않 는다. 명백히 사실에 반하는 경우란, 반론보도의 내용이 일반적인 교양 을 갖춘 사람이라면 누구라도 특별한 조사나 검증절차를 거치지 않고서 도 알 수 있는 사실에 부합되지 않는 경우를 가리킨다. 대법원은 "반론제 도가 본래 반론보도 내용의 진실 여부를 요건으로 하지 않는 것이어서 허위반론의 위험을 감수하는 것은 불가피하다 하더라도, 반론보도청구 인에게 거짓말할 권리까지 부여하는 것은 아니다"라고 판시했다(대법원 2006.11.23. 선고 2004다50747 판결).

■ 교육부 고위 공무원이 기자들과의 식사 자리에서 '민중은 개·돼지로

취급하면 된다', '신분제를 공고화시켜야 한다'고 발언했다고 신문이 보도한 사안(공무원은 '보도가 당시 녹음된 내용을 있는 그대로 옮기지 않았다'는 내용의 반론보도를 청구했다): 법원은 "원고가 요구하는 반론보도는 기사 내용이 사실상 모두 허위라는 주장과 다를 바 없어 명백히 사실에 반한다고 볼 것이다. 또 원고가 그러한 취지·의도로 발언한 것이 아니라거나 녹음에 원고에게 유리한 취지로 해석될 만한 다른 발언도 있었다는 사실은 원보도에 보도된 내용의 본질적인 핵심에 관련되지 못하고 지엽말단적인 사소한 것에 불과하다"고 판시했다(대법원 2019. 10. 17. 선고 2017다282704 판결).

■ 만민중앙교회 이○○ 목사가 방송사를 상대로 반론보도를 청구한 사안: 법원은 "이 목사가 기도하면 소경이 눈을 뜨고 앉은뱅이도 일어날 수 있다고 설교한 사실, 이 목사의 고향에 있는 샘물이 이 목사가 기도한 뒤 치료의 생수로 변화되었다고 교회잡지가 광고한 사실을 인정할 수 있다. 이에 대해 이 목사가 요구하는 반론보도는 명백히 사실에 반하는 것이어서 받아들일 수 없다"고 판시했다(서울고법 2000. 7. 13. 선고 99나61271 판결).

취재원에게 반론 기회를 주었는데도 반론을 거부한 경우 어떻게 될까? 고발 기사에서 기자·PD가 취재를 시작하면 당사자가 종적을 감추고 '잠수'하기 일쑤다. 전화를 해도 받지 않고, 메시지를 남겨놓아도 아무런 응답이 없다. 기자가 사무실과 집까지 찾아가 의견을 밝힐 기회를 주더라도 입을 열지 않거나 줄행랑을 치는 일이 다반사다. 보도가 나간 뒤 언론중재위원회에 조정을 신청하거나 소송을 제기해 반론보도를 요구한다. 언론사는 "해명의 기회를 충분히 줬지만 당사자가 응하지 않았기 때문에 반론보도청구의 이익이 없다"고 항변한다. 그러나 이에 대한 법원의 입장은 한결같다. 언론사가 노력한 점은 인정하지만 그것만으로 반론보도를 거부할 사유가 되지 못하며, 피해자의 반론을 보장해야 한다는 것이다.

① 정정보도와 반론보도는 다르다

정정보도는 보도 내용이 진실하지 않을 때 한다. 반론보도는 보도 내용이 진실한지 여부와 상관없이 언론사가 피해자에게 반박할 수 있는 기회를 주는 것이다. 공통점은 '사실의 적시'일 경우에만 정정·반론보도의 대상이 된다는 것이다. '의견표명'은 대상이 아니다.

② 취재단계에서 반론 기회를 주자

언론사가 반론의 기회를 주는 것은 취재원·당사자에게 호의를 베푸는 것이 아니라 마땅히 해야 할 일이다. 반론이 들어가면 기사의 완성도가 높아지고 기자가 충실하게 취재했다는 인상을 시청자·독자에게 준다. 형식적으로, 마지못해 반론기회를 주는 것은 의미가 없다.

③ 정정·반론보도 선제적으로 하자

기사의 정확성에 문제가 있거나 기사에 반론이 반영되지 않았다면, 보도 후 언론사가 자발적으로 정정·반론보도를 하는 것이 바람직하다. 피해자가 원하는 정정·반론보도문과 실질적으로 같은 내용의 후속보도를 언론사가 이미 했다면 피해자가 법원이나 언론중재위원회에 정정·반론보도를 청구할 이익이 없어진다.

13

초상, 동의받고 촬영·사용해야

'초상肖像'이라고 하면 일반인은 '초상화'를 떠올리지만 기자들은 '초상권'을 먼저 생각한다. 20~30년 전만 해도 시민들은 신문·방송에 자신의 얼굴이 나가는 것을 자랑으로 여겼다. '텔레비전에 내가 나왔으면 정말 좋겠네'라는 노랫말도 있지 않은가. 이제는 사정이 달라졌다. 얼굴이 언론에 노출되는 것에 부정적인 반응을 보이는 사람이 많다. 촬영현장에서 기자가 사정을 설명하고 협조를 요청해도 "그냥 싫다"며 막무가내다.

방송 취업 정보 프로그램에 공기업이 소개됐다. 회사가 어떤 일을 하고, 입사하기 위해서 지원자가 어떤 조건을 갖춰야 하는지를 알아보는 예능 프로그램이다. 방송 후 예상하지 못한 일이 벌어졌다. 이 회사의 보안요원이 초상권을 침해당했다며 언론중재위원회에 손해배상을 청구했다. 사회적으로 떳떳한 직업이 아닌데도 방송사가 자신의 동의를 받지 않고 얼굴을 방송에 내보냈다는 것이다. 제작진은 반박했다. "이 회사는 국가 주요 시설로 임직원들이 회사의 이곳저곳을 안내해 촬영했으며, 보안요원도 촬영 과정에서 아무런 문제를 제기하지 않았다."

이런 상황에서도 방송사가 명시적인 동의를 받아야 하나?

봄비가 촉촉이 내리는 가운데 우산을 쓰고 꽃밭을 거니는 여성들, 한여름 해수욕장에서 물놀이하며 더위를 식히는 젊은이들, 가을 단풍을 즐기는 행락객…. 계절의 분위기를 전하는 데 사진이나 영상이 빠질 수 없다. 문자로만 하는 것보다 훨씬 효과적으로 메시지를 전할 수 있다. 문제는 초상권 침해의 소지가 있다는 것이다.

얼굴은 물론 뒷모습도 초상

초상권肖像權은 말 그대로 초상에 대한 권리다. 대법원은 "사람은 누구나 자신의 얼굴 기타 사회통념상 특정인임을 식별할 수 있는 신체적 특징에 관하여 함부로 촬영 또는 그림 묘사되거나 공표되지 아니하며 영리적으로 이용당하지 않을 권리를 가진다. 이러한 초상권은 헌법 제10조 제1문에 의하여 헌법적으로도 보장되고 있는 권리"라고 판시했다(대법원 2006. 10.13. 선고 2004다16280 판결).

중요한 것은 초상이 얼굴에 국한된 개념이 아니라는 점이다. 얼굴을 포함해 그 사람의 외관상 특색을 드러내는 경우라면 초상권으로 보호받을 수 있다. 또 얼굴이 그대로 나와야만 초상권에 의해 보호되는 것이 아니고 피해자라고 인식할 수 있는 모습이 나오면 몽타주, 소묘, 풍자화, 만화, 인형 등도 초상권의 보호를 받는다(김재형, 2012: 26~27).

언론에 자신의 얼굴이 나가는 것을 거부할 수 있는 권리가 초상권의 전부는 아니다. 초상권은 ① 얼굴, 기타 사회 통념상 특정인임을 알 수 있는 신체적 특징이 함부로 촬영·작성되지 않을 권리(촬영·작성 거절권), ② 촬영된 사진이나 작성된 초상이 함부로 공표·복제되지 않을 권리(공표거절권), ③ 초상이 함부로 영리목적에 이용되지 않을 권리(초상영리권)를 포함한다.

먼저 초상의 촬영·작성이 본인의 동의 없이 될 경우, 촬영자에게 공표의 의도가 없었다 할지라도 촬영·작성 거절권의 침해가 성립한다. 공표 거절권과 관련해서는 본인의 동의를 얻어 초상이 공표되었지만 이용이 동의의 범위를 벗어난 경우와 본인의 공표 의도와 다른 목적으로 이용되는 경우에 초상권 침해가 성립한다. 초상영리권은 유명인의 경우 초상을 무단으로 이용하는 것이 재산적 이익에 대한 침해로 직결되며, 퍼블리시티권의 개념과 연결된다(엄동섭, 1998: 25~26).

초상권이 침해됐는지는 신체의 어느 부위가 얼마나 많이 노출됐느냐 하는 형식적인 기준이 아니라, 해당 신체가 노출됨으로써 당사자가 특정됐느냐 하는 실질적인 기준으로 판단해야 한다.

■ 불법 성형으로 코가 혐오스럽게 변형된 환자가 코 재건수술을 담당한 의사를 상대로 소송을 제기한 사안(의사가 불법성형 피해사례를 조명하는 방송사에 원고의 코 사진을 제공했다): 법원은 "원고의 코 사진은 그 형태가 특이하게 변형돼 있어 사회 통념상 원고임을 알 수 있는 신체적 특징에 해당하여 초상권의 보호대상에 해당하고, 의사는 환자의 허락을 받지 않고 환자의 코 사진을 방송사가 촬영해 방송하도록 함으로써 초상권을 침해했다"며 600만 원을 지급하라는 판결을 내렸다(서울중앙지법 2010. 9. 10. 선고 2010나23226 판결).

* 소송에 앞서 피해자는 방송사를 상대로 언론중재위원회에 조정을 신청해 300만 원을 받고 합의했다.

■ 경찰서 유치장에 구금돼 있던 사람이 탈주하는 장면이 담긴 CCTV를 방송사가 입수해 보도한 사안: 법원은 "원고의 실명과 함께 원고의 모습이 드러나는 유치장 탈출 영상 외에 현장검증 영상까지 담고 있으므

로 원고의 초상권이 침해되었다고 봄이 상당하다"고 판시했다(대구지법 서부지원 2015. 6. 2. 선고 2014가합4089 판결). 그러나 법원은 "뉴스 방영 이전에 현상수배되어 있다가 검거되어 원고의 얼굴과 범죄사실이 모두 공개된 상태였기 때문에 초상권에 의하여 보호되는 원고의 인격적 이익보다 뉴스를 통한 공공의 이익이 더 우월한 점에 비추어 보면 뉴스로 인한 초상권 침해행위의 위법성이 조각된다"고 밝혔다.

* 이 사건은 원고가 항소했으나 2심 법원이 기각했다(대구고법 2015나 2066). 원고가 상고했으나 대법원이 각하했다.

■ 방송사가 편의점 강도 사건의 범인이 구속됐다는 사실을 보도하면서 경찰에서 입수한 촬영자료를 바탕으로 범인의 뒷모습을 방영한 사안: 법원은 "초상이란 촬영 내지 묘사된 인물이 누구인지 인지할 수 있을 것임을 전제로 하므로, 뒷모습 등 신체의 일부에 대한 촬영이라 하더라도 피촬영자의 고유한 특징 및 촬영 영상에 대한 설명 등 관계되는 사정을 종합하여 볼 때 그 대상이 누구인지를 식별할 수 있는 정도라면 초상권의 침해가 문제될 것이나, 신체의 일부만으로 피촬영자의 특정이 곤란한 경우에는 단지 그의 동의 없이 촬영이 이루어졌다는 사정만으로 초상권이 침해되었다고 보기 어렵다고 할 것이다"라고 판시했다(서울서부지법 2012. 7. 19. 선고 2011가합10952 판결).

피촬영자의 동의는 기본

초상권과 관련해 일반인들이 기억하는 사건으로 미국 시사주간지 《뉴스위크》와 이화여대 학생들 사이의 소송이 있다. 1991년 11월 이 잡지는 영어판 기사에 한국의 과소비를 비판하는 기사를 보도하면서 이화여대

학생들이 대화하며 학교 정문 앞으로 걸어 나오는 사진을 게재했다. 사진 밑에는 "돈의 노예들: 이화여자대학교 학생들'Slaves to Money': Students at Ewha Women's University"이라는 부제를 달았다. 학생들은 사진이 찍히는 사실은 물론 잡지에 게재된다는 것을 몰랐고, 게재를 승낙한 적도 없었다. 학생들은 초상권 침해와 명예훼손을 이유로 손해배상을 청구했다. 법원은 초상권 침해와 명예훼손을 모두 인정하고, 학생 3명에게 3000만 원씩 모두 9000만 원을 배상하라는 판결을 내렸다(서울민사지법 1993.7.8. 선고 92가단57989 판결).

초상권의 기본은 피촬영자의 동의를 얻는 것이다. 피촬영자가 공인인 경우는 동의를 받지 않고도 언론사가 초상을 사용할 수 있다. 그러나 사인이라면 원칙적으로 동의를 받아야 한다. 본인의 동의가 있으면 초상권 침해가 성립하지 않는다. 인터넷이나 사회관계망서비스SNS에 올라 있는 사진·영상이라도 이를 보도에 활용하기 위해서는 당사자의 허락을 받아야 한다. 대법원은 "타인의 얼굴 기타 사회통념상 특정인임을 식별할 수 있는 신체적 특징이 나타나는 사진이나 영상을 촬영하거나 공표하고자 하는 사람은 피촬영자로부터 촬영에 관한 동의를 받고 사진이나 영상을 촬영하여야 한다"고 판시한 바 있다(대법원 2013.2.14. 선고 2010다103185 판결).

동의는 피촬영자 본인에게 받아야 한다. 그리고 동의를 받았다는 것을 증명할 책임은 촬영자나 공표자에게 있다. 피촬영자가 미성년일 경우 부모에게 동의를 받아야 한다. 직장 상사나 감독기관 등의 동의를 받고 촬영하면 어떻게 될까?

대학병원 측의 동의를 받고 당사자의 동의 없이 생후 1개월 된 신생아와 젖을 물리는 어머니의 초상을 방송사가 촬영해 방영한 사안에서 법원은 "피해자가 별다른 제지를 하지 않아 묵시적으로 동의한 것이라는 방송사의 주장을 인정할 만한 아무런 증거가 없다"고 판시했다(서울고법 2007.7.25. 선고 2006나80294 판결).

방송사 기자가 음대 교수의 불법과외 단속현장에 동행해 경찰관의 허락을 받고 교수의 연습실을 촬영한 사안에서도 법원은 사생활 침해와 초상권 침해의 책임이 방송사에 있다고 보았다(서울고법 2001. 10. 11. 선고 99나66474 판결).

앞에 예를 든 두 사건은 사적 공간이나 사적 사항을 통제할 권리가 있는 사람에게 촬영에 대한 동의를 받아야 한다는 것을 강조하고 있다.

기자가 직접 촬영한 영상이 아닌, 제보자가 촬영한 것을 방송에 내보낸 경우에도 피촬영자의 동의를 받지 않았다면 방송사가 초상권 침해의 책임을 피하기 어렵다(서울서부지법 2019.8.9. 선고 2018가단215568 판결). 다만 초상권자의 동의를 얻기 힘든 상황에서 공익성이 매우 강한 보도의 경우에는 감독자의 동의를 받으면 당사자의 동의를 얻은 것으로 법원은 인정한다.

포토라인에 서면 '묵시적 동의'를 한 것

취재를 하다 보면 현장에서 동의를 받기 어려운 상황일 때가 많다. 취재내용이 부정적인 것이 아니고 취재원이 적극적으로 저지하거나 이의를 제기하지 않는다면 기자는 촬영을 진행하는 것이 보통이다. 기자는 취재원에게서 촬영 동의를 받았다고 생각한다. 여기서 동의를 받았다고 하는 것은 명시적인 동의가 아니라 묵시적 동의를 의미한다. 명시적 동의는 말이나 문서로 하는 것이고, 묵시적 동의는 행동이나 표정으로 하는 것이다.

그러나 '묵시적 동의'를 놓고 기자와 취재원의 생각이 달라 문제가 된다. 방송이 나가고 상당한 시일이 지난 뒤 취재원이 촬영에 동의한 적이 없다며 초상권 침해를 주장하는 경우가 빈번하다. 법원은 묵시적 동의를 인정하는 것에 인색하다. 피해자가 "촬영사실을 알고 인터뷰에 응했지만 그 촬영이 어느 방송에 어떤 용도로 쓰이는지 알지 못했다"고 주장하면 법원은 묵시적 동의를 인정하지 않았다.

이런 상황을 반전시킨 의미 있는 판결이 있다. KBS가 2014년 5월 세월호 사건의 원인을 규명하기 위한 검찰 수사를 보도하면서 청해진해운의 실질적인 운영자로 알려진 세모그룹의 유병언 회장과 관련자를 소환조사한 내용을 보도했다. 유명 탤런트 C 씨가 검찰에 출석해 포토라인에 설 때 동행한 A, B 씨를 함께 촬영해 모자이크 처리하지 않고 방송했다. 두 사람은 초상권과 사생활의 비밀을 침해당했다며 손해배상청구 소송을 냈다.

재판의 쟁점은 A, B 씨가 동의했느냐였다. 본인의 승낙이 있으면 초상권 침해가 성립하지 않는다. 승낙의 의사표시는 반드시 명시적 의사표시에 따라야 하는 것은 아니고 묵시적 의사표시에 의하여서도 가능하다(대법원 2001. 10. 12. 선고 2001다7865 판결). 1심 법원은 "A, B 씨가 포토라인에 서서 얼굴을 가리지 않았더라도 이를 초상 촬영에 동의했다고 단정할 수 없고, 촬영에 관한 묵시적 동의가 있었다고 보더라도 공표에 동의가 있었다고 볼 수 없다"며 방송사에 100만 원을 손해배상하도록 판결했다(서울남부지법 2016. 12. 1. 선고 2016가합101939 판결).

그러나 2심을 담당한 서울고법은 A, B 씨가 초상 촬영에 묵시적으로 동의한 것으로 판단하고 KBS의 손을 들었다(서울고법 2017. 8. 18. 선고 2016나2088859 판결). 재판부는 ▶ 촬영과 공표 사실을 알고 있거나 예상하면서도 촬영을 적극적으로 제지하거나 이의를 제기하지 않고 촬영에 임하는 경우 ▶ 카메라 앞에서 스스로 촬영에 응해 포즈를 취하거나 카메라를 피하지 않고 친근하게 웃는 표정을 짓는 경우 ▶ 기자에게 기꺼이

포토라인과 초상권

양승태 전 대법원장이 2019
년 1월 11일 사법행정권 남
용 의혹으로 검찰에 출두하
면서 서울중앙지검의 포토라
인에 서지 않고 바로 들어갔
다. 이를 계기로 포토라인을
둘러싼 찬반양론이 벌어졌
다. 포토라인은 피의자·피고
인이 소환되거나 재판에 출석할 때 잠시 멈춰 서도록 법원·검찰청·경찰서의 출
입구 바닥에 테이프로 만들어놓은 선이다. 양 전 대법원장 이전에 전직 대통령,
정치인, 재벌 총수 등 주요 사건에 관련된 사람들은 모두 포토라인을 거쳤다.

포토라인이 만들어진 것은 1993년 1월, 고 정주영 현대그룹 명예회장이 선거법
위반혐의로 검찰에 불려 나온 것이 계기가 됐다. 정 회장의 승용차가 서울지검에
멈춰 서자 기자들과 현대그룹 관계자 수십 명이 뒤엉켰고, 그 와중에 사진기자의
카메라가 정 회장의 이마를 찍어 2㎝ 찢어졌고, 피가 흘렀다. 이듬해 한국방송카
메라기자협회와 한국사진기자협회가 「포토라인 운영 선포문」을 발표했다.

포토라인은 국민의 알 권리를 충족시킨다는 순기능을 갖고 있다. 법원도 "검찰
등 공공기관, 공항, 기자회견장 등에서 다수의 취재진이 제한된 공간에서 취재
해야 할 경우 취재진의 동선을 제한하여 혼란을 막기 위한 제한선으로서 국민의
알 권리를 실현하고 취재원의 인권보호를 도모하기 위해 주요 기자협회들 간 합
의에 따라 자율적으로 설정한 것…"으로 판시해 포토라인이 갖고 있는 긍정적인
면을 인정했다(서울중앙지법 2020.1.13. 선고 2019고합186 판결).

부작용도 제기돼 왔다. 포토라인에 서는 순간 죄인이 되고, 나중에 무혐의나 무
죄 판결을 받아도 명예를 회복할 수 없다는 것이 반대론의 핵심이다. 무죄추정
의 원칙이 무너지게 된다는 것이다. 검찰이나 경찰이 포토라인에 설 사람을 정
하는 것이 불합리하다는 지적도 있었다. 논란 끝에 검찰은 2019년 12월 개정·
시행된 '형사사건 공개금지 규정'에 따라 포토라인을 없앴다. 경찰청 훈령에는
포토라인 설치에 대한 규정이 남아 있다.

설명하는 경우 등을 촬영에 대한 묵시적 동의 내지 승낙의 의사표시를 추단할 수 있다고 밝혔다.

재판부는 명시적으로 거부의사를 밝히지 않은 채 포토라인에 선 것을 초상 촬영 및 공표에 대한 묵시적 동의로 볼 수 있다는 점을 분명히 했다. 실제 A, B 씨는 자신이 촬영되는 것을 거부하는 어떤 행동도 하지 않았다. C 씨가 검찰청에 출석할 당시 차량에서 내린 C 씨의 오른팔을 잡고 함께 포토라인 앞까지 걸어왔고 C 씨가 포토라인 앞에 서서 입장을 밝히는 동안에도 그 옆에 서 있었다. 재판부는 "C 씨가 검찰청에 출석하는 데 원고들이 반드시 동행하여야 할 의무가 있었던 것이 아니었음에도 C 씨를 경호하기 위해 자발적으로 검찰청에 출석하였고, 자신이 촬영되는 동안 취재진에게 촬영을 거부하거나 이의를 제기하지 않았기 때문에 취재진의 촬영 및 공포에 묵시적 동의를 하였다고 추단할 만한 행동으로 볼 수 있다"고 설명했다. 이 영상이 C 씨가 혐의를 받고 있는 유병언 일가의 비자금 조성과 관련된 보도에 사용될 것이라는 점도 객관적으로 충분히 추정된다고 덧붙였다. 2심 판결에 대해 원고와 피고 모두 상고하지 않아 확정됐다.

이 판결은 그동안 법원이 묵시적 동의를 지나치게 좁게 해석하던 관성에서 벗어났다는 점에서 의미가 크다. 당사자의 동의나 승낙을 얻기 위해 기자들이 얼마나 노력했는지를 엄격하게 입증할 것을 요구하면 초상권 침해를 우려해 기자가 보도를 제대로 하지 못하는 위축효과가 올 수밖에 없다(이재진·동세호, 2015: 134).

동의 범위를 넘어서 사용하면 안 돼

본인의 동의를 얻어 초상을 촬영했다 하더라도 동의 범위를 벗어나 공표하거나 다른 목적에 사용하면 초상권 침해가 된다. 기자가 촬영할 때의 약속대로 사진·영상을 사용하지 않아 문제가 되는 경우가 종종 있다. 제보자, 인터뷰이의 신원을 드러나지 않도록 조치를 하는 것이 마땅한데 이를 이행하지 않거나 미진하게 했다 탈이 나는 수도 많다. 다음은 동의 범위를 벗어나 소송으로 이어진 사례다. 법원은 모두 원고의 손을 들었다.

■ 신세대 대학생들이 신입생 환영회에서 생기발랄하고, 즐겁게 노는 모습을 방송하겠다는 조건으로 기자가 촬영 승낙을 받은 뒤 '공포의 통과의례'라는 제목으로 대학생들이 퇴폐적인 신입생 환영회를 하는 것처럼 보도한 경우(서울지법 남부지원 1987.8.7. 선고 97가합8022 판결).

■ 불법 성형 시술을 받아 부작용에 시달리는 사람의 동의를 받아 취재하면서 취재원의 모습을 알아볼 수 없도록 화면을 모자이크 처리하고 목소리를 변조해 주기로 기자가 약속하고도 모자이크를 제대로 하지 않아 방송을 시청한 사람들이 취재원을 알아본 경우(수원지법 안산지원 2006.7.20. 선고 2005가단16980 판결).

■ 연주자의 얼굴을 식별할 수 없도록 연주장면을 촬영하겠다고 기자가 약속했음에도 실제 방송에서 얼굴이 공개된 경우(서울중앙지법 2006. 11.29. 선고 2006가합36290 판결).

동의 범위와 관련해 기자들이 조심해야 할 것이 있다. 자료영상을 사용할 때 어떤 조건이 붙어 있는지 살펴봐야 한다는 점이다. 데이터베이스DB에 저장돼 있다고 무턱대고 사용해서는 안 된다. 최초에 취재하거나 영상을 입수한 기자는 사진이나 영상을 피촬영자와의 약속에 맞게 사용한다. 그리고 영상의 출처, 날짜, 사용조건을 기입해 데이터베이스에 저장해 놓는다. 문제는 시간이 많이 흘러 다른 기자가 해당 영상을 사용할 때다. 이때 사용기한, 출처표기, 사용 가능한 프로그램 등을 꼼꼼히 따져야 한다. 부정적인 내용을 보도하면서 자료영상을 사용할 때 특히 조심해야 한다.

피촬영자가 사진·촬영에 동의했더라도 그 효력은 원칙적으로 한 번에 그친다. 한 번 동의했다고 해서 계속 유효한 것이 아니다. 각각의 경우에 동의해야 하며, 포괄적 동의는 인정되지 않는다. 법원은 "촬영에 동의했다고 해서 촬영된 사진이나 화면을 어떤 목적에 사용하든 상관없이 모든 공표에 대해 동의한다거나 그 공표와 관련한 자신의 초상권을 포기한 것이라고 볼 수 없다"고 판시했다(서울고법 1996.6.18 선고 96나282 판결). 자신과 아무런 관련 없는 내용의 보도에, 더욱이 당사자의 명예를 훼손하는 방법으로 초상이 공표되는 것까지 피촬영자가 감수해야 하는 것은 아니라는 뜻이다.

다음은 소송으로 이어진 사례다. 법원은 두 사건 모두 언론사에 책임이 있다고 판결했다.

■ 언론사가 의료 관련 심포지엄 때 발표자로 나온 의사를 촬영해 보도한 뒤 나중에 의료사고 기사에 동일한 사진을 게재한 경우(서울중앙지법 2014.4.16. 선고 2013가합63221 판결).

■ 유명 인사의 결혼식 장면을 촬영해 방송한 뒤, 호화 웨딩드레스 대여 업자들의 횡포를 고발하는 뉴스의 자료화면으로 다시 사용한 경우(서울고법 1996.6.18. 선고 96나282 판결).

공개된 장소에서의 초상권 침해

야구 경기장에서 열광적으로 응원하는 팬들, 수능시험을 치고 한꺼번에 고사장을 나서는 수험생들, 고향에서 명절을 보낸 뒤 서울역에 도착해 개찰구를 빠져나오는 시민들…. 이들의 허락을 받지 않고 촬영해도 문제없을까? 대법원은 "초상권 침해는 그것이 공개된 장소에서 이루어졌다거나 민사소송의 증거를 수집할 목적으로 이루어졌다는 사유만으로 정당화되지 아니한다"고 판시한 바 있다(대법원 2006. 10. 13. 선고 2004다16280 판결 등). 공공장소에서 촬영하는 것도 원칙적으로 당사자에게 동의를 받아야 한다는 뜻이다.

하지만 프레임에 담긴 수십 명, 수백 명의 사람들에게 모두 동의를 받는 것은 현실적으로 어렵다. 사진이나 영상의 얼굴을 모두 모자이크 처리하면 보기에도 흉하다. 다수의 접근이 허락된 장소에서 불특정 다수인을 촬영하는 경우 촬영목적에 사회적 상당성이 인정되고 특정 인물을 특별히 부각시키지 않으며, 부정적인 보도 내용과 관련이 있는 것으로 오해될 소지가 없다면 허용하는 것이 타당하다(이영진, 2014: 45).

기자들이 기억해야 할 것은 초상권 침해는 명예훼손과 달리 부정적인 내용이어야 성립하는 것이 아니라는 점이다. 내용의 좋고 나쁨과 상관없으며, 사회적 평판을 떨어뜨리는 것이 아니어도 초상권 침해가 성립한다. 공익적인 목적을 위해 초상을 사용했다 하더라도 마찬가지다. 당사자의 동의 없이 촬영하고 보도하면 원칙적으로 초상권 침해에 해당한다. 법원은 "통상의 사람으로서는 동의 없이 자신의 얼굴이나 행동을 촬영한 사진이 공표되면 수치심, 곤혹감 등의 불쾌한 감정을 강하게 느껴 정신적 평온이 침해받게 된다는 것은 경험칙상 충분히 예상할 수 있다"고 판시했다(서울지법 동부지원 1998. 2. 27. 선고 97가합15881 판결). 초상이 공개

고속도로 요금 징수원의 초상권

설 연휴 실시간 교통상황을 방송이 보도했다. 진행자가 취재기자와 1분 12초 동안 전화를 연결해 고속도로 정보를 전달하는 과정에서 고속도로 요금징수 장면이 3초 방송됐다. 담당 직원은 자신의 초상이 동의 없이 방송됐다며 초상권 침해와 명예훼손을 이유로 5000만 원의 손해배상청구 소송을 냈다.

이에 대해 1심 재판부는 "방송사가 해당 장면을 촬영하고 방영한 행위가 위법하다고 보기 어렵다"며 원고 패소 판결했다(부산지법 2009.9.22. 선고 2009가단 23128 판결). 그러나 2심 재판부는 "공익 목적의 기사라 하더라도 요금 징수원의 초상을 넣어야 하는 필연성·긴급성을 인정하기 어렵고, 얼굴을 식별하지 못하게 처리하지도 않았으므로 원고의 정신적 고통에 대해 손해배상해야 한다"며 100만 원을 지급하라고 판결했다(부산지법 2010.3.26. 선고 2009나18455 판결).

하지만 2심 판결에 선뜻 수긍하기 어렵다. 촬영장소가 사적인 장소가 아닌 데다, 피해자 몰래 촬영한 것도 아니고, 사생활과 관련된 것이 아니며 부정적인 내용도 아니다. 재판부의 논리를 따른다면 경찰관, 소방관, 군인 등 공적인 업무를 담당하는 사람들을 촬영할 때 모두 동의를 받아야 한다. 현실과 동떨어진 판결이라고 할 수 있다.

공공장소에서 촬영한 사진이나 영상을 동의 없이 일상의 시사보도에 사용하는 경우에까지 일률적으로 초상권 침해로 다루는 것은 인격권을 지나치게 보호하는 것이다. 사진이나 영상이 촬영되고 공표되는 것 자체를 고통스러워한다고 전제하는 것을 절대화해서는 안 된다(함석천, 2006: 208).

됨으로써 사생활 또는 내밀한 영역이 영향을 받았는지의 여부는 초상권 침해의 성립요건이 될 수 없고, 손해배상액 산정에서 참작사유가 될 수 있을 뿐이다.

'공중의 정당한 관심사'와 초상권

당사자 동의가 없거나, 동의의 범위를 넘어 초상을 사용하면 초상권 침해가 된다. 그러나 예외가 있다. 언론중재법 제5조 제2항은 "인격권 침해가 사회상규에 반하지 않는 한도에서 피해자의 동의에 의해 보도된 경우 또는 공공의 이익에 관한 것으로써 진실한 것이거나 진실하다고 믿는 데 정당한 사유가 있는 경우에는 언론사 등이 책임을 지지 않는다"고 규정하고 있다.

대법원은 "초상권을 침해했더라도 공공의 이해와 관련된, 공중의 정당한 관심사에 관한 보도라면 피해자의 동의가 없다고 하더라도 위법성이 없다"고 판시했다(대법원 2006. 10. 13. 선고 2004다16280 판결). 초상권이나 사생활의 비밀과 자유를 침해하는 행위를 둘러싸고 서로 다른 두 방향의 이익이 충돌할 경우에는 구체적 사안에서의 사정을 종합적으로 고려한 이익형량을 통하여 위 침해행위의 최종적인 위법성이 가려진다(대법원 2006. 10. 13. 선고 2004다16280 판결, 대법원 2013. 6. 27. 선고 2012다31628 판결). 그러나 '공중의 정당한 관심사'가 무엇인지 판단이 쉽지 않고, 언론의 자유와 초상권이 충돌할 때 이익형량에 의한 판단을 하려면 매번 법원의 판단에 의존해야 하므로 이러한 판결은 법적 안정성을 해치고 언론 자유의 위축효과를 초래할 우려가 있다(박용상, 1997: 255).

공인이나 유명인인 경우 언론이 본인의 동의를 받지 않고도 사진이나 영상을 촬영해 공개할 수 있다. 공인은 ① 공개를 원했거나 공개에 동의했으며, ② 그의 존재나 직업이 이미 공적 성격을 띠며, ③ 언론은 대중에게 공익에 관한 정당한 관심사항으로 된 것을 알릴 특권을 보장받는다는 것이 그 근거다(김재형, 2012: 33). 그러나 사생활, 그중에서도 아주 내밀한 모습을 촬영해 보도하는 것은 허용되지 않는다. 영리적으로 사용하거나 명예를 훼손하기 위해 사용하는 경우도 마찬가지다.

시위·집회 보도와 초상권 침해

초상권 보호가 중요하지만 절대적인 것은 아니다. 공공장소에서의 집회·시위 현장을 촬영해 보도하는 것은 원칙적으로 초상권 침해에 해당하지 않는다. 언론사가 시위자의 동의를 받지 않고 시위 장면을 촬영해 보도하더라도 문제가 되지 않는다.

여기에 해당하는 사례가 2009년 6월 '6월 항쟁 계승·민주회복을 위한 범국민대회'가 열린 서울광장에서 주최 측과 경찰이 몸싸움을 벌이는 장면의 사진이 일간지에 게재되자 피촬영자가 초상권 침해를 이유로 손해배상을 청구한 사안이다.

이 사건에서 법원은 "공공장소에서의 집회·시위란 본질적으로 참가자들이 자신의 의사를 일반에 알리기 위한 것이고 보도의 자유 역시 언론의 자유에 관한 헌법 제21조에 따라 보장되는 헌법상의 권리인 점 등을 고려할 때, 공공장소에서 이루어진 집회·시위현장에서 사진을 촬영하여 보도하는 행위는 독자에게 왜곡된 사실을 전달하거나 특별히 피촬영자를 모욕하거나 비방할 목적으로 이루어진 경우가 아닌 한 면책된다"고 판시했다(서울중앙지법 2010. 1. 27. 선고 2009가합81994 판결).

이단 교회 때문에 가정 파탄이 일어났다고 주장하며 시위하려는 사람들과 교회 신도들이 충돌한 사실을 보도하면서 시위 사진을 게재한 것에 대해서도 법원은 "초상권 침해로 볼 수 없다"는 점을 분명히 했다. 재판부는 시위·집회 현장을 사진 촬영해 보도하는 것은 원칙적으로 초상권 침해가 되지 않으며 다음과 같은 경우 예외적으로 초상권 침해가 된다고 밝혔다(서울중앙지법 2009. 10. 14. 선고 2009가합41071 판결). 첫째 사진·영상에 나타난 피촬영자의 영상 자체 또는 그 사진과 결부된 기사의 내용이 독자나 시청자에게 왜곡된 사실을 전달한 경우이다. 부정적인 내용의

집회·시위 장면을 촬영해 보도하는 것은 원칙적으로 초상권 침해가 되지 않는다.
사진은 충남 아산시 주민들이 경찰인재개발원이 코로나19 격리 시설로 지정된 것에 항
의하는 시위를 하는 장면(연합뉴스, 2020.1.30).

기사를 작성하면서 기사내용과 무관한 피촬영자의 사진을 사용하거나,
피촬영자가 집회·시위의 주도자가 아닌데도 독자나 시청자에게 그와 같
은 인상을 주도록 의도적으로 편집하는 것이 여기에 속한다. 둘째, 사진
등에 나타난 피촬영자의 영상 자체 또는 그 사진과 결부된 기사의 내용
이 부정적인 인상을 주는 것으로 피촬영자를 모욕하거나 비방할 목적이
있는 경우다. 순간적으로 촬영된 지극히 부자연스러운 표정이나 동작의
일부를 전후 아무런 설명 없이 보여줌으로써 피촬영자가 의도하지 않은
의사표현이나 동작을 한 것처럼 보이게 하여 피촬영자에 대한 부정적인
인상을 갖도록 해서는 안 된다. 다만 이것은 정도가 지나치게 과도한 것
이어야 한다. 셋째 해당 사진이나 그에 결합된 기사 자체로는 위와 같은

초상권 침해와 면책 사유

2008년 6월 광우병 촛불집회 시위대가 호텔 유리창을 깨는 것을 보고 한 여성이 항의하자 시위대가 이 여성을 집단 폭행했다는 내용의 기사를 일간지가 보도했다. 이 여성이 신문사를 상대로 명예훼손과 초상권 침해를 이유로 2000만 원의 손해배상을 청구했다.

법원은 "기자가 원고의 허락을 받지 않고 원고의 얼굴이 명백히 드러난 사진을 기사에 게재함으로써 초상권을 침해했다"고 판시하고 "그러나 국민적인 관심사인 광우병 촛불집회 중 시위현장을 보도한 것이어서 공공성이 인정된 점, 원고의 모습은 기자가 현장을 촬영하던 중 우연히 포함된 것이지 의도적으로 촬영한 것으로 보이지 않는 점, 원고 스스로 집회에 참석하기 위해 당시 현장 주변에 있었던 것이어서 사진 촬영될 수 있다는 것을 어느 정도 예견할 수 있었던 점, 원고의 사진이 원고의 평가를 저하시키는 것이 아닌 점을 종합하면 위법성이 조각된다"고 밝혔다(서울중앙지법 2010.11.25. 선고 2009가단300209 판결).

시위 장면을 보도하는 것은 언론사가 사실을 왜곡하거나 비방할 목적을 갖고 있는 경우가 아니라면 문제되지 않는다. 그럼에도 시위대 사진·동영상의 등장인물을 게재하거나 방영할 때 언론사가 모자이크 처리하는 경우가 많다. 보도된 뒤 당사자가 항의하면 인터넷에서 해당 장면을 삭제하기도 한다. 기자들이 초상권을 잘 이해하지 못하거나, 분쟁에 휘말리지 않기 위해 안전하게 제작하려는 관성이 작용한 결과다.

점이 없더라도 가까운 시기의 다른 보도와 종합할 때 위와 같은 효과가 초래될 때이다.

① 피촬영자의 동의가 중요하다

촬영현장에서 동의를 받는 것이 기본이다. 굳이 서면으로 동의받지 않아도 된다. 방송장비, 휴대폰을 이용해 녹음하거나 녹화하는 것도 방법이다. 촬영과 공개의 범위가 어디까지인지 분명하게 밝히면 갈등을 줄일 수 있다.

② 동의를 철회하면 초상을 사용하지 말자

피촬영자가 촬영에 동의한 뒤 나중에 마음이 바뀌어 방송하지 말라고 요구하는 때가 있다. 동의를 철회한 경우다. 기자 입장에서는 그동안의 노력이 헛수고로 돌아가 아쉽겠지만 사용을 포기해야 한다. 단, 대가를 지급하기로 문서로 약정했거나 이미 대가를 지급했다면 계약관계가 성립하기 때문에 사용할 수 있다.

③ 제보영상을 신중하게 사용하자

일반인의 얼굴이 담긴 제보 영상을 모자이크 처리 등을 하지 않고 공개한 보도는 초상권 침해에 해당한다. 해당 영상을 사용하지 않으면 안 되는 필연성, 그 영상을 사용하는 과정에서 미리 동의를 구하는 절차를 생략하거나 배제해도 용인될 만큼의 긴급성이 있는지를 잘 따져보자.

14

저작물, 주인이 있다

① 방탄소년단BTS의 월드 투어가 시작되면서 모든 좌석이 매진됐다는 내용의 기사를 방송이 보도했다. 해외 팬들이 콘서트 티켓을 예매하는 데 성공하자 기뻐한다는 내용이다. 방송이 나가고 3주 뒤 외국에서 방송사로 메일이 날아왔다. 자신을 BTS의 팬으로 소개한 20대 독일 여성이 "유튜브에 올린 내 영상이 뉴스에 반영된 것을 뒤늦게 알았다. 어떻게 이 영상이 한국의 방송사 뉴스에 보도됐는지 궁금하다"며 항의했다. 인터넷 기사에 출처로 이 여성의 유튜브 계정을 자막으로 넣어 수정하는 것으로 수습이 됐다.

② 내용증명 우편물 한 통이 방송사에 도착했다. "본인이 촬영한 백두산 천지 사진·동영상을 사전협의 없이 방송사가 무단으로 사용한 것에 실망했다. 법적 조치를 취하겠다"는 내용이다. 편지를 보낸 인사는 약속을 어기지 않았다. 며칠 뒤 프로그램을 제작한 PD를 저작권법 위반 혐의로 검찰에 고소했다.

기사나 프로그램을 취재·제작하는 과정에서 적절한 사례나 표현, 아니면 사진·영상을 구하지 못해 애태울 때가 많다. 마감 시간은 점점 다가온다. 인터넷, 유튜브를 검색해 보니 쓸 만한 것이 있다. 컨트롤CTRL+C 복사, 컨트롤+V 붙여넣기를 하면 간단하게 사용할 수 있다.

저작권자의 허락을 꼭 받아야 하나? 기사를 길게 인용해도 문제없나? 출처 표시를 반드시 해야 하나?

저작권 문제는 가까이 있다. 남의 이야기인 듯하지만 바로 나의 문제다. 기자들이 저작권 침해의 위험에 노출되어 있다. '위험'은 다른 사람의 저작권을 침해할 위험과 나의 저작권을 침해당할 위험 모두를 가리킨다.

먼저, 침해하는 측면에서 보면 기자들이 남의 기사나 사진·영상을 사용하는 것과 관련이 있다. 과거에 벌어진 일, 상황이 이미 끝난 사건은 현장을 취재하는 것이 원천적으로 불가능하다. 진행 중인 사안이라도 직접 취재하기 힘든 경우가 있다. 현장이 멀리 떨어져 있거나, 안전이나 비용 문제로 접근하지 못할 수도 있다. 군사지역이나 교도소 등 제한구역은 접근이 쉽게 허용되지 않는다. 이런 사정으로 다른 사람이 취재해 놓은 기사나 사진·동영상을 활용할 수밖에 없다. 인터넷의 발달로 '복붙(복사해 붙이기)'하는 데 몇 초면 충분하다.

한편으로 기자는 자신의 저작권이 침해당할 수도 있다. 다른 사람이 나의 기사나 사진·동영상을 허락 없이 가져다 사용하는 것이다. 동물이 제 새끼를 알아보듯, 기자는 자신의 기사를 단번에 알아본다. 자신만의 독특한 논리전개 방식과 문체·어투가 있기 때문이다. 저작권 침해를 당하고도 과거에는 대수롭지 않게 생각하고 넘어갔다. 하지만 이제는 분위기가 달라졌다. 필자의 후배 기자 가운데 자신의 기사를 '훔쳐간' 것을 문제 삼아 해당 언론사 간부에게서 사과와 재발 방지 약속을 받아낸 사례도 있다.

기사도 저작권 보호 대상

다른 매체가 보도한 기사를 토대로 신문·방송 기자가 취재·보도하는 것은 나무랄 일이 아니다. 모든 기사를 기자가 자신만의 독창적인 아이디어에 따라 취재하는 것은 불가능하다. 주제나 소재를 빌리는 것은 자연스럽다. 원래의 기사를 바탕으로 보충 취재해 각도를 달리하거나 깊이를 달리하면 원래의 기사를 뛰어넘는, 자신의 기사로 탄생시킬 수 있다.

문제는 기사를 베끼는 것이다. 참고하거나 인용하는 수준을 넘어 핵심 내용을 거의 그대로 가져오면서 조사와 표현을 자기가 소속된 매체의 스타일에 맞게 고쳐 보도하는 것을 말한다. 스트레이트 기사뿐만 아니라 신문의 얼굴이라고 할 수 있는 칼럼을 표절한 것이 문제되기도 한다(금준경, 2020).

인터넷에서 뉴스를 무료로 이용할 수 있는 환경이 되면서 필자의 허락을 받지 않고 기사를 사용해도 된다는 인식이 퍼져 있다. 그러나 기사도 엄연히 저작물이다. 저작권의 보호 대상이다. 법원은 "신문·방송·통신사 등의 기사는 언론사가 기획하고 기자들이 소재를 선택하고 자료조사, 현장방문, 인터뷰, 사실확인 등의 취재활동을 통하여 자료를 수집한 후 기획 및 편집 의도에 맞게 정리하여 표현하는 것으로 저작권법이 보호하는 저작물"이라고 판시한 바 있다(서울고법 2006.11.29. 선고 2006나2355 판결).

기사의 끝에는 다음과 같은 표시가 빠지지 않는다.

Copyright by JTBC(http://jtbc.joins.com) All Rights Reserved. 무단 전재 및 재배포 금지

저작권자 ⓒ연합뉴스. 무단전재-재배포 금지

이 표시는 해당 기사가 저작권으로 보호받는 저작물이며 저작권이 해당 언론사에 있음을 알려준다. 무단으로 전재轉載하거나 재배포하는 것을 금지한다는 경고도 곁들여 있다. 전재금지는 시사적인 기사나 칼럼 등을 다른 언론사가 복제·배포 또는 방송해서는 안 된다는 뜻이다. 기사

의 일부를 편집하거나 캡처해 블로그, 인터네 홈페이지, SNS 등에 올리는 것도 모두 이용 허락을 받아야 한다.

참고로 ⓒ에서 c는 copyright(저작권)의 머리글자다. ⓒ 표시를 해야 저작권을 보호하는 나라가 있다. 영문 기사 등 국제적으로 기사가 이용될 것에 대비해 우리나라 저작물에도 ⓒ 표시를 하는 것이 바람직하다. 한국은 ⓒ 표시와 관계없이 기사가 작성되는 시점에 저작권이 발생하므로 반드시 ⓒ 표시를 할 필요는 없다.

'사실의 전달에 불과한 기사'의 저작권

모든 기사가 저작물로 보호받는 것은 아니다. 기사의 창작성이 인정되어야 한다. 저작권법 제2조 제1호는 저작물을 인간의 사상·감정을 표현한 창작물로 규정하고 있다. 대법원은 "누가 하더라도 같거나 비슷할 수밖에 없는 표현, 즉 작성자의 창조적 개성이 드러나지 않는 표현은 창작성이 있는 저작물이라고 할 수 없다"고 판시했다(대법원 2005. 1. 27.선고 2002도965 판결).

이와 관련해 저작권법 제7조 제5호는 저작권법의 보호 대상에서 제외하는 것으로 '사실의 전달에 불과한 시사보도'를 규정하고 있다. 인사이동, 부고, 스포츠 소식을 비롯해 사건사고, 수사나 재판상황, 판결, 날씨, 주식 시황市況 등이 여기에 해당한다. 정부 기관이나 기업의 발표나 자료를 단순하게 전달하는 기사도 마찬가지다. 대법원은 "기사의 패턴이 일정하고 문체가 간결하여 사실을 있는 그대로 전달하는 것에 그쳐 독창적이고 개성 있는 표현 수준에 이르지 못하기 때문"이라고 판시하고 있다(대법원 2006. 9. 14.선고 2004도5350 판결). 다만, 신문·라디오 기사에서는 '사실 전달에 불과한 시사보도'라 하더라도 TV뉴스가 되면 성격이 달라질 수 있다. 사실의 전달에 불과한 시사보도가 영상으로 제작되면 영상 저작물이 된다.

공개적으로 한 정치적 연설이나 법정·국회 또는 지방의회에서 공개적으로 한 진술은 어떤 방법으로도 이용할 수 있다(저작권법 제24조). 복제·전송 모두 가능하다. 그러나 동일한 저작자의 연설이나 진술을 편집해서 사용해서는 안 된다. 예컨대 어느 정치인의 연설이나 진술을 개별적으로 이용하는 경우는 허용되지만 그 연설을 따로 수집해 편집·출판하는 것은 허용되지 않는다(박성호, 2014: 537).

'사실의 전달에 불과한 시사보도'를 제외하고 웬만한 기사는 저작권법이 보호하는 저작물에 해당된다. 기사를 기획하고 취재하는 과정에서 독창성·창의성이 녹아 있기 때문이다. 기사의 형식, 소재의 선택과 배열, 용어 선택, 문장 표현 등에서 창작성이 바탕이 되지 않는 기사를 상상하기란 어렵다. 특히 칼럼이나 해설에 포함된 평가, 예상, 비판 등은 오롯이 독창적인 것이다.

저작권 침해는 허락 없이 다른 사람의 기사를 무단으로 가져다 쓸 때 성립된다. 이와 관련해 대법원은 "다른 기자가 먼저 취재하여 작성, 송고한 기사를 그대로 베끼거나, 문장의 일부를 발췌하거나, 다른 기사에 사용된 단어를 유사한 단어로 변경하는 등의 방법으로 작성하더라도 원래 기사의 저작권을 침해한 것이 된다"고 판시했다(대법원 2009.5.28. 선고 2007다354 판결). 여기서 중요한 것은 전체를 베끼지 않더라도 저작권 침해가 된다는 점이다. 저작권 침해 여부는 두 기사 사이에 실질적 유사성이 있는지를 기준으로 한다. 일부 문장의 배열 순서와 구체적인 표현 등을 조금 수정·증감하고 변경하더라도, 핵심적인 표현부분을 그대로 전재하거나 전체적인 기사의 구성과 논조에서 원래 기사의 창작적 특성이 드러나면 두 기사 사이에 실질적으로 유사성이 있다고 본다.

다른 사람이 인터넷 사이트에 올려놓은 글을 일괄 복제해 다른 인터넷 사이트에 게시하는 것도 저작권 침해에 해당한다. 저작권자가 게시판에 글을 올린 것은 게시판을 이용하는 사람들이 열람하고 개인적으로 소장하거나 글의 내용을 지인들에게 전파하는 등 저작권 침해가 되지 않는 범위 안에서 이용하도록 한 것이다. 저작권자가 복제를 금지하는 문구를 표시하지 않았다고 하여 저작권을 포기한 것이 아니며, 복제에 의한 게시를 포괄적으로 허락한 것이 아니다(대법원 2014.5.29. 선고 2013도7228 판결).

다른 인터넷 사이트의 기사를 링크하면 저작권 침해가 될까? 링크의 유형은 여러 가지가 있으나 대법원은 다른 인터넷 사이트의 기사를 링크하는 것은 저작권을 침해하지 않는 것으로 본다. 다만, 유럽은 물론 국내에서도 임베디드 링크(인라인 링크라고도 한다)가 저작권 침해가 성립할 수 있다는 의견이 있어 주목할 필요가 있다. 임베디드 링크는 이용자가 인터넷 사이트를 방문했을 때 제3자가 만든 음악이나 영상 등이 자동적으로 플레이되는 링크라고 보면 된다. 이용자는 해당 음악이나 영상 등이 자신이 방문한 인터넷 사이트가 제공하는 것으로 아는 경우가 많다.

시사보도를 위한 이용

방송 보도를 하는 입장에서 저작권 침해 문제는 영상물을 허락 없이 이용하거나 허락의 범위를 넘어 이용할 때 발생한다. 저작권자의 허락을 받지 않더라도 일정한 요건을 갖추면 저작권 침해가 되지 않는다.

방송사가 내세우는 방어 논리 가운데 하나가 저작권법 제26조 '시사보도를 위한 이용'이다. 이 조항에 따르면 방송·신문, 그 밖의 방법에 의하여 시사보도를 하는 경우 그 과정에서 보이거나 들리는 저작물은 보도를 위한 정당한 범위 안에서 복제·배포·공연 또는 공중송신할 수 있다.

이 규정을 적용받기 위해서는 언론이 부득이하게 또는 우발적으로 저작물을 이용한 것이어야 한다. 예를 들어 크리스마스 분위기를 보도하는 리포트에 거리에서 들리는 음악이 들어가는 경우, 영화제를 보도하는 리포트에 영화장면이 TV뉴스의 배경으로 나오는 경우, 미술관 도난사건을 보도하는 과정에서 전시되고 있는 미술작품이 배경 화면으로 보이는 경우 등이 시사보도를 위한 이용에 해당한다(박성호, 2014: 549~550).

공표된 저작물의 인용

취재와 보도 과정에서 기자들이 많이 의지하는 것이 저작권법 제28조(공표된 저작물의 인용)이다. 이 조항은 "공표된 저작물은 보도·비평·교육·연구 등을 위해 정당한 범위 안에서 공정한 관행에 합치되게 인용할 수 있다"고 규정하고 있다. 이 조항에 따라 다른 사람이 이미 공표한 저작물을 허락받지 않고 보도에 사용할 수 있다. 주의할 점은 공표된 저작물에만 적용되고, 공표되지 않은 저작물을 인용하면 저작권 침해가 된다. 참고로 인용이란 자신의 저작물을 작성하면서 다른 사람의 저작물을 활용하는 것을 말한다. 공표란 저작물을 공연·방송 또는 전시 그 밖의 방법으로 일반 공중에게 공개하는 경우와 저작물을 발행하는 경우를 말한다(박성호, 2014: 555).

(주)주권방송이 7개 방송사를 상대로 소송을 낸 사건을 보자. 주권방송은 S, H 씨가 진행한 통일토크콘서트와 강연 등을 촬영, 편집해 인터넷 웹사이트에 올려놓았다. 수사기관이 두 사람을 국가보안법 위반 혐의로 수사하자 피고 방송사들이 2014년 11월부터 주권방송의 영상물을 허락을 받지 않고 보도에 활용했다. 이에 주권방송은 4억 5000여만 원을 손

해배상하라는 소송을 냈다. 1심 법원은 6개 방송사에 대해 4210만 원을 배상하라며 원고 일부승소 판결했다. 재판부는 KBS를 상대로 한 청구에 대해서는 9개 저작물은 주권방송의 이용허락을 받았고, 1개는 저작물이 아니라고 판단해 원고의 청구를 기각했다. 4개 방송사가 1심 판결에 불복해 항소했으나, 2심 재판부는 손해배상액을 올려 1억 1990만 원을 배상하라고 판결했다(4개 방송사에 대해 1심 법원이 인용한 배상액은 3170만 원이다).

재판에서의 쟁점은 해당 영상물이 저작권법이 보호하는 저작물에 해당하는지, 또 정당한 범위 안에서 공정한 관행에 맞게 사용했는지 여부였다.

첫째 쟁점인 저작물 인정과 관련해 1심 법원은 주권방송이 제작한 영상물 20개 가운데 10개, 2심 법원은 20개를 모두 저작물로 인정했다. 피고 방송사들이 '사실의 전달에 불과한 시사보도'라고 주장했으나 2심 재판부는 저작물의 인정 범위를 폭넓게 인정했다. 재판부는 "주제의 선택, 발언자들의 표현 형식과 배열, 카메라 구도의 선택과 촬영방법, 기획 의도에 따른 편집 등에서 창조적 개성이 있는 것으로 인정되기 때문에 저작권법에 의해 보호되는 저작물에 해당한다"고 판시했다(서울고법 2017. 1. 26. 선고 2016나2018997 판결).

재판부는 여러 대의 카메라를 배치해 촬영을 진행하면서 화면을 이동하거나 줌인·줌아웃 기법을 활용한 것과 화면 전환, 자막 삽입, 사진 삽입, 인트로 화면 삽입 등을 활용해 편집한 것을 근거로 창조적 개성이 인정된다고 판단했다. 보도사진의 경우 피사체의 선정과 구도 설정에서부터 빛의 방향과 카메라 각도 설정, 셔터의 속도, 현상과 인화 과정에서 촬영자의 개성과 창조성이 인정되면 저작물에 해당한다(대법원 2010. 12. 23. 선고 2008다44542 판결 등). 그러나 증명사진과 같이 창작성이 없는 경우

사진·영상은 구도와 촬영방법 등에서 촬영자의 창조적 개성이 녹아 있는 저작물이다. 현장에서 취재경쟁을 하고 있는 영상취재 기자들(연합뉴스, 2019.1.22).

저작물로 인정받지 못한다. 2심 법원의 인용액이 1심에 비해 크게 증가한 것은 저작물로 인정된 영상물이 많아졌기 때문이다.

'정당한 범위'와 '공정한 관행'이 관건

둘째 쟁점인 '정당한 범위와 공정한 관행'을 살펴보자. 대법원은 "피인용 저작물(원래의 저작물)이 보족·부연·예증·참고자료 등으로 이용되어 인용저작물(새로운 저작물)에 대하여 부종적附從的 성질을 가지는 관계에 있어야 한다"고 판시한 바 있다(대법원 2013.2.15. 선고 2011도5835 판결 등). 양적으로나 질적으로 인용 저작물이 주主이고 피인용저작물이 종從의 관계가 되어야 하며 주종 관계가 뒤바뀌어선 곤란하다는 뜻이다.

재판부는 또 "정당한 범위 안에서 공정한 관행에 합치되게 인용한 것인지를 판단할 때는 ① 인용의 목적, ② 저작물의 성질, ③ 인용된 내용·분량, ④ 피인용 저작물을 수록한 방법과 형태, ⑤ 독자의 일반적 관념, ⑥ 원저작물의 수요를 대체하는지 여부 등을 종합적으로 고려하여 판단하여야 한다"고 강조했다. 지나치게 많이 인용해 독자·시청자 등이 원래의 저작물을 찾지 않을 정도(수요를 대체할 정도)가 되면 정당한 범위를 벗어난 것이 된다(서울고법 2017. 1. 26. 선고 2016나2018997 판결).

이 사건을 담당한 재판부는 인용되는 저작물이 차지하는 비중이 현저히 적어야 된다는 것을 강조했다. A 방송이 시사프로그램에서 '○○, 오늘 경찰 출석'을 주제로 63초 보도하면서 주권방송의 영상물을 51초 사용한 것, '○○, 평양 예찬'을 주제로 160초 보도하는 도중 주권방송의 영상물을 124초 사용한 것은 부적절하다고 판단했다. 재판부는 "피인용 저작물인 원고(주권방송)의 영상물이 피고(A방송사) 영상물의 대부분을 차지하며, 인용된 원고의 영상물을 제외하면 나머지 부분은 존재가치가 미미할 정도여서, 원고의 영상물(피인용저작물)이 피고 영상물(인용저작물)에 대해 부종적 성격을 가지는 것으로 보기 어렵다"고 판시했다.

재판부는 원저작물의 시장수요를 대체할 정도가 되면 부적절하다는 점도 분명히 했다. 지나치게 많이 인용하거나, 같은 영상을 불필요하게 반복해 보여주거나, 출연자의 발언 내용과 상관없이 배경화면으로 사용해서는 안 된다는 것이다. 피고 방송사들의 프로그램을 시청하면 굳이 주권방송의 영상물을 시청할 이유가 없게 된다는 설명이다. 원고와 피고 모두 2심 판결에 불복해 상소했으나 대법원은 심리불속행기각 판결을 내렸다.

인용할 때 출처 표시는 의무

저작물의 출처를 명시하는 것은 해당 저작물이 다른 사람의 저작물임을 분명하게 밝히는 것이다. 기자·PD들은 인용하면서 출처를 밝히는 것에 인색하다. 다른 방송의 영상물을 사용하면서 원래의 로고를 지우고 그 위에 자기 회사의 로고를 덧씌우기까지 한다. 출처를 표시하는 것이 자료의 빈약함을 인정하는 것이라고 생각하기 때문일까? 그러나 이 때문에 윤리문제, 나아가 법적 다툼으로 이어진다.

저작권법 제37조 제1항은 공표된 저작물을 보도에 인용할 때 출처를 명시해야 한다고 규정하고 있다. 이 의무를 위반할 경우 500만 원 이하의 벌금에 처하도록 규정되어 있다(저작권법 제138조 제2호).

법원은 '공정한 관행'에 합치되는지를 판단할 때 출처를 밝혔는지를 따진다. 저작권자의 허락 없이 저작물을 인용하는 경우에도 출처를 표시하는 것이 우리 사회의 관행으로 자리 잡았다고 보는 것이다. 출처를 알 수 없는 상황 등 특별한 사정이 없는 한 출처를 명시하지 않거나, 영상의 로고 표시를 가리고 저작물을 무단으로 사용하는 것은 공정한 관행과 거리가 있다. 인터넷 웹사이트 등을 통해 콘텐츠가 불특정 다수에게 계속 제공되고 파급력이 크기 때문에 출처를 명시할 당위성이 더 높다고 법원은 설명한다.

한편 법원은 출처를 명시하지 않는 것이 저작권법 제35조의 5(저작물의 공정한 이용)에 규정된 저작물의 통상적인 이용방법과 충돌하거나 저작자의 정당한 이익을 부당하게 해치는 것으로 볼 여지가 크다고 판시했다(서울중앙지법 2016.1.27. 선고 2015가합513706 판결).

출처 표시는 어떻게 하나? 타 언론사의 보도 내용을 이용할 때는 매체명과 기사의 제목, 보도일자를 명기하면 된다. 방송사의 영상 이용허락을 받은 경우에는 '화면제공: KBS'와 같은 방식으로 하면 된다.

페이스북·유튜브에 올라와 있는 사진·영상을 인용하면서 '사진 = 페이스북 캡처', '자료: 유튜브' 등으로 출처를 표시하면 문제가 없을까? 답변은 '아니오'다. 법원은 "언론사가 '페이스북 캡처'라고 출처를 밝히며 게시한다고 하여 저작권자의 동의 없이 페이스북 등에 올라온 사진을 기사에 사용하는 행위를 공정한 관행이라고 보기 어렵다"고 판시했다(서울남부지법 2019. 1. 11. 선고 2018나57023 판결). 페이스북에 게시한 사진을 공개로 설정했다 하더라도 언론사가 사용하는 것까지 허락한 것은 아니라는 뜻이다. 게다가 유튜브나 페이스북은 영상물의 권리자가 아니다.

저작물을 사용하려면 대가를 지불해야

기사·사진·영상·음악 등의 저작물에는 주인(저작권자)이 있다. 저작권법 제26조, 제28조 등에 따라 이용허락을 받지 않아도 되는 경우를 제외하고는 저작권자에게 이용을 허락받아야 한다. 그렇지 않으면 민·형사상의 문제가 발생한다.

이용을 허락받는다는 것은 저작권료를 지불해야 한다는 것과 같은 말이다. 저작권료로 얼마를 내야 하나? 동일한 저작물이라도 사용의 주체, 사용목적과 기간, 매체 등에 따라 가격이 달라진다. 신문사가 소유한 사진을 개인이 출판물에 이용할 때 표지에 사용하면 한 장에 10만 원, 본문에 넣을 때는 6만~8만 원을 내야 한다. 방송사의 동영상을 다른 방송사가 사용할 때는 30초당 100만~120만 원이 시장가격이다. 언론사가 보유하고 있는 기사·사진 등의 판매 단가는 언론사별로 큰 차이 없이 엇비슷하다. 하지만 저작권자가 개인인 경우 천차만별이다. 작가가 사진이나 영상의 가치를 주관적으로 판단해 가격을 매기기 때문이다.

저작권법 제125조 제2항은 저작권자가 손해배상을 청구할 때 저작권을 정상적으로 행사했을 경우 받을 수 있는 금액을 기준으로 손해액을 정한다고 규정하고 있다. 대법원은 "저작권자가 침해행위와 유사한 형태의 저작물 이용과 관련해 계약을 맺고 이용료를 받은 사례가 있는 경우라면, 특별한 사정이 없는 한 그 이용계약에서 정해진 이용료를 저작권자가 그 권리의 행사로 통상 받을 수 있는 금액으로 보아 이를 기준으로 손해액을 산정함이 상당하다"고 판시했다(대법원 2009. 5. 28. 선고 2007다354 판결).

시간에 쫓겨 저작권자의 허락을 받지 못하고 저작물을 사용했다면 사후에라도 허락을 받아야 한다. 저작권자가 저작물이 무단으로 사용된 사실을 알면 정상가격의 2~3배를 요구하는 것이 보통이다. 참고로 언론사들은 자사의 콘텐츠가 무단으로 사용되는지를 확인하기 위해 모니터링팀을 가동하고 있다.

① 언론사의 허락을 받자

다른 언론사 기자와 개인적 친분이 있다고 하여 그 기자의 허락만 받고 저작물을 사용해서는 안 된다. 기자가 생산하는 기사·칼럼·사진·동영상·만평 등은 업무상 저작물로, 저작권이 기자 개인이 아니라 언론사에 있다.

② 꼬리표를 확인하자

언론사 데이터베이스DB에 저장되어 있는 기사·사진·영상 자료를 이용할 때는 반드시 조건을 확인해야 한다. 외부 자료를 구매한 경우 이용 기간, 이용 가능한 매체, 출처 표시 등에 제한이 있다. 예를 들어 올림픽 관련 자료영상은 국내에 방송되는 뉴스에만 이용할 수 있도록 하는 경우다.

③ 저작인격권을 지켜야 한다

저작권법 제13조 동일성유지권 조항은 저작권자의 허락을 받아 저작물을 이용하는 경우에도 저작물의 내용을 함부로 변경할 수 없다고 규정하고 있다. 미술 작품을 짜깁기하거나 변형해 사용하는 것을 피해야 한다. 미술작품을 드라마 등의 세트로 이용하면서 거꾸로 벽에 걸어놓는 것도 저작인격권 침해가 될 수 있다.

3부
언론분쟁 대응

⚖️
...

보도로 인한 피해자가 정정·반론·추후보도나 손해배상을 청구할 때 가장 많이 찾는 곳이 언론중재위원회다. 위원회는 보도로 인한 분쟁을 조정·중재하기 위해 서울에 8개, 지방에 10개의 중재부를 운영하고 있다.

조정은 피해자와 언론사 사이에서 양쪽의 의견을 듣고 언론중재위원회가 합의를 이끌어내 분쟁을 해결하는 것이다. 피해자는 보도가 있음을 안 날로부터 3개월 이내, 보도가 있은 후 6개월 안에 조정을 신청해야 한다. 추후보도청구는 형사 절차가 무죄 또는 무혐의로 종결된 사실을 안 날로부터 3개월 안에 해야 한다.

이에 비해 중재는 중재부의 결정에 따라 해결하는 것이다. 중재 신청을 하려면 피해자와 언론사가 중재부의 중재결정에 따르기로 합의한 것을 서면으로 제출해야 한다. 중재결정은 확정 판결과 동일한 효력이 있다. 언론중재위원회라는 명칭 때문에 위원회가 '중재'를 주로 하는 것으로 이해하기 쉽다. 그러나 2017~2019년에 처리한 사건은 조정이 1만 336건, 중재가 3건으로 대부분이 조정 사건이다.

언론조정·중재제도는 외국에서 찾아볼 수 없는, 우리나라 고유의 대체적代替的 분쟁해결제도ADR: Alternative Dispute Resolution이다. '대체적'이라고 하는 것은 '소송을 대신하는' 또는 '재판에 의하지 않는' 것을 뜻한다. 국내에서 ADR 역할을 하는 기구로 한국저작권위원회, 인터넷주소분쟁조정위원회, 산업재산권분쟁조정위원회, 환경분쟁조정위원회, 소비자분쟁조정위원회, 대한상사중재원 등이 있다. 언론중재위원회가 2019년 한 해 동안 처리한 사건은 3544건에 이른다. 피해자들이 조정·중재 제도를 이처럼 많이 활용하는 것은 비용과 시간을 절약할 수 있기 때문이다. 소송을 하면 선고가 날 때까지 최소 몇 개월이 걸리고, 인지대·송달료 등을 납부해야 하고, 승자와 패자가 확실히 갈리는 등의 단점이 있다.

반면 조정·중재는 비용에 대한 부담 없이 무료로 이용할 수 있다. 신청한 뒤 원칙적으로 14일 안에, 중재부가 직권조정결정을 할 때는 21일 안에 결론이 나기 때문에 신속하게 피해를 구제받을 수 있다. 당사자 간 원만한 합의를 거쳐 해결을 모색하기 때문에 패소에 따른 감정적 앙금이 많이 줄어들 수 있다. 기사삭제, 후속보도, 유감표명 등 다양한 형태로 합의할 수 있다는 것도 이 제도의 장점이다. 언론사·기자 입장에서도 절차나 형식이 재판에 비해 간편하고, 견해를 자유롭게 피력할 수 있어 재판에 비해 부담이 적다.

출석에 앞서 논점을 정리해야

피해자가 조정을 신청하면 중재부장은 조정기일을 정해 피신청인인 언론사 대표이사에게 우편으로 출석요구서를 보낸다. 우편으로 출석요구서를 보내기에 앞서 언론사의 편의를 위해 이메일로 미리 보내는 경우도 있다. 이때 조정신청서를 함께 보내는데 여기에 신청인의 인적사항과 조

조정신청 →	출석요구 →	조정심리

당사자 합의(조정 성립)

당사자 미합의 ─ 직권조정결정 / 조정불성립결정

- 보도가 있음을 안 날
로부터 3개월, 보도일
로부터 6개월 이내
- 서면, 전자문서,
구술 등으로 신청

- 담당 중재부가
기일 지정해
출석요구
- 신청인·언론사
모두에 출석요구

- 신청인·언론사·
중재위원 참석
- 중재부는 양측의
주장을 듣고 합의를
이루기 위해 조정

조정 절차

정 대상이 된 보도 내용, 신청취지와 신청이유 등이 적혀 있다. 방송 보도가 문제된 경우 녹화물·녹음·녹취록이 첨부된다.

출석요구서가 도착한 날과 조정 기일 사이에 1주일 정도밖에 말미가 없기 때문에 언론사와 기자는 대응을 서둘러야 한다. 언론사의 입장을 정리한 '답변서'를 기일 1~2일 전까지 중재부에 제출하면 조정이 효율적으로 진행될 수 있다. 답변서는 피해자가 주장하는 내용에 대해 쟁점별로 일목요연하게 반박하는 것이 포인트다. 담당 기자가 초안을 작성해 데스크와 사내변호사가 함께 검토한 뒤 최종적으로 편집(보도)국장이 승인하는 것이 순서다.

이 과정에서 논점을 재확인하고, 대표이사를 대신해 누가 조정에 출석할지를 결정한다. 필자의 경험으로는 부장 또는 부국장급이 출석하는 것이 적절하다. 직급이 낮으면 어느 선에서 합의할 것인지를 결정하지 못해 조정이 원활하게 진행되지 못하는 수가 있다. 이렇게 되면 추가로 기일이 지정되고, 한 번 더 심리에 출석해야 하는 수고를 해야 한다. 담당 기자가 출석하는 것은 바람직하지 않다. 사안을 객관적으로 보지 못하기 때문에 자신의 주장을 굽히지 않고, 변명으로 흐르는 경향이 있어 합의에 이를 가능성이 떨어진다.

출석요구서에 적힌 날짜에 반드시 출석해야 하는 것은 아니다. 신문사·방송사의 업무 등으로 출석이 어려울 때는 결석해도 된다. 그러나 두 번 연속해 결석하면 신청인의 신청취지에 합의한 것으로 간주된다는 것을 주의해야 한다. 대리로 출석할 사람은 대표이사의 직인을 찍은 위임장을 조정 당일 중재부에 제출해야 한다. 언론사 대표이사의 날인을 받는 데 하루 정도 시간이 걸리는 것을 감안해 준비에 차질이 없도록 해야 한다.

합의서를 꼼꼼하게 검토해야

조정은 신청인과 피신청인의 '밀당'이다. 사안이 단순하고 쟁점이 뚜렷하면 30분 안에 끝나기도 하지만 1시간을 넘기는 것이 보통이다. 조정 과정은 비공개인데 한쪽 테이블에 중재부장을 중심으로 중재위원들이 앉고, 맞은편 테이블에 신청인과 피신청인이 나란히 앉는다. 중재부장(대부분 현직 부장판사가 맡는다)이 인사말을 하고 담당 조사관이 사건의 개요와 쟁점을 설명하는 것으로 조정이 시작된다. 이어 신청인이 신청취지와 신청이유를 설명하고, 피신청인이 언론사의 입장을 간략하게 밝힌다. 이 절차가 끝나면 중재위원들이 궁금한 것을 질문하고 합의를 유도한다.

언론사를 대표해 출석하는 사람은 사건을 자세하게, 강점과 약점이 무엇인지 정확하게 파악하고 나가야 한다. 사전에 편집(보도)국장과 협상의 가이드라인을 정하고 출석하는 것이 바람직하다. 반론보도만 허용할지 아니면 정정보도까지 허용할 것인지, 손해배상을 한다면 액수를 얼마로 할 것인지 등등. 가이드라인 없이 나갔다가는 자칫 분위기에 휩쓸려 예상하지 못한 내용에 합의하거나, 결정을 하지 못해 우왕좌왕한다. 대리인은 가이드라인을 기준으로 조정에 임하되, 현장에서의 상황을 반영해 탄력적으로 대응해야 한다.

합의에 이르면 조정합의서를 작성한다. 조사관이 작성한 보도문 초안을 놓고 신청인과 피신청인이 검토하는 순서를 밟는다. 신문·방송의 표현 방식에 어긋나거나 문장이 길고 이해하기 어려운 부분이 있으면 주저하지 말고 수정을 요구하는 것이 좋다. 정정·반론·추후보도의 시기와 방법, 본문·제목의 글자 크기를 정하는 것도 중요하다. 방송의 경우 보도문을 읽는 속도, 배경화면까지 일일이 지정해야 뒤탈이 없다. 요즘은 인터넷·유튜브·포털사이트에 게재하는 방법까지도 합의한다.

언론사가 합의를 이행한 경우 신청인이 해당 언론사의 임직원에 대해 별도의 민사·형사·행정적으로 책임을 묻지 않는다는 조항을 합의서에 포함시켜야 한다. 피해자 가운데는 합의를 한 뒤 방송통신심의위원회(방심위)에 민원을 제기하는 사람도 있다. 일단 합의하고 나면 언론사는 정정·반론·추후보도문을 보도하고, 손해를 배상해야 한다. 조정 합의는 재판상 화해와 동일한 효력이 있다(소송 당사자가 법관 앞에서 화해의사를 밝히고 그 내용을 조서에 기재하면 화해조서는 확정 판결과 같은 효력이 있다). 합의에 이르지 못하거나 조정에 적합하지 않은 사유가 있을 때 중재부가 '조정 불성립 결정'을 내린다. 이때 신청인이 재판을 원하면 소송으로 이어진다. 조정과정에서의 노력은 없었던 것이 되고, 사건은 원점으로 되돌아간다.

한편 조정 결과 신청인의 주장이 이유가 없거나 정정보도 등을 행사할 정당한 실익이 없을 때 중재부가 신청인의 청구를 기각할 수 있다(언론중재법 제21조 제2항). 중재부가 직권조정결정(조정을 갈음하는 결정)을 하는 경우도 있다. 신청인과 피신청인 사이에 합의가 이루어지지 않았으나 신청인의 주장이 이유 있다고 판단할 때 당사자들의 이익이나 그 밖의 사정을 고려해 신청취지에 반하지 않는 한도에서 결정한다(언론중재법 제22

조 제1항). 직권조정결정은 당사자가 이의신청을 하지 않으면 재판상 화해와 효력이 같다. 다만 당사자가 조정 결정을 송달받은 날로부터 7일 안에 서면으로 이의신청을 하면 그 결정은 효력이 상실되고, 자동으로 법원에 소訴가 제기된 것으로 본다. 이 경우 피해자는 원고가, 언론사는 피고가 된다.

生生 새샘 Tip

① 언론중재제도를 적극 활용하자

판사, 변호사, 교수, 전직 언론인 등이 주로 중재위원을 맡는다. 이들은 기자들의 잘못을 질타하기도 하지만 언론을 이해하는 편이다. 신청인과 피신청인의 중간에서 합의에 이르도록 촉매 역할을 한다. 이들이 제시하는 안을 적극적으로 검토할 필요가 있다. 소송으로 가면 법원 판결이 중재위원회의 조정에 비해 언론사에 불리하게 나오는 사례가 많다.

② 합의에 집착하지 말자

신청인의 요구사항이 합리적이면 적극적으로 수용하는 것이 좋다. 그렇다고 합의에 집착할 필요는 없다. 사안을 객관적으로 분석해 어느 선에서 합의할 것인지 기준을 갖고 조정에 임해야 한다.

법원에서 보낸 소장이나 검찰·경찰이 보낸 출석요구서를 받았다고 기자가 주눅들 필요는 없다. 일을 열심히 하는 과정에서 어느 정도의 법률적 다툼은 일어나기 마련이다. 언론사도 이런 상황을 예상하고 대비하고 있다.

기자 입장에서는 수사나 소송까지 가지 않고 해결하는 것이 중요하다. 그러기 위해서는 초동 단계에서 잘 대응해야 한다. 피해자가 전화·이메일·서신 등으로 항의할 경우 담당 기자는 데스크에게 즉시 보고해야 한다. 스스로 해결할 수 있다고 생각해 보고를 미루거나, 사안이 경미하다고 판단해 기자 선에서 요구를 묵살해 상황을 어렵게 만드는 일이 종종 있다.

민원인이 데스크와 통화를 원할 때가 있다. 이때 데스크가 피하는 것이 능사는 아니다. 민원인의 불만이 무엇인지 데스크가 직접 들을 수 있는 좋은 기회다. 자신의 답답한 처지를 한참 하소연하고 스스로 화를 푸는 민원인도 있다. 데스크가 공손한 태도로 대응하는 것이 포인트다. 그렇다고 통화를 하거나 면담할 때 지나치게 저자세로 대하는 것은 삼가야 한다. 자칫 불필요하게 민원인의 기를 살려줄 수 있다. 피해자 가운데는 "언론사가 처음에 잘못했다고 해놓고 나중에 발뺌한다"고 주장하는 사람도 있다. 피해자의 이야기를 듣고 즉석에서 답을 내놓지 않아도 된다. "윗분과 상의해 답변을 드리겠다"고 하면 된다.

피해자가 주장하는 것에 담당기자의 설명을 합쳐 데스크는 사건의 개요를 파악해야 한다. 그리고 편집(보도)국장, 행정 담당 국장과 해결 방안을 찾기 위해 머리를 맞대야 한다. 이 과정에서 변호사에게 자문하는 것이 필수적이다.

해결 방안으로 몇 가지를 생각할 수 있다. 먼저, 보도 책임자가 피해자에게 자세하게 경위를 설명하고 이해를 구하는 것이다. 설명으로 부족하다면 사과를 해야 한다. 당사자를 직접 만나 설명이나 사과를 한다면 훨씬 성의 있어 보일 것이다. 기사에 흠결이 있다면 인터넷에 게시된 기사를 수정하거나 삭제하는 방안도 있다. 사안이 심각하면 정정보도나 반론보도를 선제적으로 하고, 금전적으로 손해를 배상하는 것도 고려할 수 있다.

민사소송의 증거를 잘 챙겨야

언론사와 피해자 양쪽의 주장이 평행선을 달리며 해결책을 찾지 못하면 법원에서 다퉈야 한다. 피해자는 정정보도·반론보도 또는 손해배상 등을 청구한다.

피해자가 소송을 제기했거나, 제기할 것이 예상될 때 취재기자가 해야할 일은 사실관계를 정리하는 것이다. 사건 발생 전후부터 현재까지의 상황을 쟁점별로 구체적으로, 가감 없이 챙겨야 한다. 시간이 지날수록

손해배상과 위자료

언론의 악의적인 보도로 인격권이 침해된 경우 손해액의 몇 배를 배상하도록 하는 징벌적 손해배상제도를 도입하는 것을 주요 내용으로 하는 법률 개정안이 2020년 7월 의원입법으로 국회에 제출됐다. 정부도 악의적 가짜뉴스를 보도하는 언론사에 징벌적 손해배상제도를 적용하는 것을 내용으로 하는 상법 개정안을 2020년 9월 입법예고했다.

현재는 명예훼손의 구제수단으로 손해배상청구, 정정·반론·추후보도청구, 사전금지청구 등이 있다. 이 중에서 피해자가 많이 활용하면서 언론사나 기자에게 실질적인 압박을 주는 것이 손해배상청구다. 민법 제751조, 언론중재법 제30조 제1항은 보도로 피해를 입은 사람은 재산상 손해 이외에 정신적 손해에 대해서도 손해배상을 청구할 수 있다고 규정하고 있다. 정신적 손해에 대한 배상으로 지급하는 돈을 위자료慰藉料라고 한다.

재산상 손해에 대한 배상책임은 보도와 손해 발생 사이에 인과관계가 있는지가 관건이다. 그리고 인과관계를 입증할 책임은 피해자에게 있다(대법원 2011.5. 13. 선고 2011다2517 판결). 보도 때문에 주가가 하락했다거나, 식당 매출이나 유치원 원생이 급감하는 등의 손해가 발생했다고 피해자가 주장하더라도 그 손해가 보도 때문이라는 것을 입증하기가 쉽지 않다. 이런 사정 때문에 법원이 재산상 손해를 인정하는 사례는 많지 않다.

반면 법원은 정신적 손해에 대해서는 언론사나 기자에게 손해배상 의무를 지우는 것이 보통이다. 법원이 위자료 액수를 산정할 때는 보도의 내용, 피해자 측 사정, 가해자 측 사정, 보도 이후의 여러 사정을 감안한다. 판결문에 나타난 것을 정리하면 ① 보도와 관련해서는 보도의 양(크기)과 위치, 보도의 경위와 목적, 진실성의 여부, 공익성의 유무, 비방성과 악의성의 정도, 신속성의 정도(일간·주간·월간 등), 보도의 사회적 영향, ② 피해자 측 사정으로는 피해자가 특정되었는지 여부, 피해의 종류와 성격, 피해의 지속성과 회복곤란성, 피해자의 나이, 성별, 가족관계, 재산 정도, 교육 정도, 신분, 사회적 위치, 지명도 등, ③ 가해자 측 사정으로 발행부수, 공신력, 독자의 구성, 언론사의 규모·재산·재정 상태, 보도 이후의 태도, ④ 보도 이후 사정으로 언론이 기사를 정정·취소했는지 여부, 사회적 관심도, 보도 후 정황 등이다.

증거를 확보하는 것이 힘들기 때문에 서둘러야 한다. 재판 과정에서 뒤늦게 새로운 사실이 드러나면 효과적으로 대응하는 데 차질이 생긴다.

기자 중에는 "취재할 시간도 없는데 사실 관계 파악을 꼭 기자가 해야 하나? 변호사는 뭐하나?"라고 반문하는 경우가 있다. 드라마나 영화에서는 변호사가 사건이 벌어진 현장을 방문하고, 관련된 사람들을 만나 증거를 수집한다. 현실은 드라마와 거리가 있다. 취재와 보도의 전후 사정은 해당 기자가 가장 잘 알고 있다. 보도자료, 취재수첩, 통화기록, 통화녹음 등을 꼼꼼히 챙겨야 한다. 동료기자, 대변인실·홍보실 관계자, 취재원 등에게서 당시 상황을 청취하고 상황을 재구성해야 한다. 변호사는 정리된 사실관계를 바탕으로 담당 기자, 데스크와 전략을 논의한다. 민사재판은 변호사가 중심이 돼 진행한다. 상대방이 제출한 준비서면에 언론사를 대리하는 변호사가 답변서를 작성해 제출하는 방식이다. 기자가 증인으로 채택되면 법정에 출석해야 한다. 기자는 변호사에게 소송의 진행과정을 수시로 확인하고 추가로 제출할 증거가 있는지 의논하는 것이 필요하다.

형사사건 초기에 변호사의 도움을 받아야

언론보도가 형사사건으로 비화하는 경우가 있다. 명예훼손 혐의가 대부분이지만 저작권 침해, 주거침입 등과 관련된 것도 있다.

기자가 고소·고발당하거나 취재 도중 현행범으로 체포되면 당황한다. 조사를 어떻게 받아야 할지, 형사처벌을 받지나 않을지, 전과자가 되는 것은 아닌지···. 기자가 먼저 할 일은 담당 데스크에게 보고하는 것이다.

그다음의 대응 절차는 민사사건 때와 비슷하다. 경찰에서 조사를 받은 다음에, 또는 검찰로부터 출석 통보를 받고 나서 뒤늦게 보고하는 경우가 있는데 아주 잘못된 대응 방법이다. 도움을 스스로 포기하는 것이나 다름없다. 경찰·검찰이 기자에게 출석할 것을 요구하면 데스크·변호사와 상의해 일정을 잡아야 한다. 입증자료를 확보하고 어떤 논리로 방어할 것인지 준비되었을 때 출석해도 늦지 않다.

生生 생생 Tip

① 사내 변호사를 믿자

담당기자나 데스크는 사내 변호사와 충분히 소통하는 것이 중요하다. 조정이나 수사, 재판에 관련된 것이라면 불리한 내용도 허심탄회하게 이야기해야 한다. 나중에 팩트가 드러나면 효과적으로 방어하는 데 차질을 빚게 된다. 언론사건에 관한 한 언론사의 사내 변호사가 여느 로펌의 변호사보다 경험이 많고 내용을 잘 알고 있다.

② 조정·화해 가능성을 열어두자

수사와 소송이 진행되더라도 피해자와의 협상이 완전히 차단된 것은 아니다. 1심 판결이 선고된 뒤 항소 과정에서 조정할 수도 있다. 대화창구를 유지하는 것이 필요하다.

③ 성의를 보이자

법원의 재판, 언론중재위원회의 조정에 출석하기 전에 적절한 조치를 하는 것이 유리하다. 명백하게 기사에 오류가 있거나 반론보도가 미흡하다면 정정·반론보도를 하거나 인터넷 기사를 삭제하는 것을 검토해 볼 만하다. 기사로 인한 피해가 확대되는 것을 방지하고, 피해를 회복하기 위해 언론사가 노력한 것으로 평가받을 수 있다.

17

방송통신심의위원회

방송기자는 방송통신심의위원회(방심위) 심의에도 촉각을 곤두세워야 한다. 법원·언론중재위원회에서는 언론사와 피해자가 대등한 위치에서 재판과 조정 절차를 통해 공방을 벌인다. 그러나 방심위 심의는 다르다. 언론사는 을乙의 위치에 있다.

방심위는 방송법에 따라 방송 내용의 공정성·공공성 등을 심의하고 제재한다. 심의 결과는 해마다 방송통신위원회(방통위)의 방송평가에 반영된다. 주의는 1점, 경고 2점, 관계자징계 4점, 과징금은 10점 또는 15점이 감점된다. 허가·승인 대상 방송사는 3~5년마다 재승인을 받는데, 심의결과가 반영된 방송평가 결과가 재승인 심사항목에 포함된다.

방심위는 민원인이 민원을 제기하거나 방심위의 자체 모니터 요원이 방송 내용에 문제가 있다고 지적한 것 가운데 내부 검토를 거쳐 심의규정을 위반했다고 판단되는 것을 안건으로 올린다. 방심위는 방송심의소위원회, 광고심의소위원회, 통신심의소위원회, 디지털성범죄심의소위원회 등의 소위원회를 두는데 보도와 관련된 심의는 방송심의소위원회

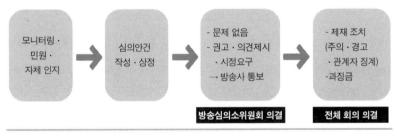

방송심의소위원회 의결   전체 회의 의결

방송심의 절차

가 맡는다. 다만, 보도 내용이 특정 업체나 상품에 광고효과를 주는 사안이라고 판단될 경우 광고심의소위원회가 담당한다.

소위원회 심의에서 위반 사항이 경미하다고 판단하면 행정지도(의견제시, 권고)를 의결해 방송사에 통보한다. 그러나 제재조치(주의, 경고, 관계자 징계 등) 또는 과징금을 부과해야 한다고 판단하거나 전체회의에서 논의해야 할 사안이라고 판단하면 전체회의로 넘겨 심의한다.

의견진술은 중징계의 예고편

방송사가 의견진술을 통지 받으면 긴장해야 한다. 의견진술은 제재조치의 전주곡이기 때문이다. 제재조치나 과징금 결정을 하려면 그 이전에 반드시 방송사의 의견진술을 거치도록 방송법에서 정하고 있다.

의견진술을 통지받으면 대표이사의 위임을 받은 사람이 출석하거나 서면으로 의견을 제출할 수 있다. 정해진 날짜에 출석하기 어려울 경우 1회에 한해 날짜를 바꿔달라고 요청할 수 있다. 정당한 사유 없이 의견진술에 응하지 않으면 그 기회를 포기한 것으로 본다. 단순한 사안이면 서면으로 의견을 제출하지만, 서면으로 설명하기가 어렵거나 적극적으로 소명하는 것이 필요하면 출석해서 진술하는 것이 바람직하다. 출석하는 경우에도 진술 요지를 서면으로 작성한 뒤 서명해 제출해야 하기 때문에

방심위의 공정성 논란

방송심의제도를 개선해야 한다는 목소리가 학계에서 꾸준히 나오고 있다. 이 주장은 방심위가 '정치적 심의'를 한다는 불신에서 비롯된다. 방송사는 물론 국민들도 심의결과에 의문을 표시할 때가 있다.

논란은 크게 두 가지다. 첫째, 방심위의 구성과 관련된 것이다. 심의위원은 모두 9명으로 대통령이 3명, 국회의장이 3명, 국회 소관 상임위원회인 과학기술정보방송통신위원회가 3명을 추천한다. 보통 여당 성향이 6명, 야당 성향이 3명이다. 위원들은 특정 정당의 입장을 대변할 수밖에 없다. 국민의 기본권을 보호하기 위해 방송 내용심의 직무를 독립적으로 수행하도록 한 입법 취지가 심의위원 추천 구조 때문에 퇴색한다는 지적이 나온다(송종현·윤성옥, 2017: 103~132 참조). 간혹 의견진술 도중에 심의위원들 간에 설전을 벌이기도 한다. 국회에서 국회의원들끼리 옥신각신하는 장면과 비슷하다.

둘째, 공정성·공공성 심의를 둘러싼 논란이다. 방송심의규정 제9조 제2항은 "방송은 사회적 쟁점이나 이해관계가 첨예하게 대립된 사안을 다룰 때 공정성과 균형성을 유지하여야 하고 관련 당사자의 의견을 균형 있게 반영해야 한다"고 명시하고 있다. 제14조에서는 사실을 정확하고 객관적인 방법으로 다룰 것을 요구하고 있다. 그러나 공정성·객관성·균형성의 개념이 분명하지 않다. 정량적으로 평가하기가 쉽지 않다. 방송사 입장에서는 어떤 행위가 위반인지 아닌지 예측하기가 힘들다는 불만이 나온다. 양적인 균형을 맞춰야 하는지, 질적인 균형을 맞춰야 하는지도 애매하다.

조수진 의원 등 국회의원 26명이 2020년 7월 뉴스, 시사프로그램 등 보도에 관한 내용을 방심위 심의대상에서 제외하는 것을 중심으로 방송법 개정안을 발의하면서 심의의 불공정성을 문제 삼았다.

미리 작성해 가야 한다. 의견진술서는 개요, 보도 경위, 후속 조치, 기타 순서로 정리하면 된다.

의견진술은 소위원장을 포함한 5명 이내의 위원으로 구성되는 방송심의소위원회에서 한다. 언론중재위원회와 마찬가지로 부장·부국장급 선에서 회사를 대표해 출석하는 것이 무난하다. 사안이 중하면 국장·본부장, 때로는 대표이사가 출석하기도 한다. 의견진술자가 방송사 입장을 간략하게 모두冒頭 발언하면 위원들이 궁금한 사항을 질의한다.

의견진술이 끝나면 소위원회의 건의를 토대로 전체회의에서 문제없음, 행정지도(의견제시, 권고), 제재조치(주의, 경고, 관계자 징계 등), 과징금 부과 등을 결정한다. 소위원회 의견진술 때 충분히 소명하지 못했거나, 이후 새로운 사실이 발견됐을 경우 방송사는 전체회의에서 의견을 진술할 기회를 달라고 요청할 수 있다. 이미 진행된 의견진술에 대한 추가 소명이므로 방송사 요청에 대해 방심위 전체회의가 의견진술할 기회를 줘야 진술할 수 있다. 제재조치나 과징금 부과가 결정되면 방심위가 방통위에 통보하고, 방통위가 방송사에 제재조치 등을 최종 명령한다. 방송사가 이의가 있으면 방통위에 재심을 청구하는 절차가 있다. 이 경우 방통위는 방심위에 의견을 묻고, 이를 재심 결과에 반영한다. 방송사가 재심 결과에도 승복하지 않으면 행정소송을 제기할 수 있다.

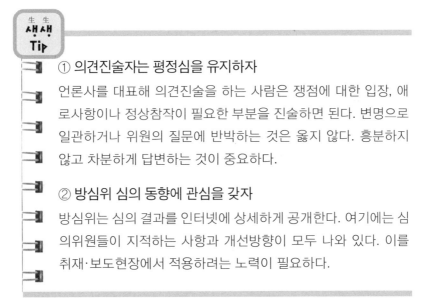

生生
생생
Tip

① 의견진술자는 평정심을 유지하자

언론사를 대표해 의견진술을 하는 사람은 쟁점에 대한 입장, 애로사항이나 정상참작이 필요한 부분을 진술하면 된다. 변명으로 일관하거나 위원의 질문에 반박하는 것은 옳지 않다. 흥분하지 않고 차분하게 답변하는 것이 중요하다.

② 방심위 심의 동향에 관심을 갖자

방심위는 심의 결과를 인터넷에 상세하게 공개한다. 여기에는 심의위원들이 지적하는 사항과 개선방향이 모두 나와 있다. 이를 취재·보도현장에서 적용하려는 노력이 필요하다.

언론분쟁 관련 법조문

대한민국 헌법

제10조 | 모든 국민은 인간으로서의 존엄과 가치를 가지며, 행복을 추구할 권리를 가진다. 국가는 개인이 가지는 불가침의 기본적 인권을 확인하고 이를 보장할 의무를 진다.

제17조 | 모든 국민은 사생활의 비밀과 자유를 침해받지 아니한다.

제18조 | 모든 국민은 통신의 비밀을 침해받지 아니한다.

제21조 |

① 모든 국민은 언론·출판의 자유와 집회·결사의 자유를 가진다.

② 언론·출판에 대한 허가나 검열과 집회·결사에 대한 허가는 인정되지 아니한다.

③ 통신·방송의 시설기준과 신문의 기능을 보장하기 위하여 필요한 사항은 법률로 정한다.

④ 언론·출판은 타인의 명예나 권리 또는 공중도덕이나 사회윤리를 침해하여서는 아니 된다. 언론·출판이 타인의 명예나 권리를 침해한 때에는 피해자는 이에 대한 피해의 배상을 청구할 수 있다.

제27조 |

① 모든 국민은 헌법과 법률이 정한 법관에 의하여 법률에 의한 재판을 받을 권

리를 가진다.

② 군인 또는 군무원이 아닌 국민은 대한민국의 영역 안에서는 중대한 군사상 기
밀·초병·초소·유독음식물공급·포로·군용물에 관한 죄 중 법률이 정한 경우
와 비상계엄이 선포된 경우를 제외하고는 군사법원의 재판을 받지 아니한다.

③ 모든 국민은 신속한 재판을 받을 권리를 가진다. 형사피고인은 상당한 이유가
없는 한 지체 없이 공개재판을 받을 권리를 가진다.

④ 형사피고인은 유죄의 판결이 확정될 때까지는 무죄로 추정된다.

⑤ 형사피해자는 법률이 정하는 바에 의하여 당해 사건의 재판절차에서 진술할
수 있다.

민법

제750조(불법행위의 내용) | 고의 또는 과실로 인한 위법행위로 타인에게 손해를
가한 자는 그 손해를 배상할 책임이 있다.

제751조(재산 이외의 손해의 배상) |

① 타인의 신체, 자유 또는 명예를 해하거나 기타 정신상고통을 가한 자는 재산
이외의 손해에 대하여도 배상할 책임이 있다.

② 법원은 전항의 손해배상을 정기금채무로 지급할 것을 명할 수 있고 그 이행을
확보하기 위하여 상당한 담보의 제공을 명할 수 있다.

제756조(사용자의 배상책임) |

① 타인을 사용하여 어느 사무에 종사하게 한 자는 피용자가 그 사무집행에 관하
여 제삼자에게 가한 손해를 배상할 책임이 있다. 그러나 사용자가 피용자의
선임 및 그 사무감독에 상당한 주의를 한 때 또는 상당한 주의를 하여도 손해
가 있을 경우에는 그러하지 아니하다.

② 사용자에 갈음하여 그 사무를 감독하는 자도 전항의 책임이 있다.

③ 전 2항의 경우에 사용자 또는 감독자는 피용자에 대하여 구상권을 행사할 수
있다.

제760조(공동불법행위자의 책임) |

① 수인이 공동의 불법행위로 타인에게 손해를 가한 때에는 연대하여 그 손해를

배상할 책임이 있다.

② 공동 아닌 수인의 행위 중 어느 자의 행위가 그 손해를 가한 것인지를 알 수 없는 때에도 전항과 같다.

③ 교사자나 방조자는 공동행위자로 본다.

제764조(명예훼손의 경우의 특칙) | 타인의 명예를 훼손한 자에 대하여는 법원은 피해자의 청구에 의하여 손해배상에 갈음하거나 손해배상과 함께 명예회복에 적당한 처분을 명할 수 있다.

형법

제126조(피의사실공표) | 검찰, 경찰 기타 범죄수사에 관한 직무를 행하는 자 또는 이를 감독하거나 보조하는 자가 그 직무를 행함에 당하여 지득한 피의사실을 공판청구 전에 공표한 때에는 3년 이하의 징역 또는 5년 이하의 자격정지에 처한다.

제307조(명예훼손) |

① 공연히 사실을 적시하여 사람의 명예를 훼손한 자는 2년 이하의 징역이나 금고 또는 500만 원 이하의 벌금에 처한다.

② 공연히 허위의 사실을 적시하여 사람의 명예를 훼손한 자는 5년 이하의 징역, 10년 이하의 자격정지 또는 1천만 원 이하의 벌금에 처한다.

제308조(사자의 명예훼손) | 공연히 허위의 사실을 적시하여 사자의 명예를 훼손한 자는 2년 이하의 징역이나 금고 또는 500만 원 이하의 벌금에 처한다.

제309조(출판물 등에 의한 명예훼손) |

① 사람을 비방할 목적으로 신문, 잡지 또는 라디오 기타 출판물에 의하여 제307조 제1항의 죄를 범한 자는 3년 이하의 징역이나 금고 또는 700만 원 이하의 벌금에 처한다.

② 제1항의 방법으로 제307조 제2항의 죄를 범한 자는 7년 이하의 징역, 10년 이하의 자격정지 또는 1천 500만 원 이하의 벌금에 처한다.

제310조(위법성의 조각) | 제307조 제1항의 행위가 진실한 사실로서 오로지 공공의 이익에 관한 때에는 처벌하지 아니한다.

제311조(모욕) | 공연히 사람을 모욕한 자는 1년 이하의 징역이나 금고 또는 200만

원 이하의 벌금에 처한다.

제312조(고소와 피해자의 의사) |

① 제308조와 제311조의 죄는 고소가 있어야 공소를 제기할 수 있다.

② 제307조와 제309조의 죄는 피해자의 명시한 의사에 반하여 공소를 제기할 수 없다.

제313조(신용훼손) | 허위의 사실을 유포하거나 기타 위계로써 사람의 신용을 훼손한 자는 5년 이하의 징역 또는 1천 500만 원 이하의 벌금에 처한다.

특정강력범죄의 처벌에 관한 특례법

제8조의 2(피의자의 얼굴 등 공개) |

① 검사와 사법경찰관은 다음 각 호의 요건을 모두 갖춘 특정강력범죄사건의 피의자의 얼굴, 성명 및 나이 등 신상에 관한 정보를 공개할 수 있다.

　1. 범행수단이 잔인하고 중대한 피해가 발생한 특정강력범죄사건일 것

　2. 피의자가 그 죄를 범하였다고 믿을 만한 충분한 증거가 있을 것

　3. 국민의 알 권리 보장, 피의자의 재범방지 및 범죄예방 등 오로지 공공의 이익을 위하여 필요할 것

　4. 피의자가 청소년 보호법 제2조 제1호의 청소년에 해당하지 아니할 것

② 제1항에 따라 공개를 할 때에는 피의자의 인권을 고려하여 신중하게 결정하고 이를 남용하여서는 아니 된다.

통신비밀보호법

제3조(통신 및 대화비밀의 보호) |

① 누구든지 이 법과 형사소송법 또는 군사법원법의 규정에 의하지 아니하고는 우편물의 검열·전기통신의 감청 또는 통신사실확인자료의 제공을 하거나 공개되지 아니한 타인 간의 대화를 녹음 또는 청취하지 못한다. 다만, 다음 각 호의 경우에는 당해 법률이 정하는 바에 의한다.

제16조(벌칙) |

① 다음 각 호의 어느 하나에 해당하는 자는 1년 이상 10년 이하의 징역과 5년 이하의 자격정지에 처한다.

1. 제3조의 규정에 위반하여 우편물의 검열 또는 전기통신의 감청을 하거나 공개되지 아니한 타인 간의 대화를 녹음 또는 청취한 자

2. 제1호에 따라 알게 된 통신 또는 대화의 내용을 공개하거나 누설한 자

정보통신망 이용 촉진 및 정보보호 등에 관한 법률(약칭: 정보통신망법)

제44조(정보통신망에서의 권리보호) |

① 이용자는 사생활 침해 또는 명예훼손 등 타인의 권리를 침해하는 정보를 정보통신망에 유통시켜서는 아니 된다.

② 정보통신서비스 제공자는 자신이 운영·관리하는 정보통신망에 제1항에 따른 정보가 유통되지 아니하도록 노력하여야 한다.

③ 방송통신위원회는 정보통신망에 유통되는 정보로 인한 사생활 침해 또는 명예훼손 등 타인에 대한 권리침해를 방지하기 위하여 기술개발·교육·홍보 등에 대한 시책을 마련하고 이를 정보통신서비스 제공자에게 권고할 수 있다.

제44조의 2(정보의 삭제요청 등) |

① 정보통신망을 통하여 일반에게 공개를 목적으로 제공된 정보로 사생활 침해나 명예훼손 등 타인의 권리가 침해된 경우 그 침해를 받은 자는 해당 정보를 처리한 정보통신서비스 제공자에게 침해사실을 소명하여 그 정보의 삭제 또는 반박내용의 게재(이하 '삭제 등'이라 한다)를 요청할 수 있다.

② 정보통신서비스 제공자는 제1항에 따른 해당 정보의 삭제 등을 요청받으면 지체 없이 삭제·임시조치 등의 필요한 조치를 하고 즉시 신청인 및 정보게재자에게 알려야 한다. 이 경우 정보통신서비스 제공자는 필요한 조치를 한 사실을 해당 게시판에 공시하는 등의 방법으로 이용자가 알 수 있도록 하여야 한다.

③ 정보통신서비스 제공자는 자신이 운영·관리하는 정보통신망에 제42조에 따른 표시방법을 지키지 아니하는 청소년유해매체물이 게재되어 있거나 제42조의 2에 따른 청소년 접근을 제한하는 조치 없이 청소년유해매체물을 광고

하는 내용이 전시되어 있는 경우에는 지체 없이 그 내용을 삭제하여야 한다.

제70조(벌칙) |

① 사람을 비방할 목적으로 정보통신망을 통하여 공공연하게 사실을 드러내어 다른 사람의 명예를 훼손한 자는 3년 이하의 징역 또는 3천만 원 이하의 벌금에 처한다.

② 사람을 비방할 목적으로 정보통신망을 통하여 공공연하게 거짓의 사실을 드러내어 다른 사람의 명예를 훼손한 자는 7년 이하의 징역, 10년 이하의 자격정지 또는 5천만 원 이하의 벌금에 처한다.

③ 제1항과 제2항의 죄는 피해자가 구체적으로 밝힌 의사에 반하여 공소를 제기할 수 없다.

언론중재 및 피해구제 등에 관한 법률(약칭: 언론중재법)

제4조(언론의 사회적 책임 등) |

① 언론의 보도는 공정하고 객관적이어야 하고, 국민의 알 권리와 표현의 자유를 보호·신장하여야 한다.

② 언론은 인간의 존엄과 가치를 존중하여야 하고, 타인의 명예를 훼손하거나 타인의 권리나 공중도덕 또는 사회윤리를 침해하여서는 아니 된다.

③ 언론은 공적인 관심사에 대하여 공익을 대변하며, 취재·보도·논평 또는 그 밖의 방법으로 민주적 여론형성에 이바지함으로써 그 공적 임무를 수행한다.

제5조(언론 등에 의한 피해구제의 원칙) |

① 언론, 인터넷뉴스 서비스 및 인터넷 멀티미디어 방송(이하 '언론 등'이라 한다)은 타인의 생명, 자유, 신체, 건강, 명예, 사생활의 비밀과 자유, 초상肖像, 성명, 음성, 대화, 저작물 및 사적私的 문서, 그 밖의 인격적 가치 등에 관한 권리(이하 '인격권'이라 한다)를 침해하여서는 아니 되며, 언론 등이 타인의 인격권을 침해한 경우에는 이 법에서 정한 절차에 따라 그 피해를 신속하게 구제하여야 한다.

② 인격권 침해가 사회상규社會常規에 반하지 아니하는 한도에서 다음 각 호의 어느 하나에 해당하는 경우에는 법률에 특별한 규정이 없으면 언론 등은 그 보

도 내용과 관련하여 책임을 지지 아니한다.

1. 피해자의 동의를 받아 이루어진 경우
2. 언론 등의 보도가 공공의 이익에 관한 것으로서, 진실한 것이거나 진실하다고 믿는 데에 정당한 사유가 있는 경우

제14조(정정보도 청구의 요건) |

① 사실적 주장에 관한 언론보도 등이 진실하지 아니함으로 인하여 피해를 입은 자(이하 '피해자'라 한다)는 해당 언론보도 등이 있음을 안 날부터 3개월 이내에 언론사, 인터넷뉴스 서비스사업자 및 인터넷 멀티미디어 방송사업자(이하 '언론사 등'이라 한다)에게 그 언론보도 등의 내용에 관한 정정보도를 청구할 수 있다. 다만, 해당 언론보도 등이 있은 후 6개월이 지났을 때에는 그러하지 아니하다.

② 제1항의 청구에는 언론사 등의 고의·과실이나 위법성을 필요로 하지 아니한다.

③ 국가·지방자치단체, 기관 또는 단체의 장은 해당 업무에 대하여 그 기관 또는 단체를 대표하여 정정보도를 청구할 수 있다.

④ 민사소송법상 당사자능력이 없는 기관 또는 단체라도 하나의 생활단위를 구성하고 보도 내용과 직접적인 이해관계가 있을 때에는 그 대표자가 정정보도를 청구할 수 있다.

제15조(정정보도청구권의 행사) |

① 정정보도 청구는 언론사 등의 대표자에게 서면으로 하여야 하며, 청구서에는 피해자의 성명·주소·전화번호 등의 연락처를 적고, 정정의 대상인 언론보도 등의 내용 및 정정을 청구하는 이유와 청구하는 정정보도문을 명시하여야 한다. 다만, 인터넷신문 및 인터넷뉴스 서비스의 언론보도 등의 내용이 해당 인터넷 홈페이지를 통하여 계속 보도 중이거나 매개 중인 경우에는 그 내용의 정정을 함께 청구할 수 있다.

② 제1항의 청구를 받은 언론사 등의 대표자는 3일 이내에 그 수용 여부에 대한 통지를 청구인에게 발송하여야 한다. 이 경우 정정의 대상인 언론보도 등의 내용이 방송이나 인터넷신문, 인터넷뉴스 서비스 및 인터넷 멀티미디어 방송의 보도과정에서 성립한 경우에는 해당 언론사 등이 그러한 사실이 없었음을 입증하지 아니하면 그 사실의 존재를 부인하지 못한다.

③ 언론사 등이 제1항의 청구를 수용할 때에는 지체 없이 피해자 또는 그 대리인

과 정정보도의 내용·크기 등에 관하여 협의한 후, 그 청구를 받은 날부터 7일 내에 정정보도문을 방송하거나 게재(인터넷신문 및 인터넷뉴스 서비스의 경우 제1항 단서에 따른 해당 언론보도 등 내용의 정정을 포함한다)하여야 한다. 다만, 신문 및 잡지 등 정기간행물의 경우 이미 편집 및 제작이 완료되어 부득이할 때에는 다음 발행 호에 이를 게재하여야 한다.

④ 다음 각 호의 어느 하나에 해당하는 사유가 있는 경우에는 언론사 등은 정정 보도 청구를 거부할 수 있다.

1. 피해자가 정정보도청구권을 행사할 정당한 이익이 없는 경우
2. 청구된 정정보도의 내용이 명백히 사실과 다른 경우
3. 청구된 정정보도의 내용이 명백히 위법한 내용인 경우
4. 정정보도의 청구가 상업적인 광고만을 목적으로 하는 경우
5. 청구된 정정보도의 내용이 국가·지방자치단체 또는 공공단체의 공개회의 와 법원의 공개재판절차의 사실보도에 관한 것인 경우

⑤ 언론사 등이 하는 정정보도에는 원래의 보도 내용을 정정하는 사실적 진술, 그 진술의 내용을 대표할 수 있는 제목과 이를 충분히 전달하는 데에 필요한 설명 또는 해명을 포함하되, 위법한 내용은 제외한다.

⑥ 언론사 등이 하는 정정보도는 공정한 여론형성이 이루어지도록 그 사실공표 또는 보도가 이루어진 같은 채널, 지면紙面 또는 장소에서 같은 효과를 발생시 킬 수 있는 방법으로 하여야 하며, 방송의 정정보도문은 자막(라디오방송은 제외한다)과 함께 통상적인 속도로 읽을 수 있게 하여야 한다.

⑦ 방송사업자, 신문사업자, 잡지 등 정기간행물사업자 및 뉴스통신사업자는 공 표된 방송보도(재송신은 제외한다) 및 방송프로그램, 신문, 잡지 등 정기간행 물, 뉴스통신 보도의 원본 또는 사본을 공표 후 6개월간 보관하여야 한다.

⑧ 인터넷신문사업자 및 인터넷뉴스 서비스사업자는 대통령령으로 정하는 바에 따라 인터넷신문 및 인터넷뉴스 서비스 보도의 원본이나 사본 및 그 보도의 배열에 관한 전자기록을 6개월간 보관하여야 한다.

제16조(반론보도청구권) |

① 사실적 주장에 관한 언론보도 등으로 인하여 피해를 입은 자는 그 보도 내용 에 관한 반론보도를 언론사 등에 청구할 수 있다.

② 제1항의 청구에는 언론사 등의 고의·과실이나 위법성을 필요로 하지 아니하

222

며, 보도 내용의 진실 여부와 상관없이 그 청구를 할 수 있다.

③ 반론보도 청구에 관하여는 따로 규정된 것을 제외하고는 정정보도 청구에 관한 이 법의 규정을 준용한다.

제17조(추후보도청구권) |

① 언론 등에 의하여 범죄혐의가 있거나 형사상의 조치를 받았다고 보도 또는 공표된 자는 그에 대한 형사절차가 무죄 판결 또는 이와 동등한 형태로 종결되었을 때에는 그 사실을 안 날부터 3개월 이내에 언론사 등에 이 사실에 관한 추후보도의 게재를 청구할 수 있다.

② 제1항에 따른 추후보도에는 청구인의 명예나 권리 회복에 필요한 설명 또는 해명이 포함되어야 한다.

③ 추후보도청구권에 관하여는 제1항 및 제2항에 규정된 것을 제외하고는 정정보도청구권에 관한 이 법의 규정을 준용한다.

④ 추후보도청구권은 특별한 사정이 있는 경우를 제외하고는 이 법에 따른 정정보도청구권이나 반론보도청구권의 행사에 영향을 미치지 아니한다.

제17조의 2(인터넷뉴스 서비스에 대한 특칙) |

① 인터넷뉴스 서비스사업자는 제14조 제1항에 따른 정정보도 청구, 제16조 제1항에 따른 반론보도 청구 또는 제17조 제1항에 따른 추후보도 청구(이하 '정정보도청구 등'이라 한다)를 받은 경우 지체 없이 해당 기사에 관하여 정정보도청구 등이 있음을 알리는 표시를 하고 해당 기사를 제공한 언론사 등(이하 '기사제공 언론사'라 한다)에 그 청구 내용을 통보하여야 한다.

② 제1항에 따라 정정보도청구 등이 있음을 통보받은 경우에는 기사제공 언론사도 같은 내용의 청구를 받은 것으로 본다.

③ 기사제공 언론사가 제15조 제2항(제16조 제3항 및 제17조 제3항에 따라 준용되는 경우를 포함한다)에 따라 청구에 대하여 그 청구의 수용 여부를 청구인에게 통지하는 경우에는 해당 기사를 매개한 인터넷뉴스 서비스사업자에게도 통지하여야 한다.

제18조(조정신청) |

① 이 법에 따른 정정보도청구 등과 관련하여 분쟁이 있는 경우 피해자 또는 언론사 등은 중재위원회에 조정을 신청할 수 있다.

② 피해자는 언론보도 등에 의한 피해의 배상에 대하여 제14조 제1항의 기간 이

내에 중재위원회에 조정을 신청할 수 있다. 이 경우 피해자는 손해배상액을 명시하여야 한다.

③ 정정보도청구 등과 손해배상의 조정신청은 제14조 제1항(제16조 제3항에 따라 준용되는 경우를 포함한다) 또는 제17조 제1항의 기간 이내에 서면 또는 구술이나 그 밖에 대통령령으로 정하는 바에 따라 전자문서 등으로 하여야 하며, 피해자가 먼저 언론사 등에 정정보도청구 등을 한 경우에는 피해자와 언론사 등 사이에 협의가 불성립된 날부터 14일 이내에 하여야 한다.

④ 제3항에 따른 조정신청을 구술로 하려는 신청인은 중재위원회의 담당 직원에게 조정신청의 내용을 진술하고 이의 대상인 보도 내용과 정정보도청구 등을 요청하는 정정보도문 등을 제출하여야 하며, 담당 직원은 신청인의 조정신청 내용을 적은 조정신청조서를 작성하여 신청인에게 이를 확인하게 한 다음, 그 조정신청조서에 신청인 및 담당 직원이 서명 또는 날인하여야 한다.

⑤ 중재위원회는 중재위원회규칙으로 정하는 바에 따라 조정신청에 대하여 수수료를 징수할 수 있다.

⑥ 신청인은 조정절차 계속 중에 정정보도청구 등과 손해배상청구 상호 간의 변경을 포함하여 신청취지를 변경할 수 있고, 이들을 병합하여 청구할 수 있다.

제19조(조정) |

① 조정은 관할 중재부에서 한다. 관할구역을 같이하는 중재부가 여럿일 경우에는 중재위원회 위원장이 중재부를 지정한다.

② 조정은 신청 접수일부터 14일 이내에 하여야 하며, 중재부의 장은 조정신청을 접수하였을 때에는 지체 없이 조정기일을 정하여 당사자에게 출석을 요구하여야 한다.

③ 제2항의 출석요구를 받은 신청인이 2회에 걸쳐 출석하지 아니한 경우에는 조정신청을 취하한 것으로 보며, 피신청 언론사 등이 2회에 걸쳐 출석하지 아니한 경우에는 조정신청 취지에 따라 정정보도 등을 이행하기로 합의한 것으로 본다.

④ 제2항의 출석요구를 받은 자가 천재지변이나 그 밖의 정당한 사유로 출석하지 못한 경우에는 그 사유가 소멸한 날부터 3일 이내에 해당 중재부에 이를 소명疏明하여 기일 속행신청을 할 수 있다. 중재부는 속행신청이 이유 없다고 인정하는 경우에는 이를 기각棄却하고, 이유 있다고 인정하는 경우에는 다시

조정기일을 정하고 절차를 속행하여야 한다.

⑤ 조정기일에 중재위원은 조정 대상인 분쟁에 관한 사실관계와 법률관계를 당사자들에게 설명·조언하거나 절충안을 제시하는 등 합의를 권유할 수 있다.

⑥ 변호사 아닌 자가 신청인이나 피신청인의 대리인이 되려는 경우에는 미리 중재부의 허가를 받아야 한다.

⑦ 신청인의 배우자·직계혈족·형제자매 또는 소속 직원은 신청인의 명시적인 반대의사가 없으면 제6항에 따른 중재부의 허가 없이도 대리인이 될 수 있다. 이 경우 대리인이 신청인과의 신분관계 및 수권관계授權關係를 서면으로 증명하거나 신청인이 중재부에 출석하여 대리인을 선임하였음을 확인하여야 한다.

⑧ 조정은 비공개를 원칙으로 하되, 참고인의 진술청취가 필요한 경우 등 필요하다고 인정되는 경우에는 중재위원회규칙으로 정하는 바에 따라 참석이나 방청을 허가할 수 있다.

⑨ 조정절차에 관하여는 이 법에서 규정한 것을 제외하고는 민사조정법을 준용한다.

⑩ 조정의 절차와 중재부의 구성방법, 그 관할, 구술신청의 방식과 절차, 그 밖에 필요한 사항은 중재위원회규칙으로 정한다.

제21조(결정) |

① 중재부는 조정신청이 부적법할 때에는 이를 각하却下하여야 한다.

② 중재부는 신청인의 주장이 이유 없음이 명백할 때에는 조정신청을 기각할 수 있다.

③ 중재부는 당사자 간 합의 불능 등 조정에 적합하지 아니한 현저한 사유가 있다고 인정될 때에는 조정절차를 종결하고 조정불성립결정을 하여야 한다.

제22조(직권조정결정) |

① 당사자 사이에 합의(제19조 제3항에 따라 합의한 것으로 보는 경우를 포함한다)가 이루어지지 아니한 경우 또는 신청인의 주장이 이유 있다고 판단되는 경우 중재부는 당사자들의 이익이나 그 밖의 모든 사정을 고려하여 신청취지에 반하지 아니하는 한도에서 직권으로 조정을 갈음하는 결정(이하 '직권조정결정'이라 한다)을 할 수 있다. 이 경우 그 결정은 제19조 제2항에도 불구하고 조정신청 접수일부터 21일 이내에 하여야 한다.

② 직권조정결정서에는 주문主文과 결정 이유를 적고 이에 관여한 중재위원 전원

이 서명·날인하여야 하며, 그 정본을 지체 없이 당사자에게 송달하여야 한다.

③ 직권조정결정에 불복하는 자는 결정 정본을 송달받은 날부터 7일 이내에 불복 사유를 명시하여 서면으로 중재부에 이의신청을 할 수 있다. 이 경우 그 결정은 효력을 상실한다.

④ 제3항에 따라 직권조정결정에 관하여 이의신청이 있는 경우에는 그 이의신청이 있은 때에 제26조 제1항에 따른 소訴가 제기된 것으로 보며, 피해자를 원고로 하고 상대방인 언론사 등을 피고로 한다.

제23조(조정에 의한 합의 등의 효력) | 다음 각 호의 어느 하나의 경우에는 재판상 화해와 같은 효력이 있다.

　1. 조정 결과 당사자 간에 합의가 성립한 경우

　2. 제19조 제3항에 따라 합의가 이루어진 것으로 보는 경우

　3. 제22조 제1항에 따른 직권조정결정에 대하여 이의신청이 없는 경우

제24조(중재) |

① 당사자 양쪽은 정정보도청구 등 또는 손해배상의 분쟁에 관하여 중재부의 종국적 결정에 따르기로 합의하고 중재를 신청할 수 있다.

② 제1항의 중재신청은 조정절차 계속 중에도 할 수 있다. 이 경우 조정절차에 제출된 서면 또는 주장·입증은 중재절차에서 제출한 것으로 본다.

③ 중재절차에 관하여는 그 성질에 반하지 아니하는 한도에서 조정절차에 관한 이 법의 규정과 민사소송법 제34조, 제35조, 제39조 및 제41조 부터 제45조까지의 규정을 준용한다.

제25조(중재결정의 효력 등) |

① 중재결정은 확정 판결과 동일한 효력이 있다.

② 중재결정에 대한 불복과 중재결정의 취소에 관하여는 중재법 제36조를 준용한다.

제26조(정정보도청구 등의 소) |

① 피해자는 법원에 정정보도청구 등의 소를 제기할 수 있다.

② 피해자는 정정보도청구 등의 소를 병합하여 제기할 수 있고, 소송계속訴訟繫屬 중 정정보도청구 등의 소 상호 간에 이를 변경할 수 있다.

③ 제1항의 소는 제14조 제1항(제16조 제3항에 따라 준용되는 경우를 포함한다) 및 제17조 제1항에 따른 기간 이내에 제기하여야 한다. 피해자는 제1항의 소

와 동시에 그 인용認容을 조건으로 민사집행법 제261조 제1항에 따른 간접강
제의 신청을 병합하여 제기할 수 있다.

④ 제1항은 민법 제764조에 따른 권리의 행사에 영향을 미치지 아니한다.

⑤ 제1항에 따른 소에 대한 제1심 재판은 피고의 보통재판적普通裁判籍이 있는 곳
의 지방법원 합의부가 관할한다.

⑥ 정정보도 청구의 소에 대하여는 민사소송법의 소송절차에 관한 규정에 따라
재판하고, 반론보도 청구 및 추후보도 청구의 소에 대하여는 민사집행법의 가
처분절차에 관한 규정에 따라 재판한다. 다만, 민사집행법 제277조 및 제287
조는 적용하지 아니한다.

⑦ 법원은 청구가 이유 있는 경우에는 제15조 제3항·제5항·제6항에 따른 방법으
로 정정보도·반론보도 또는 추후보도의 방송·게재 또는 공표를 명할 수 있다.

⑧ 정정보도청구 등의 소의 재판에 필요한 사항은 대법원규칙으로 정한다.

제27조(재판) |

① 정정보도청구 등의 소는 접수 후 3개월 이내에 판결을 선고하여야 한다.

② 법원은 정정보도청구 등이 이유 있다고 인정하여 정정보도·반론보도 또는 추
후보도를 명할 때에는 방송·게재 또는 공표할 정정보도·반론보도 또는 추후
보도의 내용, 크기, 시기, 횟수, 게재 위치 또는 방송 순서 등을 정하여 명하여
야 한다.

③ 법원이 제2항의 정정보도·반론보도 또는 추후보도의 내용 등을 정할 때에는
청구취지에 적힌 정정보도문·반론보도문 또는 추후보도문을 고려하여 청구
인의 명예나 권리를 최대한 회복할 수 있도록 정하여야 한다.

제28조(불복절차) |

① 정정보도청구 등을 인용한 재판에 대하여는 항소하는 것 외에는 불복을 신청
할 수 없다.

② 제1항의 불복절차에서 심리한 결과 정정보도청구 등의 전부 또는 일부가 기
각되었어야 함이 판명되는 경우에는 이를 인용한 재판을 취소하여야 한다.

③ 제2항의 경우 언론사 등이 이미 정정보도·반론보도 또는 추후보도의 의무를
이행하였을 때에는 언론사 등의 청구에 따라 취소재판의 내용을 보도할 수 있
음을 선고하고, 언론사 등의 청구에 따라 상대방으로 하여금 언론사 등이 이
미 이행한 정정보도·반론보도 또는 추후보도와 취소재판의 보도를 위하여 필

요한 비용 및 통상의 지면게재 사용료 또는 방송 사용료로서 적정한 손해의
배상을 하도록 명하여야 한다. 이 경우 배상액은 해당된 지면 사용료 또는 방
송의 통상적인 광고비를 초과할 수 없다.

제29조(언론보도 등 관련 소송의 우선 처리) | 법원은 언론보도 등에 의하여 피해를
받았음을 이유로 하는 재판은 다른 재판에 우선하여 신속히 하여야 한다.

제30조(손해의 배상) |

① 언론 등의 고의 또는 과실로 인한 위법행위로 인하여 재산상 손해를 입거나
인격권 침해 또는 그 밖의 정신적 고통을 받은 자는 그 손해에 대한 배상을 언
론사 등에 청구할 수 있다.

② 법원은 제1항에 따른 손해가 발생한 사실은 인정되나 손해액의 구체적인 금
액을 산정算定하기 곤란한 경우에는 변론의 취지 및 증거조사의 결과를 고려
하여 그에 상당하다고 인정되는 손해액을 산정하여야 한다.

③ 제1항에 따른 피해자는 인격권을 침해하는 언론사 등에 침해의 정지를 청구
할 수 있으며, 그 권리를 명백히 침해할 우려가 있는 언론사 등에 침해의 예방
을 청구할 수 있다.

④ 제1항에 따른 피해자는 제3항에 따른 청구를 하는 경우 침해행위에 제공되거
나 침해행위에 의하여 만들어진 물건의 폐기나 그 밖에 필요한 조치를 청구할
수 있다.

제31조(명예훼손의 경우의 특칙) | 타인의 명예를 훼손한 자에 대하여는 법원은 피
해자의 청구에 의하여 손해배상을 갈음하여 또는 손해배상과 함께, 정정보도의
공표 등 명예회복에 적당한 처분을 명할 수 있다.

저작권법

제2조(정의) | 이 법에서 사용하는 용어의 뜻은 다음과 같다.
   1. '저작물'은 인간의 사상 또는 감정을 표현한 창작물을 말한다.
   2. '저작자'는 저작물을 창작한 자를 말한다.

제7조(보호받지 못하는 저작물) | 다음 각 호의 어느 하나에 해당하는 것은 이 법에
   의한 보호를 받지 못한다.

1. 헌법·법률·조약·명령·조례 및 규칙
2. 국가 또는 지방자치단체의 고시·공고·훈령 그 밖에 이와 유사한 것
3. 법원의 판결·결정·명령 및 심판이나 행정심판절차 그 밖에 이와 유사한 절차에 의한 의결·결정 등
4. 국가 또는 지방자치단체가 작성한 것으로서 제1호 내지 제3호에 규정된 것의 편집물 또는 번역물
5. 사실의 전달에 불과한 시사보도

제9조(업무상저작물의 저작자) | 법인 등의 명의로 공표되는 업무상저작물의 저작자는 계약 또는 근무규칙 등에 다른 정함이 없는 때에는 그 법인 등이 된다. 다만, 컴퓨터프로그램저작물(이하 '프로그램'이라 한다)의 경우 공표될 것을 요하지 아니한다.

제11조(공표권) |

① 저작자는 그의 저작물을 공표하거나 공표하지 아니할 것을 결정할 권리를 가진다.

② 저작자가 공표되지 아니한 저작물의 저작재산권을 제45조에 따른 양도, 제46조에 따른 이용허락, 제57조에 따른 배타적발행권의 설정 또는 제63조에 따른 출판권의 설정을 한 경우에는 그 상대방에게 저작물의 공표를 동의한 것으로 추정한다.

③ 저작자가 공표되지 아니한 미술저작물·건축저작물 또는 사진저작물(이하 '미술저작물 등'이라 한다)의 원본을 양도한 경우에는 그 상대방에게 저작물의 원본의 전시방식에 의한 공표를 동의한 것으로 추정한다.

④ 원저작자의 동의를 얻어 작성된 2차적 저작물 또는 편집저작물이 공표된 경우에는 그 원저작물도 공표된 것으로 본다.

⑤ 공표하지 아니한 저작물을 저작자가 제31조의 도서관 등에 기증한 경우 별도의 의사를 표시하지 않는 한 기증한 때에 공표에 동의한 것으로 추정한다.

제12조(성명표시권) |

① 저작자는 저작물의 원본이나 그 복제물에 또는 저작물의 공표 매체에 그의 실명 또는 이명을 표시할 권리를 가진다.

② 저작물을 이용하는 자는 그 저작자의 특별한 의사표시가 없는 때에는 저작자가 그의 실명 또는 이명을 표시한 바에 따라 이를 표시하여야 한다. 다만, 저

작물의 성질이나 그 이용의 목적 및 형태 등에 비추어 부득이하다고 인정되는 경우에는 그러하지 아니하다.

제13조(동일성유지권) |

① 저작자는 그의 저작물의 내용·형식 및 제호의 동일성을 유지할 권리를 가진다.

② 저작자는 다음 각 호의 어느 하나에 해당하는 변경에 대하여는 이의異議할 수 없다. 다만, 본질적인 내용의 변경은 그러하지 아니하다.

1. 제25조의 규정에 따라 저작물을 이용하는 경우에 학교교육 목적상 부득이 하다고 인정되는 범위 안에서의 표현의 변경

2. 건축물의 증축·개축 그 밖의 변형

3. 특정한 컴퓨터 외에는 이용할 수 없는 프로그램을 다른 컴퓨터에 이용할 수 있도록 하기 위하여 필요한 범위에서의 변경

4. 프로그램을 특정한 컴퓨터에 보다 효과적으로 이용할 수 있도록 하기 위하여 필요한 범위에서의 변경

5. 그 밖에 저작물의 성질이나 그 이용의 목적 및 형태 등에 비추어 부득이하다고 인정되는 범위 안에서의 변경

제14조(저작인격권의 일신전속성) |

① 저작인격권은 저작자 일신에 전속한다.

② 저작자의 사망 후에 그의 저작물을 이용하는 자는 저작자가 생존하였더라면 그 저작인격권의 침해가 될 행위를 하여서는 아니 된다. 다만, 그 행위의 성질 및 정도에 비추어 사회통념상 그 저작자의 명예를 훼손하는 것이 아니라고 인정되는 경우에는 그러하지 아니하다.

제24조(정치적 연설 등의 이용) | 공개적으로 행한 정치적 연설 및 법정·국회 또는 지방의회에서 공개적으로 행한 진술은 어떠한 방법으로도 이용할 수 있다. 다만, 동일한 저작자의 연설이나 진술을 편집하여 이용하는 경우에는 그러하지 아니하다.

제26조(시사보도를 위한 이용) | 방송·신문 그 밖의 방법에 의하여 시사보도를 하는 경우에 그 과정에서 보이거나 들리는 저작물은 보도를 위한 정당한 범위 안에서 복제·배포·공연 또는 공중송신할 수 있다.

제28조(공표된 저작물의 인용) | 공표된 저작물은 보도·비평·교육·연구 등을 위하여는 정당한 범위 안에서 공정한 관행에 합치되게 이를 인용할 수 있다.

제35조의 5(저작물의 공정한 이용) |

① 제23조부터 제35조의 4까지, 제101조의 3부터 제101조의 5까지의 경우 외에 저작물의 통상적인 이용 방법과 충돌하지 아니하고 저작자의 정당한 이익을 부당하게 해치지 아니하는 경우에는 저작물을 이용할 수 있다.

② 저작물 이용 행위가 제1항에 해당하는지를 판단할 때에는 다음 각 호의 사항 등을 고려하여야 한다.

1. 이용의 목적 및 성격
2. 저작물의 종류 및 용도
3. 이용된 부분이 저작물 전체에서 차지하는 비중과 그 중요성
4. 저작물의 이용이 그 저작물의 현재 시장 또는 가치나 잠재적인 시장 또는 가치에 미치는 영향

제37조(출처의 명시) |

① 이 관에 따라 저작물을 이용하는 자는 그 출처를 명시하여야 한다. 다만 제26조, 제29조부터 제32조까지, 제34조 및 제35조의 2부터 제35조의 4까지의 경우에는 그러하지 아니하다.

② 출처의 명시는 저작물의 이용 상황에 따라 합리적이라고 인정되는 방법으로 하여야 하며, 저작자의 실명 또는 이명이 표시된 저작물인 경우에는 그 실명 또는 이명을 명시하여야 한다.

방송심의에 관한 규정

제9조(공정성) |

① 방송은 진실을 왜곡하지 아니하여야 한다.

② 방송은 사회적 쟁점이나 이해관계가 첨예하게 대립된 사안을 다룰 때에는 공정성과 균형성을 유지하여야 하고 관련 당사자의 의견을 균형 있게 반영하여야 한다.

③ 방송은 제작기술 또는 편집기술 등을 이용하는 방법으로 대립되고 있는 사안에 대해 특정인이나 특정단체에 유리하게 하거나 사실을 오인하게 하여서는 아니 된다.

④ 방송은 당해 사업자 또는 그 종사자가 직접적인 이해당사자가 되는 사안에 대

하여 일방의 주장을 전달함으로써 시청자(라디오방송의 청취자를 포함한다. 이하 같다)를 오도하여서는 아니 된다.

⑤ 방송은 성별·연령·직업·종교·신념·계층·지역·인종 등을 이유로 방송편성에 차별을 두어서는 아니 된다. 다만, 종교의 선교에 관한 전문편성을 행하는 방송사업자가 그 방송분야의 범위 안에서 방송을 하는 경우에는 그러하지 아니하다.

제10조(사실보도와 해설 등의 구별) |

① 방송은 사실보도와 해설·논평 등을 구별하여야 한다.

② 방송에서 해설이나 논평을 할 경우에는 사실의 설명과 개인의 견해를 명확히 구분하여야 하며, 해설자 또는 논평자의 이름을 밝혀야 한다.

제14조(객관성) | 방송은 사실을 정확하고 객관적인 방법으로 다루어야 하며, 불명확한 내용을 사실인 것으로 방송하여 시청자를 혼동케 하여서는 아니 된다.

제15조(출처명시) |

① 방송은 직접 취재하지 않은 사실 또는 다른 매체의 보도를 인용하거나 자료를 사용할 때에는 그 출처를 명시하여야 한다.

② 방송은 보도내용의 설명을 위하여 보관자료를 사용할 때에는 보관자료임을 명시하여야 한다. 다만, 시청자가 보관자료임을 일반적으로 알 수 있는 경우에는 예외로 한다.

제17조(오보정정) | 방송은 보도한 내용이 오보로 판명되었거나 오보라는 사실을 알았을 때에는 지체 없이 정정방송을 하여야 한다.

제19조(사생활보호) |

① 방송은 개인의 사생활의 비밀과 자유를 침해하여서는 아니 되며, 사적인 전화나 통신 등의 내용을 당사자의 동의 없이 방송하여서는 아니 된다.

② 방송은 부당하게 개인의 초상권을 침해하여서는 아니 된다.

③ 방송은 특정인의 사생활을 본인이 인지하지 못한 상태에서 녹음 또는 촬영하여 당사자의 동의 없이 방송하는 등의 방법으로 개인의 인격권을 부당하게 침해하여서는 아니 된다.

④ 방송은 기존 방송프로그램의 일부나 전부를 이용하여 방송프로그램을 제작하는 경우에도 제1항부터 제3항까지의 규정을 준수하여야 한다.

제20조(명예훼손 금지) |

① 방송은 타인(자연인과 법인, 기타 단체를 포함한다)의 명예를 훼손하여서는 아니 된다.

② 방송은 사자死者의 명예도 존중하여야 한다.

③ 제1항 및 제2항에 해당하는 경우에 그 내용이 진실한 사실로서 오로지 공공의 이익에 관한 때에는 예외로 한다.

제21조(인권보도)|

① 방송은 부당하게 인권 등을 침해하지 않도록 하여야 한다.

② 방송은 심신장애인 또는 사회적으로 소외받는 사람들을 다룰 때에는 특히 인권이 최대한 보호되도록 신중을 기하여야 한다.

③ 방송은 정신적·신체적 차이 또는 학력·재력·출신지역·방언 등을 조롱의 대상으로 취급하여서는 아니 되며, 부정적이거나 열등한 대상으로 다루어서는 아니 된다.

④ 방송은 공공의 이익을 위해 반드시 필요한 경우를 제외하고는 공개적인 방법으로 취재하는 것을 원칙으로 하며, 강제취재·답변강요·유도신문 등을 하여서는 아니 된다.

제21조의 2(범죄사건 피해자 등 보호)|

① 방송은 범죄사건 피해자의 이름, 주소, 얼굴, 음성 또는 그 밖에 본인임을 알 수 있는 내용(이하 '인적사항'이라고 한다) 공개에 신중을 기하여야 하며, 피해자의 인권을 고려하여야 한다.

② 방송은 객관적 근거 없이 범죄발생의 원인이 피해자 측에 있는 것처럼 묘사하여서는 아니 된다.

③ 방송은 범죄사건의 제보자, 신고자, 고발인, 참고인, 증인 및 범죄사건에 직접 관계되지 않은 개인의 인적사항 및 단체의 명칭·주소를 동의 없이 공개하여서는 아니 된다.

④ 제3항에 해당되는 경우라도 오로지 공공의 이익을 위해 필요하다고 인정되는 경우에는 예외로 한다.

제21조의 3(성폭력·성희롱 사건보도 등)|

① 방송은 성폭력·성희롱 피해자의 인적사항을 공개하여서는 아니 된다. 다만, 오로지 공공의 이익에 관한 때로서 어린이·청소년이 아닌 피해자의 명시적 동의가 있는 경우에는 예외로 한다.

② 방송은 성폭력·성희롱 사건과 무관한 피해자의 취향, 직업, 주변의 평가 등 사적 정보를 자세히 묘사하여서는 아니 된다.

③ 방송은 성폭력·성희롱 사건을 선정적이고 자극적으로 다루어서는 아니 되며, 가해자의 책임이 가볍게 인식되지 않도록 하여야 한다.

④ 방송은 성폭력·성희롱 사건 가해자(피고인, 피의자, 혐의자, 형사재판에서 유죄 판결 확정된 자를 포함하며, 이하 '가해자'라 한다)의 비정상적인 말과 행동을 부각하여 공포심을 조장하고 혐오감을 주어서는 아니 된다.

제22조(공개금지) |

① 방송은 범죄사건 가해자의 인적사항 공개에 신중을 기하여야 하며, 가해자가 청소년인 경우에는 공개하여서는 아니 된다.

② 방송은 가해자의 보호자 및 친·인척의 인적사항을 공개하여서는 아니 된다. 다만, 오로지 공공의 이익에 관한 때로서 당사자(청소년인 경우에는 그 보호자)가 공개에 동의하는 경우에는 예외로 한다.

제23조(범죄사건 보도 등) |

① 방송은 피고인 또는 피의자에 대해 법원의 확정 판결이 있기까지는 범인으로 단정하는 표현을 하여서는 아니 된다.

② 방송은 형의 집행이 종료되거나 시효가 만료된 범죄사건을 다룰 때에는 당사자의 사회활동에 지장을 주지 않도록 유의하여야 한다.

③ 방송은 피고인 또는 피의자에 대하여 보도할 때에는 수갑 등에 묶이거나 수의 囚衣 등을 입은 상태를 정면으로 근접 촬영한 장면 등을 통해 피고인 또는 피의자의 인격을 침해하지 않도록 유의하여야 한다.

④ 방송은 피고인·피의자·범죄혐의자에 관한 내용을 다룰 때에는 범죄행위가 과장되거나 정당화되지 않도록 유의하여야 한다.

신문윤리강령

우리 언론인은 자유롭고 책임 있는 언론을 실현해 우리에게 주어진 사명을 다할 것을 다짐한다. 우리는 자유롭고 책임 있는 언론이 민주발전, 민족통일, 문화창달에 크게 기여한다고 믿는다. 이러한 신념에 따라 스스로 윤리규범을 준수하고 품위를

지키고자 1957년 4월 7일 '신문윤리강령'을 처음 제정한 바 있다. 이제 그 숭고한
정신을 바탕으로 한국신문협회, 한국신문방송편집인협회, 한국기자협회는 정보화
사회의 출현 등 시대 변화에 맞춰 새로운 신문윤리강령을 다시 채택한다.

제1조 언론의 자유 | 우리 언론인은 언론의 자유가 국민의 알 권리를 실현하기 위해
언론인에게 주어진 으뜸가는 권리라는 신념에서 대내외적인 모든 침해, 압력, 제
한으로부터 이 자유를 지킬 것을 다짐한다.

제2조 언론의 책임 | 우리 언론인은 언론이 사회의 공기로서 막중한 책임을 지고 있
다고 믿는다. 이 책임을 다하기 위해 우리는 무엇보다도 사회의 건전한 여론 형
성, 공공복지의 증진, 문화의 창달을 위해 전력을 다할 것이며, 국민의 기본적 권
리를 적극적으로 수호할 것을 다짐한다.

제3조 언론의 독립 | 우리 언론인은 언론이 정치, 경제, 사회, 종교 등 외부세력으로
부터 독립된 자주성을 갖고 있음을 천명한다. 우리는 어떠한 세력이든 언론에
간섭하거나 부당하게 이용하려 할 때 이를 단호히 거부할 것을 다짐한다.

제4조 보도와 평론 | 우리 언론인은 사실의 전모를 정확하게, 객관적으로, 공정하게
보도할 것을 다짐한다. 우리는 또한 진실을 바탕으로 공정하고 바르게 평론할
것을 다짐하며, 사회의 다양한 의견을 폭넓게 수용함으로써 건전한 여론 형성에
기여할 것을 결의한다.

제5조 개인의 명예 존중과 사생활 보호 | 우리 언론인은 개인의 명예를 훼손하지 않
고 개인의 사생활을 침해하지 않을 것을 다짐한다.

제6조 반론권 존중과 매체접근의 기회 제공 | 우리 언론인은 언론이 사회의 공기라
는 점을 인식하여 개인의 권리를 존중하고 특히 독자에게 답변, 반론 및 의견 개
진의 기회를 주도록 노력한다.

제7조 언론인의 품위 | 우리 언론인은 높은 긍지와 품위를 갖추어야 한다. 우리는 저속
한 언행을 하지 않으며 바르고 고운 언어생활을 이끄는 데 앞장설 것을 다짐한다.

신문윤리실천요강

우리 언론인은 한국신문협회, 한국신문방송편집인협회, 한국기자협회가 채택한

신문윤리강령을 구체적으로 시행하기 위하여 다음과 같은 신문윤리실천요강을 채택하고 이를 준수할 것을 다짐한다. 또한 우리는 이 신문윤리실천요강을 한국신문윤리위원회의 준칙으로 삼을 것을 결의한다.

제1조 언론의 자유, 책임, 독립 | 언론인은 자유롭고 책임 있는 언론을 실현하기 위해 부당한 억제와 압력을 거부해야 하며 편집의 자유와 독립을 지켜야 한다.

① (정치권력으로부터의 자유) 언론인은 정권, 정당 및 정파 등 어떠한 정치권력이 언론에 대해 가하는 부당한 압력과 청탁을 거부해야 한다.

② (사회·경제 세력으로부터의 독립) 언론인은 어떠한 단체, 종교, 종파 등 사회세력과 그리고 기업 등 어떠한 경제세력의 부당한 압력, 또는 금전적 유혹이나 청탁을 거부해야 한다.

③ (사회적 책임) 언론인은 개인의 권리 보호에 최선을 기해야 하며, 건전한 여론 형성과 공공복지 향상을 위하여 사회의 중요한 공공문제를 적극적으로 다루어야 한다.

④ (차별과 편견의 금지) 언론인은 지역 간, 계층 간, 성별 간, 인종 간, 종교 간 갈등을 야기하는 보도를 해서는 안 되며, 이에 근거해 개인을 차별해서도 안 된다. 언론인은 아울러 장애인 등 소수자와 사회적 약자의 권리를 보호해야 하며 이들에 대한 편견을 갖지 말아야 한다.

제2조 취재준칙 | 기자는 취재를 위해 개인 또는 단체를 접촉할 때 필요한 예의를 지켜야 할 뿐만 아니라 비윤리적인 또는 불법적인 방법을 사용해서는 안 된다. 또한 기자는 취재를 위해 개인을 위협하거나 괴롭혀서는 안 된다.

① (신분사칭, 위장 및 문서반출 금지) 기자는 신분을 위장하거나 사칭하여 취재해서는 안 되며 문서, 자료, 컴퓨터 등에 입력된 전자정보, 사진, 기타 영상물을 소유주나 관리자의 승인 없이 검색하거나 반출해서는 안 된다. 다만 공익을 위해 필요한 경우에는 예외로 할 수 있다.

② (재난 등 취재) 기자는 재난이나 사고를 취재할 때 인간의 존엄성을 침해하거나 피해자의 치료를 방해해서는 안 되며 재난 및 사고의 피해자, 희생자 및 그 가족에게 적절한 예의를 갖추어야 한다.

③ (병원 등 취재) 기자는 병원, 요양소, 보건소 등을 취재할 때 신분을 밝혀야 하며 입원실을 포함한 비공개지역을 허가 없이 들어가서는 안 된다. 또한 기자

는 허가 없이 환자를 상대로 취재하거나 촬영을 해서는 안 되며 환자의 치료에 지장을 주어서는 안 된다.

④ (전화 취재) 기자는 전화로 취재할 때 신분을 밝히는 것을 원칙으로 하며 취재원에 대해 최대한 예의를 지켜야 한다.

⑤ (도청 및 비밀촬영 금지) 기자는 개인의 전화도청이나 비밀촬영 등 사생활을 침해해서는 안 된다.

제3조 보도준칙 | 보도기사(해설기사 포함)는 사실의 전모를 충실하게 전달함을 원칙으로 하며 출처 및 내용을 정확히 확인해야 한다. 또한 기자는 사회정의와 공익을 실현하기 위해 진실을 적극적으로 추적, 보도해야 한다.

① (보도기사의 사실과 의견 구분) 기자는 사실과 의견을 명확히 구분하여 보도기사를 작성해야 한다. 또한 기자는 편견이나 이기적 동기로 보도기사를 고르거나 작성해서는 안 된다.

② (공정보도) 기자는 경합 중인 사안을 보도할 때 어느 한쪽의 주장을 편파적으로 보도하지 않는다. 여론조사 등을 바탕으로 보도할 경우 그 조사의 신뢰성에 대해 근거를 분명히 밝혀야 한다.

③ (미확인보도 명시 원칙) 기자는 출처가 분명치 아니하거나 확인되지 않은 사실을 부득이 보도할 경우 그 점을 분명히 밝혀야 한다.

④ (선정보도의 금지) 기자는 성범죄, 폭력 등 기타 위법적이거나 비윤리적 행위를 보도할 때 음란하거나 잔인한 내용을 포함하는 등 선정적으로 보도해서는 안 되며 또한 저속하게 표현해서는 안 된다.

⑤ (답변의 기회) 보도기사가 개인이나 단체에 대한 비판적이거나 비방적 내용을 포함할 때에는 상대방에게 해명의 기회를 주고 그 내용을 반영해야 한다.

⑥ (재난보도) 재난이나 대형사건 등을 보도할 때 상황과 상관없는 흥미위주의 보도를 지양하고 자극적이거나 선정적인 용어는 사용하지 않는다. 재난 및 사고의 피해자, 희생자 및 그 가족의 명예나 사생활 등 개인의 인권을 침해하는 일이 없도록 유의해야 한다.

⑦ (보도자료의 검증) 취재원이 제공하는 구두발표와 홍보성 보도자료는 사실의 검증을 통해 확인 보도하는 것을 원칙으로 한다.

⑧ (피의사실의 보도) 경찰 및 검찰 등 수사기관이 제공하는 피의사실은 진실 여부를 확인하도록 노력해야 하며 피고인 또는 피의자 측에게 해명의 기회를 주

기 위해 최선을 다해야 한다.

제4조 사법보도준칙 | 언론인은 사법기관의 독립성을 부당하게 훼손하는 취재, 보
도, 평론을 해서는 안 된다.

① (재판에 대한 부당영향 금지) 언론인은 재판에 부당한 영향을 끼치는 취재, 보
도, 평론을 해서는 안 된다.

② (판결문 등의 사전보도 금지) 기자는 판결문, 결정문 및 기타 사법문서를 판결
이나 결정전에 보도, 논평해서는 안 된다. 다만 관련 취재원이 사법문서에 포
함된 내용을 제공할 때에는 예외로 한다.

제5조 취재원의 명시와 보호 | 보도기사는 취재원을 원칙적으로 익명이나 가명으로
표현해서는 안 되며 추상적이거나 일반적인 취재원을 빙자하여 보도해서는 안 된
다. 그러나 기자가 취재원의 비보도 요청에 동의한 경우 이를 보도해서는 안 된다.

① (취재원의 명시와 익명조건) 기자는 취재원이나 출처를 가능한 한 밝혀야 한
다. 다만 공익을 위해 부득이 필요한 경우나 보도가치가 우선하는 경우 취재
원이 요청하는 익명을 받아들일 수 있다. 이 경우 그 취재원이 익명을 요청하
는 이유, 그의 소속기관, 일반적 지위 등을 밝히도록 노력해야 한다.

② (제3자 비방과 익명보도 금지) 기자는 취재원이 익명의 출처에 의존하거나 자
기의 일방적 주장에 근거하여 제3자를 비판, 비방, 공격하는 경우 그의 익명
요청은 원칙적으로 받아들여서는 안 된다.

③ (배경설명과 익명조건) 기자는 취재원이 심층배경설명을 할 때 공익을 위해
필요한 경우 그의 익명요청을 받아들일 수 있되, 취재원의 소속기관과 일반적
지위를 밝혀야 한다.

④ (취재원과의 비보도 약속) 기자가 취재원의 신원이나 내용의 비보도 요청에
동의한 경우 취재원이 비윤리적 행위 또는 불법행위의 당사자인 경우를 제외
하고는 보도해서는 안 된다.

⑤ (취재원 보호) 기자는 취재원의 안전이 위태롭거나 부당하게 불이익을 받을
위험이 있는 경우 그 신원을 밝혀서는 안 된다.

제6조 보도보류시한 | 기자는 취재원이 요청하는 보도보류시한에 대해 합리적인지
판단하여 수용 여부를 결정하여야 한다.

① (보도보류시한의 연장 금지) 기자는 자의적인 상호협정으로 보도보류시한을
정하거나 연장해서는 안 된다.

② (보도보류시한의 효력 상실) 보도보류시한은 시한을 정한 목적에 위배되는 사정이 발생했을 경우 그 효력을 상실한다.

제7조 범죄보도와 인권존중 | 언론인은 유죄가 확정되기 전의 형사사건 피의자 및 피고인의 인권을 존중해야 한다. 또한 범죄에 연루된 정신이상자와 박약자, 성범죄에 연루된 피해자 및 무관한 가족들의 인권을 존중해야 한다.

① (형사피의자 및 피고인의 명예 존중) 언론인은 형사사건의 피의자 및 피고인이 무죄로 추정된다는 점을 유의하여 경칭을 사용하는 등 그의 명예와 인격을 존중해야 한다. 다만 피의자가 현행범인 경우와 기소 후 피고인에 대한 경칭의 사용 여부는 개별 언론사의 편집정책에 따른다.

② (성범죄와 무관한 가족 보호) 기자나 편집자는 성범죄를 보도하는 경우 무관한 가족의 신원을 밝혀서는 안 된다.

③ (미성년피의자 신원 보호) 기자나 편집자는 미성년(18세 이하)의 피의자 또는 피고인의 사진 및 기타 신원자료를 밝혀서는 안 된다.

④ (자살 보도의 신중) 자살 보도는 사회에 미치는 영향을 고려하여 신중해야 한다. 자살 방법 등에 대한 구체적 묘사 등 대중의 호기심에 영합하는 보도를 해서는 안 된다. 특히 표제에는 '자살'이라는 표현을 삼간다.

⑤ (피의자 및 참고인 등 촬영 신중) 기자는 형사사건의 피의자, 참고인 및 증인을 촬영하거나 사진 또는 영상을 보도할 때는 최대한 공익과 공공성을 고려해야 한다.

제8조 출판물의 전재와 인용 | 언론사와 언론인은 신문, 통신, 잡지 등 기타 정기간행물, 저작권 있는 출판물, 사진, 그림, 음악, 기타 시청각물의 내용을 표절해서는 안 되며 내용을 전재 또는 인용할 때에는 그 출처를 구체적으로 밝혀야 한다.

① (통신기사의 출처 명시) 언론사와 언론인은 통신기사를 자사 기사와 구별하여 출처를 밝혀 사용하여야 하며 사소한 내용을 변경하여 자사 기사로 바꿔서는 안 된다.

② (타 언론사 보도 등의 표절 금지) 언론사와 기자는 타 언론사의 보도와 논평을 표절해서는 안 되며 출처를 명시하지 않고 실체적 내용을 인용해서는 안 된다. 복수의 매체나 웹사이트 등을 통해 공개된 정보는 예외로 하며, 출처가 여럿일 경우 이를 포괄적으로 명시할 수 있다.

③ (타 출판물의 표절 금지) 언론사와 언론인은 타인의 저작권을 침해해서는 안

되며 저작자의 동의 아래 인용할 경우 그 출처를 밝혀야 한다.

④ (사진 및 기타 시청각물의 저작권 보호) 언론사와 언론인은 개인이나 단체의 사진, 그림, 음악, 인터넷게시물, 댓글, 기타 시청각물의 저작권을 보호해야 하며 보도나 평론에 사용할 경우 그 출처를 밝혀야 한다.

제9조 평론의 원칙 | 평론은 진실을 근거로 의견을 공정하고 바르게 표명하되 균형과 절제를 잃지 말아야 하며 특히 고의적 편파와 왜곡을 경계해야 한다. 또한 평론은 정치적 입장을 자유로이 표현할 수 있으며 논쟁적 문제에 대해 다양한 공중의 의견을 폭넓게 수용하여 건전한 여론형성을 위해 노력해야 한다.

① (논설의 정론성) 사설은 소속 언론사의 정론적 입장을 대변해야 하며 특히 언론사의 상업적 이익이나 특정 단체와 종파의 이권을 대변해서는 안 된다.

② (정치적 평론의 자유) 사설 등 평론은 실정법을 위반하지 않는 한 특정 정당 또는 특정 후보자에 대한 지지 또는 반대를 표명하는 등 언론사의 정치적 입장을 자유로이 표현할 수 있다.

③ (반론의 기회) 사설 등 평론이 개인 또는 단체를 비판하는 경우 비판받은 당사자의 적절한 해명과 반론의 기회를 주도록 노력해야 한다.

제10조 편집지침 | 편집자는 사내외의 압력이나 억제로부터 자유로워야 하며 공개된 편집기준에 따라 독립적으로 편집해야 한다. 또한 편집자는 기사 내용을 과장하거나 왜곡하는 등 선정적인 편집을 해서는 안 된다.

① (표제의 원칙) 신문의 표제는 기사의 요약적 내용이나 핵심적 내용을 대표해야 하며 기사 내용을 과장하거나 왜곡해서는 안 된다.

② (편집변경 및 선정주의 금지) 편집자는 사내외의 부당한 요구에 따라 기사를 없애거나 기사의 면 배치, 면 위치, 크기 등 내용을 바꾸어서는 안 되며 음란하거나 잔혹한 내용으로 선정적인 편집을 해서는 안 된다.

③ (미확인사실 과대편집 금지) 편집자는 출처가 분명하지 않거나 확인되지 않은 사실을 부득이 보도할 경우 과대하게 편집해서는 안 된다.

④ (기고기사의 변경 금지) 편집자는 사외 기고기사의 경우 기고자의 동의 없이 기사의 실체적 내용을 변경해서는 안 된다.

⑤ (기사의 정정) 편집자는 사실의 오류를 발견하거나 독자가 잘못된 사실의 정정을 요구할 경우 그 내용을 신속히 그리고 뚜렷하게 게재해야 한다.

⑥ (관계사진 게재) 보도사진은 기사의 실체적 내용과 직접적으로 관련을 가져

야 하며 그것을 사진 설명으로 밝혀야 한다. 다만 부득이한 경우 기사와 간접적 관련이 있는 사진을 사용할 수 있되 그 사실을 밝혀야 한다.

⑦ (사진조작의 금지) 편집자는 보도사진의 실체적 내용을 삭제, 첨가, 변형하는 등 조작해서는 안 된다. 다만 편집의 기술적 편의를 위해 부득이한 경우 최소한의 조작기법을 사용할 수 있되 그 사실을 밝혀야 한다.

⑧ (기사와 광고의 구분) 편집자는 독자들이 기사와 광고를 명확하게 구분할 수 있도록 편집한다.

⑨ (부당한 재전송 금지) 언론인은 부당한 목적으로 제목과 기사의 일부를 바꾸는 등의 방법으로 같거나 비슷한 기사를 반복적으로 게재해서는 안 된다.

⑩ (이용자의 권리보호) 언론인은 홈페이지 운영에서 청소년 보호에 유의하며, 이용자가 원치 않는 선정적 기사나 광고에 접속되지 않도록 노력한다.

제11조 명예와 신용존중 | 언론인은 개인과 단체의 명예나 신용을 훼손하는 보도 및 평론을 해서는 안 된다.

① (개인의 명예, 신용 훼손 금지) 기자는 오보, 부정확한 보도, 왜곡보도, 그리고 공익과 무관한 사실보도 등으로 개인이나 단체의 명예나 신용을 훼손해서는 안 된다.

② (저속한 표현에 의한 명예훼손) 기자는 개인이나 단체를 저속하게 표현하여 명예를 훼손해서는 안 된다.

③ (사자의 명예 존중) 보도와 평론은 사자의 명예를 부당하게 훼손해서는 안 된다.

제12조 사생활 보호 | 언론인은 공익을 위해 부득이 필요한 경우를 제외하고는 개인의 사생활을 보도, 평론해서는 안 된다.

① (사생활 영역 침해 금지) 기자는 개인의 주거 등 사생활 영역에 허락 없이 침입해서는 안 된다.

② (전자개인정보 무단검색 등 금지) 기자는 컴퓨터 등 전자통신기에 입력된 개인정보를 소유주나 관리자의 승인 없이 검색하거나 출력해서는 안 된다.

③ (사생활 등의 사진촬영 및 보도 금지) 기자는 개인의 사생활, 사유물, 개인에 속한 기타 목적물을 동의 없이 촬영하거나 취재 보도해서는 안 된다. 다만 공인의 경우는 예외로 한다.

④ (공인의 사생활 보도) 언론인은 공인의 사생활을 보도, 평론하는 때에도 절제

를 잃지 않도록 경계해야 한다.

제13조 어린이 보호 | 언론인은 어린이의 건전한 인격 형성과 정서 함양을 위해 노력해야 하며 특히 음란하거나 폭력적인 유해환경으로부터 어린이를 보호해야 한다.

① (어린이 취재 보도) 기자는 부모나 기타 보호자의 승인 없이 어린이(13세 미만)을 대상으로 인터뷰나 촬영을 해서는 안 된다. 또한 기자는 학교장이나 유치원장 등 보호책임자 동의 없이 어린이를 접촉하거나 촬영을 해서는 안 된다.

② (성범죄와 어린이 보호) 기자나 편집자는 어린이나 어린이의 가족이 성범죄에 연루된 경우 그 어린이의 신원을 밝혀서는 안 된다.

③ (유괴보도제한 협조) 기자나 편집자는 어린이가 유괴된 경우 무사히 생환하는 데 모든 협조를 다해야 하며 특히 유괴된 어린이가 범인의 수중에 있는 때에는 가족이나 수사기관의 보도제한요청에 응해야 한다.

④ (유해환경으로부터의 어린이 보호) 언론인은 폭력, 음란, 약물사용의 장면을 미화하거나 지나치게 상세하게 보도하여 어린이에게 유해한 환경을 조성하지 않도록 특별히 경계해야 한다.

제14조 정보의 부당이용 금지 | 기자는 취재과정에서 얻은 정보를 본인, 친인척 또는 기타 지인의 이익을 위해서 사용하거나 다른 개인이나 기관에 넘겨서는 안 된다.

① (기자 본인 및 친인척의 소유주식에 관한 보도제한) 기자는 본인, 친인척 또는 기타 지인이 이해관계를 갖는 주식 및 증권정보에 관해 보도해서는 안 된다.

② (소유주식 및 증권의 거래 금지) 기자는 주식 및 증권정보에 관해 최근에 기사를 썼거나 가까운 장래에 쓰고자 할 때 그 주식이나 증권의 상업적 거래에 직접 또는 간접적으로 참여해서는 안 된다.

③ (부동산 등 부당거래 금지) 언론인은 취재 및 기타 언론활동에서 얻은 정보를 부동산 거래 등 기타 사사로운 이익을 위해 이용해서는 안 된다.

제15조 언론인의 품위 | 언론사와 언론인은 언론의 사회적 공기성에 합당하는 높은 직업적 기준을 준수함으로써 공인으로서의 품위를 지켜야 한다.

① (금품수수 및 향응 금지) 언론사와 언론인은 취재, 보도, 평론, 편집에 관련하여 이해당사자로부터 금품, 향응, 무료여행 초대, 취재여행의 경비, 제품 및 상품권, 고가의 기념품 등 경제적 이익을 받아서는 안 된다. 다만 서평을 위해 받은 서적은 예외로 하며 제품 소개를 위해 받은 제품은 공공목적을 위해 사

용해야 한다.

② (부당한 집단영향력 행사 금지) 기자는 공동취재나 친목 또는 직업적 공동이익을 위한 목적 이외에 단체를 구성하거나 활동해서는 안 되며 출입처와 기업 등 취재원에 대해 집단적 영향력을 행사해서는 안 된다. 특히 이들 취재원으로부터 금품이나 부당한 향응을 받아서는 안 된다.

③ (부당한 금전 지불 금지) 언론인은 반사회적 범죄자에게 금전을 제공하는 등 비윤리적 방법에 의해 취재하거나 기타 자료를 취득해서는 안 된다.

④ (기자의 광고, 판매, 보급행위 금지) 언론사는 언론직 종사자(편집자, 기자 등)에게 보급행위 및 광고판매를 요구해서는 안 되며 언론직 종사자도 그런 요구를 받아들여서는 안 된다.

제16조 공익의 정의 | 이 신문윤리실천요강에서 규정하는 공익을 위해 필요한 경우는 다음과 같은 사항을 포함한다.

① (국가안전 등) 국가의 안전보장, 사회질서 유지, 공공복리를 위해 부득이한 경우

② (공중안녕) 공중의 보건과 안전 및 환경보존을 위해 부득이한 경우

③ (범죄의 폭로) 반사회적 범죄 또는 중대한 비윤리적 행위를 방지하기 위해 부득이한 경우

④ (공중의 오도 방지) 개인이나 단체의 성명 또는 행동으로 공중이 오도되는 것을 막기 위해 부득이한 경우

한국신문협회, 한국신문방송편집인협회, 한국기자협회는 개정된 신문윤리강령 및 실천요강을 승인, 준칙으로 삼는다.

1957년 4월 7일　　제정
1996년 4월 8일 전면개정
2009년 3월 4일 부분개정
2016년 4월 6일 부분개정
한 국 신 문 협 회
한국신문방송편집인협회
한 국 기 자 협 회

참고문헌

단행본

박성호. 2014. 『저작권법』. 서울: 박영사.

박용상. 2013. 『명예훼손법』. 서울: 현암사.

_____. 1997. 『언론과 개인법익』. 서울: 현암사.

이재진. 2018, 『언론과 공인』, 서울: 한양대출판부.

조준원. 2005. 『언론소송과 판결 읽기』, 서울: 한울.

번역서

코바치·로젠스틸Bill Kovach & Tom Rosenstiel. 2014. 『저널리즘의 기본 원칙』. 이재경 옮김. 서울: 한국언론진흥재단.

논문

강동욱. 2012. 「범죄보도에 있어서 피의자 신원공개에 관한 법리적 검토」. 《언론 중재》, 124호. 25~37쪽.

김기중. 2017. 「공직자에 대한 명예훼손 소송에서 '신분'으로서 공인 개념 도입을 위한 시론적 모색」. 한국언론법학회 2017년 봄철 정기학술대회 발표 논문 (2017. 3. 24). 69~88쪽.

김상우. 2014. 「텔레비전 뉴스의 모자이크 영상에 대한 비판적 연구」. 《미디어와 공연예술연구》, 9권 3호, 29~54쪽.

김상우·이재진. 2015. 「언론중재위원회 손해배상 제도의 기능과 효율성에 관한 연구」. 《언론과 법》, 14권 3호, 173~211쪽.

김재형. 2014. 「공인보도와 인격권」. 《언론중재》, 133호, 62~101쪽.

_____. 2012. 「언론보도에 의한 초상권 침해에 관한 법적 검토」. 《언론중재》, 125호, 24~41쪽.

박용규. 2001. 「한국신문 범죄보도의 역사적 변천에 관한 연구」. 《한국언론학보》 45-2호, 156~185쪽.

송종현·윤성옥. 2017. 「방송통신심의위원회의 운영과 심의활동 분석」. 《언론과 법》, 16권 1호, 103~132쪽.

신병률. 2008. 「텔레비전 시사고발프로그램 속 인터뷰 익명처리의 영향에 관한 실험연구」. 《언론과학연구》, 8권 2호. 239~271쪽.

양재규. 2017. 「공인보도에 대한 실무적 접근과 그 법적 함의」. 한국언론법학회 2017년 봄철 정기학술대회 발표 논문(2017. 3. 24). 47~68쪽.

엄동섭. 1998. 「언론보도와 초상권 침해」. 《언론중재》, 67호. 24~37쪽.

우병동. 1996. 「뉴스 보도의 정확성 연구: 오보 발생의 구조를 중심으로」. 《언론과 사회》, 3월호, 34~65쪽.

염규호. 1993. 「통신사 기사 게재와 명예훼손-미국의 언론 자유에 대한 법·판례」. 《언론중재》, 49호. 61~65쪽.

_____. 1994. 「미국의 명예훼손법」. 《언론중재》, 52호. 27~42쪽.

원혜욱. 2019. 「'피의자'의 피의사실 보도와 무죄추정의 원칙」. 《언론중재》, 152호. 4~19쪽.

이영진. 2014. 「초상권에 관한 소고」. 《언론중재》, 133호, 44~49쪽.

이재진·고영신. 2003. 「통신기사 인용과 면책항변wire service defense에 관한 연구」. 2003년 한국언론학회 봄철 정기학술대회 논문집, 543~558쪽.

이재진·동세호. 2015. 「방송 관련 초상권 침해 소송에서 나타난 '동의'의 적용 법리에 대한 연구」. 《언론중재》, 134호, 101~148쪽.

한위수. 1998. 「집단명예훼손소송에 관한 연구」. 《언론중재》, 67호, 24~37쪽.

_____. 2004. 「공인 관련 보도의 법적 제문제」.《언론중재》, 90호, 22~36쪽.

함석천. 2006. 「초상권에 대한 새로운 인식과 법리 전개」.《법조》, 55권 12호, 191~222쪽.

신문기사

금준경. 2020.5.10. "연합뉴스 적나라하게 베낀 신문사 '경고'".《미디어오늘》, URL: http://www.mediatoday.co.kr/news/articleView.html?idxno=206985

이미나. 2020.4.8. "코로나19 확진 영아 아버지, 신천지'보도한 방송사 무더기 '권고'".《Pd JOURNAL》, URL: http://www.pdjournal.com/news/articleView.html?idxno=71209

연감·판결집·보고서

방송통신심의위원회. 2020. 『2019방송통신심의연감』.

언론중재위원회. 1999. 『국내언론관계판결집 제6집』.

_____. 2000. 『국내언론관계판결집 제7집』.

_____. 2001. 『국내언론관계판결집 제8집』.

_____. 2002. 『국내언론관계판결집 제9집』.

_____. 2003. 『국내언론관계판결집 제10집』.

_____. 2004. 『국내언론관계판결집 제11집』.

_____. 2005. 『국내언론관계판결집 제12집』.

_____. 2006. 『국내언론관계판결집 제13집』.

_____. 2007. 『국내언론관계판결집 제14집』.

_____. 2011. 『2010년도 언론관련판결 분석보고서』.

_____. 2012. 『2011년도 언론관련판결 분석보고서』.

_____. 2013. 『2012년도 언론관련판결 분석보고서』.

_____. 2014. 『2013년도 언론관련판결 분석보고서』.

_____. 2015. 『2014년도 언론관련판결 분석보고서』.

_____. 2016. 『2015년도 언론관련판결 분석보고서』.

_____. 2017. 『2016년도 언론관련판결 분석보고서』.

_____. 2018. 『2017년도 언론관련판결 분석보고서』.

_____. 2019. 『2018년도 언론관련판결 분석보고서』.

_____. 2020a. 『2019년도 언론관련판결 분석보고서』.

_____. 2020b. 『언론중재위원회 2019 연간보고서』.

판결문·결정문

헌법재판소 1991.9.16. 선고 89헌마165 결정.

헌법재판소 2006.6.29. 선고 2005헌마165 결정.

헌법재판소 2013.6.27. 선고 2012헌바37 결정.

헌법재판소 2013.9.26. 선고 2012헌마271 결정.

헌법재판소 2014.3.27. 선고 2012헌마652 결정.

대법원 1986.12.13. 선고 86다카818 판결.

대법원 1997.10.28. 선고 97다28803 판결.

대법원 1997.12.28. 선고 97다28803 판결.

대법원 1998.5.8. 선고 97다34563 판결.

대법원 1998.9.4. 선고 96다11327 판결.

대법원 1988.10.11. 선고 85다카29 판결.

대법원 1999.1.26. 선고 97다10215 판결.

대법원 2000.3.24. 선고 99다63138 판결.

대법원 2000.7.28. 선고 99다6203 판결.

대법원 2001.10.12. 선고 2001다7865 판결.

대법원 2002.1.22. 선고 2000다37254 판결.

대법원 2002.1.22. 선고 2000다37254 판결.

대법원 2002.5.10. 선고 2000다50213 판결.

대법원 2002.12.24. 선고 2000다14613 판결.

대법원 2003.1.24. 선고 2000다37647 판결.

대법원 2003.7.8. 선고 2002다64384 판결.

대법원 2003.7.22. 선고 2002다62494 판결.

대법원 2003.9.2. 선고 2002다63558 판결.

대법원 2003.11.28. 선고 2003도3972 판결.

대법원 2004.2.27. 선고 2001다53387 판결.

대법원 2005.1.27. 선고 2002도965 판결.

대법원 2005.7.15. 선고 2004다53425 판결.

대법원 2006.3.23. 선고 2003다52412 판결.

대법원 2006.5.12. 선고 2004다35199 판결.

대법원 2006.9.14. 선고 2004도5350 판결.

대법원 2006.10.13. 선고 2004다16280 판결.

대법원 2006.11.23. 선고 2004다50747 판결.

대법원 2007.6.1. 선고 2004다61372 판결.

대법원 2007.7.12. 선고 2006다65620 판결.

대법원 2007.12.27. 선고 2007다29379 판결.

대법원 2008.1.24. 선고 2005다58823 판결.

대법원 2008.4.24. 선고 2006다53214 판결.

대법원 2009.1.30. 선고 2006다60908 판결.

대법원 2009.2.26. 선고 2008다27769 판결.

대법원 2009.4.9. 선고 2005다65494 판결.

대법원 2009.5.28. 선고 2007다354 판결.

대법원 2009.9.10. 선고 2007다71 판결.

대법원 2010.12.23. 선고 2008다44542 판결.

대법원 2011.9.2. 선고 2009다52649 판결.

대법원 2011.11.24. 선고 2010도10864 판결.

대법원 2012.11.15. 선고 2011다86782 판결.

대법원 2013.2.14. 선고 2010다103185 판결.

대법원 2013.2.15. 선고 2011도5835 판결.

대법원 2013.3.28. 선고 2010다60950 판결.

대법원 2013.6.27. 선고 2012다31628 판결.

대법원 2014.3.27. 선고 2011도15631 판결.

대법원 2014.4.24. 선고 2013다74837 판결.

대법원 2014.5.29. 선고 2013도7228 판결.

대법원 2015.5.28. 선고 2012다29618 판결.

대법원 2015.9.10. 선고 2013다26432 판결.

대법원 2016.4.15. 선고 2015다252969 판결.

대법원 2017.10.26. 선고 2015다56413 판결.
대법원 2018.10.30. 선고 2014다61654 판결.
대법원 2018.11.9. 선고 2015다240829 판결.
대법원 2018.11.29. 선고 2016도14678 판결.
대법원 2019.4.3. 선고 2016다278166 판결.
대법원 2019.10.17. 선고 2017다282704 판결.
대법원 2019.12.12. 선고 2016다206949 판결.
서울고법 1996.6.18 선고 96나282 판결.
서울고법 1998.12.24. 선고 98나47575 판결.
서울고법 2000.7.13. 선고 99나61271 판결.
서울고법 2001.10.11. 선고 99나66474 판결.
서울고법 2002.10.24. 판결 2002나5738 판결.
서울고법 2003.4.3. 선고 2001나72526 판결.
서울고법 2006.7.19 선고 2005나102241 판결.
서울고법 2006.11.29. 판결 2006나2355 판결.
서울고법 2007.1.24 선고 2006나56918 판결.
서울고법 2007.7.25. 선고 2006나80294 판결.
서울고법 2011.9.16. 선고 2011나31470 판결.
서울고법 2012.3.9. 선고 2011나89080 판결.
서울고법 2013.1.25. 선고 2012나53224판결.
서울고법 2013.10.18. 선고 2013나2005709 판결.
서울고법 2014.11.14. 선고 2014나9481 판결.
서울고법 2015.8.13. 선고 2014나2038218 판결.
서울고법 2016.4.22. 선고 2015나19300 판결.
서울고법 2016.7.22. 선고 2015나2070097 판결.
서울고법 2017.1.26. 선고 2016나2018997 판결.
서울고법 2017.2.8. 선고 2016나2059882 판결.
서울고법 2017.2.8. 선고 2016나2034562 판결.
서울고법 2017.8.18. 선고 2016나2088859 판결.
서울고법 2017.8.25. 선고 2016나2048271 판결.
서울고법 2017.9.15. 선고 2016나2081513 판결.

서울고법 2017.9.22. 선고 2017나2010761 판결.

서울고법 2017.11.3. 선고 2017나2020492 판결.

서울고법 2018.5.11. 선고 2017나2065044 판결.

서울고법 2018.7.13. 선고 2017나2057722 판결.

서울고법 2018.10.19. 선고 2018나2038346 판결.

서울고법 2019.6.14. 선고 2018나2068088 판결.

서울고법 2019.9.20. 선고 2018나2037343 판결.

서울고법 2019.11.22. 선고 2019나2003743 판결.

광주고법 2011.9.9. 선고 2011나1292 판결.

서울중앙지법 2005.7.6. 선고 2004가합82527 판결.

서울중앙지법 2006.1.20. 선고 2005가단170004 판결.

서울중앙지법 2006.10.13. 선고 2006가합71378 판결.

서울중앙지법 2006.11.29. 선고 2006가합36290 판결.

서울중앙지법 2009.10.14. 선고 2009가합41071 판결.

서울중앙지법 2010.9.10. 선고 2010나23226 판결.

서울중앙지법 2010.1.27. 선고 2009가합81994 판결.

서울중앙지법 2010.11.25. 선고 2009가단300209 판결.

서울중앙지법 2011.7.6. 선고 2010가합106837 판결.

서울중앙지법 2013.7.24. 선고 2013가합8293 판결.

서울중앙지법 2014.4.16. 선고 2013가합63221 판결.

서울중앙지법 2014.9.17. 선고 2013가합547101 판결.

서울중앙지법 2014.10.8. 선고 2014가합514184 판결.

서울중앙지법 2014.10.28. 선고 2014가단123116 판결.

서울중앙지법 2014.11.7. 선고 2013가단 148293 판결.

서울중앙지법 2014.12.24. 선고 2014가합25189 판결.

서울중앙지법 2015.4.17. 선고 2014나59391 판결.

서울중앙지법 2015.4.22. 선고 2014가합586479 판결.

서울중앙지법 2015.5.26. 선고 2014가단5118768 판결.

서울중앙지법 2015.11.11. 선고 2014가합586127 판결.

서울중앙지법 2016.1.27. 선고 2015가합513706 판결.

서울중앙지법 2016.11.23. 선고 2016가합532506 판결.

서울중앙지법 2017.4.7. 선고 2015가단5023195 판결.

서울중앙지법 2017.6.28. 선고 2016가합506507 판결.

서울중앙지법 2017.12.22. 선고 2017나34171 판결.

서울중앙지법 2018.2.9. 선고 2017가합515522 판결.

서울중앙지법 2018.7.18. 선고 2017가합504355 판결.

서울중앙지법 2018.7.25. 선고 2017가합530781 판결.

서울중앙지법 2018.9.7. 선고 2017가합568847 판결.

서울중앙지법 2018.10.16. 선고 2016가단5205864 판결.

서울중앙지법 2018.10.16. 선고 2017나84664 판결.

서울중앙지법 2018.11.30. 선고 2018가합538126 판결.

서울중앙지법 2019.2.15. 선고 2018가합548345 판결.

서울중앙지법 2019.2.25. 선고 2018가합522268 판결.

서울중앙지법 2019.4.17. 선고 2018가합570427 판결.

서울중앙지법 2019.4.18. 선고 2018가단5156041 판결.

서울중앙지법 2019.5.2. 선고 2018가단44327 판결.

서울중앙지법 2019.8.21. 선고 2019나8589 판결.

서울중앙지법 2019.9.27. 선고 2019나6286 판결.

서울중앙지법 2019.10.16. 선고 2018가합5527 판결.

서울중앙지법 2020.1.13. 선고 2019고합186 판결.

서울중앙지법 2020.7.15. 선고 2019가합4484 판결.

서울중앙지법 2020.9.23. 선고 2019가합532002 판결.

서울민사지법 1993.7.8. 선고 92가단57989 판결.

서울지법 1999.10.22. 선고 99나49001 판결.

서울지법 2000.8.23. 선고 99가합30768 판결.

서울지법 2000.10.18. 선고 99가합95970 판결.

서울지법 2001.7.25. 선고 2000가합51563 판결.

서울지법 2001.12.26. 판결 2001가합25387 판결.

지은이_ **김 상 우**

취재현장의 법적인 문제를 다루는 언론법제言論法制에 관심이 많다. 1990년 중앙일
보에 입사해 대부분의 기자생활을 사회부에서 했다. JTBC로 옮겨 취재담당 부국장,
행정국장으로 기자들이 부딪치는 법률적인 어려움을 해결하는 데 힘을 보탰다.
서울대 신문학과를 졸업하고, 동국대(석사)·한양대(박사)에서 언론법제를 전공해
학위를 받았다. 저서로『방송기자의 모든 것』(공저),『글쓰기 공포 탈출하기』가 있
다. 논문으로「인터넷상의 반론권 적용에 대한 비판적 이해」(공저),「언론중재위원
회 손해배상제도의 기능과 효율성에 관한 연구」(공저),「텔레비전 뉴스의 영화 영
상 인용에 대한 연구」,「텔레비전 뉴스의 모자이크 영상에 대한 비판적 연구」등이
있다.
현재 JTBC 대외협력본부장으로 근무하고 있다.

한울아카데미 2265
기자를 위한 실전 언론법

지은이 **김상우** | 펴낸이 **김종수** | 펴낸곳 **한울엠플러스(주)** | 편집책임 **조수임**

초판 1쇄 인쇄 **2020년 11월 10일** | 초판 1쇄 발행 **2020년 11월 25일**

주소 **10881 경기도 파주시 광인사길 153 한울시소빌딩 3층**
전화 **031-955-0655** | 팩스 **031-955-0656**
홈페이지 **www.hanulmplus.kr** | 등록번호 **제406-2015-000143호**

Printed in Korea.
ISBN 978-89-460-7265-7 93070(양장)
    978-89-460-6987-9 93070(무선)
* 책값은 겉표지에 표시되어 있습니다.
* 이 도서는 강의를 위한 학생판 교재를 따로 준비했습니다.
  강의 교재로 사용하실 때는 본사로 연락해주십시오.